20
22

QUARTA EDIÇÃO

Misael **Montenegro Filho**

RECURSOS CÍVEIS

Teoria e Prática

EDITORA
FOCO

Dados Internacionais de Catalogação na Publicação (CIP) de acordo com ISBD

M777r   Montenegro Filho, Misael

        Recursos cíveis: teoria e prática / Misael Montenegro Filho. - 4. ed. - Indaiatuba, SP : Editora Foco, 2022.

        192 p. ; 16cm x 23cm.

        Inclui bibliografia e índice.

        ISBN: 978-65-5515-597-6

        1. Direito. 2. Direito civil. 3. Código de Processo Civil. I. Título.

2022-2586   CDD 347   CDU 347

Elaborado por Odilio Hilario Moreira Junior - CRB-8/9949

Índices para Catálogo Sistemático:

1. Direito civil 347

2. Direito civil 347

QUARTA EDIÇÃO

Misael **Montenegro Filho**

RECURSOS CÍVEIS

Teoria e Prática

2022 © Editora Foco

Autor: Misael Montenegro Filho
Diretor Acadêmico: Leonardo Pereira
Editor: Roberta Densa
Assistente Editorial: Paula Morishita
Revisora Sênior: Georgia Renata Dias
Revisora: Simone Dias
Capa Criação: Leonardo Hermano
Diagramação: Ladislau Lima e Aparecida Lima
Impressão miolo e capa: DOCUPRINT

Impresso no Brasil (08.2022) – Data de Fechamento (08.2022)

2022

Todos os direitos reservados à
Editora Foco Jurídico Ltda.
Avenida Itororó, 348 – Sala 05 – Cidade Nova
CEP 13334-050 – Indaiatuba – SP

E-mail: contato@editorafoco.com.br
www.editorafoco.com.br

A quem dedico:

Aos meus filhos Pedro e Camila, razão da minha existência. Resumo o meu amor por vocês com uma letra de música bastante conhecida pelos coroas da minha geração:

Eu tenho tanto pra lhe falar
Mas com palavras não sei dizer
Como é grande o meu amor por você

E não há nada pra comparar
Para poder lhe explicar
Como é grande o meu amor por você

Nem mesmo o céu nem as estrelas
Nem mesmo o mar e o infinito
Nada é maior que o meu amor
Nem mais bonito

Me desespero a procurar
Alguma forma de lhe falar
Como é grande o meu amor por você

Nunca se esqueça, nem um segundo
Que eu tenho o amor maior do mundo
Como é grande o meu amor por você

Nunca se esqueça, nem um segundo
Que eu tenho o amor maior do mundo
Como é grande o meu amor por você

Mas como é grande o meu amor por você.

APRESENTAÇÃO

Em congresso jurídico realizado na cidade do Recife, anos atrás, ouvi de um palestrante que o advogado que é bom conhecedor dos recursos que podem ser interpostos nas ações cíveis teria a capacidade de manipular o processo.

Essa afirmação gerou desconforto, como reação de parte dos colegas que se encontravam no recinto, mas, para mim, foi motivo de reflexão. E ainda é.

Como advogado militante, há quase 30 (trinta) anos, sei como o recurso é incômodo, para quem vem vencendo o processo, e como é alentador, para a parte contrária, muitas vezes, por evitar o encerramento da ação judicial e a instauração da fase de cumprimento de sentença.

Talvez inspirado na provocação do palestrante a que me referi anteriormente, talvez pelo incômodo, em alguns momentos, e o alento, em outros, decidi escrever este livro, em que estudo todos os recursos que podem ser interpostos nas ações cíveis, estudo que inclui conceito, exame do seu objeto, legitimidade, conteúdo, objetivos e tramitação.

Como em outros trabalhos, junto a teoria com a prática, com a intenção de ser útil.

Agradeço a Deus por me estimular a persistir, por me permitir entender que o que escrevo não se destina a mim, mas aos meus leitores, o que significa dizer que devo me dedicar ao máximo, para contribuir (minimamente que seja) na formação dos acadêmicos e no aperfeiçoamento dos profissionais da área do direito. Oxalá que essa meta seja alcançada.

Misael Montenegro Filho

LISTA DAS PRINCIPAIS ABREVIATURAS

Agr. – Agravo

Agr. Reg. – Agravo Regimental

AI – Agravo de Instrumento

Ajuris – Revista da Magistratura do Rio Grande do Sul

Ap. – Apelação

art. – artigo

Câm. – Câmara

Câm. Cív. – Câmara Cível

CC – Código Civil

Ccomp – Conflito de Competência

CDC – Código de Defesa do Consumidor

CDPriv – Câmara de Direito Privado

CF – Constituição Federal

cit. – citada

CNJ – Conselho Nacional de Justiça

Cód. – Código

CP – Código Penal

CPC – Código de Processo Civil

CPC/2015 – Código de Processo Civil de 2015

CPP – Código de Processo Penal

DJU – Diário da Justiça da União

Ed. – Editora

Emb. Decl. – Embargos Declaratórios

ENTA – Encontro Nacional de Tribunais de Alçada

EOAB – Estatuto da Ordem dos Advogados do Brasil

HC – *Habeas Corpus*

JCCTJRS – Jurisprudência das Câmaras Cíveis do Tribunal de Justiça do Rio Grande do Sul

JEC – Juizado Especial Cível

JSTJTRF – Jurisprudência do Superior Tribunal de Justiça e Tribunais Regionais

LICC – Lei de Introdução ao Código Civil

LPS – Lei da Previdência Social

Min. – Ministro

MS – Mandado de Segurança

OAB – Ordem dos Advogados do Brasil

p. – página

p. ex. – por exemplo

priv. – privado

RBDP – Revista Brasileira de Direito Processual

RE – Recurso Extraordinário

Recl. – Reclamação

Recdo – Recorrido

Recte – Recorrente

Rel. – Relator

REsp – Recurso Especial

RJSTJ – Revista de Jurisprudência do Superior Tribunal de Justiça

RJTJRS – Revista de Jurisprudência do Tribunal de Justiça do Rio Grande do Sul

RJTJSP – Revista de Jurisprudência do Tribunal de Justiça de São Paulo

RT – Revista dos Tribunais

RTJ – Revista Trimestral de Jurisprudência do Supremo Tribunal Federal

STF – Supremo Tribunal Federal

STJ – Superior Tribunal de Justiça

TA – Tribunal de Alçada

TARS – Tribunal de Alçada do Rio Grande do Sul

TCE – Tribunal de Contas do Estado

TCU – Tribunal de Contas da União

TJRJ – Tribunal de Justiça do Rio de Janeiro

TJRS – Tribunal de Justiça do Rio Grande do Sul

TJSP – Tribunal de Justiça de São Paulo

TRF – Tribunal Regional Federal

v. g. – verbi gratia

SUMÁRIO

CAPÍTULO 1
PARTE GERAL

1. CONCEITO DE RECURSOS E SUA DISTINÇÃO EM RELAÇÃO AOS DENOMINADOS SUCEDÂNEOS RECURSAIS (PEDIDO DE RECONSIDERAÇÃO, RECLAMAÇÃO, *HABEAS CORPUS* CÍVEL, O MANDADO DE SEGURANÇA E A AÇÃO RESCISÓRIA)

A necessidade de apresentarmos o conceito de recurso advém do fato de que a lei processual e a praxe forense (aquilo que fazemos no dia a dia da nossa profissão) preveem instrumentos de combate a decisões judiciais, que se parecem com os recursos, **mas que recursos não são**, mas sucedâneos ("diz-se de ou qualquer substância ou produto que pode substituir outro por apresentar aproximadamente as mesmas propriedades", segundo conceito enciclopédico) recursais.

Esses instrumentos são parecidos com os recursos porque também atacam decisões judiciais, diferenciando-se destes pelo fato de não terem sido relacionados na lei como recursos (especificamente no art. 994 do CPC)[1], e por (como regra) acarretarem a formação de um novo processo, o que significa dizer que não são apresentados no interior do processo em que a decisão atacada foi proferida.

Os principais sucedâneos recursos são o **pedido de reconsideração**, a **reclamação** (arts. 988[2] e seguintes da lei processual), o *habeas corpus* **cível**, o

---

1. "Art. 994. São cabíveis os seguintes recursos: I – apelação; II – agravo de instrumento; III – agravo interno; IV – embargos de declaração; V – recurso ordinário; VI – recurso especial; VII – recurso extraordinário; VIII – agravo em recurso especial ou extraordinário; IX – embargos de divergência".
2. "Art. 988. Caberá reclamação da parte interessada ou do Ministério Público para: I - preservar a competência do tribunal; II - garantir a autoridade das decisões do tribunal; III – garantir a observância de enunciado de súmula vinculante e de decisão do Supremo Tribunal Federal em controle concentrado de constitucionalidade; IV – garantir a observância de acórdão proferido em julgamento de incidente de resolução de demandas repetitivas ou de incidente de assunção de competência; § 1º A reclamação pode ser proposta perante qualquer tribunal, e seu julgamento compete ao órgão jurisdicional cuja competência se busca preservar ou cuja autoridade se pretenda garantir. § 2º A reclamação deverá ser instruída com prova documental e dirigida ao presidente do tribunal. § 3º Assim que recebida, a reclamação será autuada e distribuída ao relator do processo principal, sempre que possível. § 4º As hipóteses dos incisos III e IV compreendem a aplicação indevida da tese jurídica e sua não aplicação aos casos que a ela correspondam. § 5º É inadmissível a reclamação: I – proposta após o trânsito em julgado da decisão reclamada; II – proposta para garantir a observância de acórdão de recurso extraordinário com repercussão geral reconhecida ou de acórdão proferido em julgamento de recursos extraordinário

mandado de segurança (disciplinado pelos incisos LXIX[3] e LXX do art. 5º da CF e pela Lei nº 12.016/2009) e a **ação rescisória** (arts. 966 e seguintes da lei processual). Quanto ao pedido de reconsideração, embora seja admitido pela praxe forense, não interrompe nem suspende o prazo para a interposição de recurso contra a decisão em relação à qual é formulado. Vejamos o entendimento da jurisprudência:

> "PROCESSUAL CIVIL. AGRAVO DE INSTRUMENTO. NEGATIVA DE TRÂNSITO. DESERÇÃO. PRAZO RECURSAL. INOBSERVÂNCIA. PEDIDO DE RECONSIDERAÇÃO. INTERFERÊNCIA NA FLUIÇÃO DO PRAZO. IMPOSSIBILIDADE. PEDIDO SEM NATUREZA DE RECURSO. AGRAVO INTERNO. INTEMPESTIVIDADE. NÃO CONHECIMENTO. 1. **O legislador processual, afinado com o sistema recursal e com o instituto da preclusão, não contempla a reconsideração, porquanto não encerra recurso, como instrumento adequado para a revisão de nenhum provimento jurisdicional, obstando que lhe seja outorgado o poder de sobrestar, interromper ou reabrir o interregno assinalado para a sujeição do decidido a revisão mediante o aviamento do instrumento processual adequado.** 2. Restando resolvida a pretensão, à parte inconformada deve valer-se do recurso adequado como forma de devolvê-la a reexame e revisar o decisório que não se conformara com sua expectativa, importando sua desídia na observância desse regramento processual no aperfeiçoamento da preclusão, **afigurando-se sem influência na fluição do interregno recursal a formulação de pedido de reconsideração, pois não é munido do poder de interceder na marcha do prazo recursal.** 3. Agravo interno conhecido e desprovido. Unânime" (TJDF, AI nº 0702020-87.2019.8.07.0000, 1ª Turma Cível, rel. Des. TEÓFILO CAETANO, publicado em 30.7.2019) (grifamos).

Ilustrativamente, pensemos que o juiz concede tutela provisória em favor do autor, obrigando empresa que explora o segmento plano de saúde a arcar com os custos de um procedimento cirúrgico. Embora o recurso adequado para combater essa decisão seja o agravo de instrumento (inciso I do art. 1.015 do CPC), o réu pode (facultativamente) protocolar pedido de reconsideração, nos autos do processo em que a decisão foi proferida, manifestação que não tem a natureza jurídica de recurso.

No que concerne à reclamação, é instrumento criado para preservar a competência dos tribunais, podendo ser utilizado, por exemplo, quando o juiz nega seguimento ao recurso de apelação, no 1º grau de jurisdição, quando não podia, já que o § 3º do art. 1.010 do CPC estabelece que "Após as formalidades legais previstas nos §§ 1º e 2º, os autos serão remetidos ao tribunal pelo juiz, independentemente de juízo de admissibilidade".

---

ou especial repetitivos, quando não esgotadas as instâncias ordinárias. § 6º A inadmissibilidade ou o julgamento do recurso interposto contra a decisão proferida pelo órgão reclamado não prejudica a reclamação".

3. "Art. 5º. (...) LXIX – conceder-se-á mandado de segurança para proteger direito líquido e certo, não amparado por *habeas corpus* ou *habeas data*, quando o responsável pela ilegalidade ou abuso de poder for autoridade pública ou agente de pessoa jurídica no exercício de atribuições do Poder Público; (...)".

A reclamação <u>não é apresentada nos autos do processo em que a decisão foi proferida</u>, mas no Tribunal, não atacando a sentença que justificou a interposição da apelação, no exemplo apresentado, mas o pronunciamento que pode comprometer o exercício da competência do tribunal, incumbido do julgamento da apelação.

Acolhida a reclamação, os autos do processo em que a sentença foi proferida são encaminhados ao tribunal.

Já o *habeas corpus* cível, pode ser especificamente utilizado para atacar <u>decisão proferida nos autos de execução de alimentos</u>, em que o juiz decreta a prisão civil do devedor, quando este conseguir comprovar a <u>ilegalidade da decisão</u>, no seu aspecto meramente formal. Vejamos julgado nesse sentido:

> "*HABEAS CORPUS* CÍVEL. EXECUÇÃO DE ALIMENTOS. PRISÃO CIVIL. CONTROVÉRSIA SOBRE O VALOR EXECUTADO. ORDEM CONCEDIDA. Em se tratando de prisão civil por débito alimentar, o âmbito de cognoscibilidade do 'habeas corpus', remédio constitucional de natureza excepcional, restringe-se ao aspecto da regularidade formal do procedimento na primeira instância" (TJMG, HC 10000210664108000, 5ª Câmara Cível, j. 10.6.2021, em transcrição parcial) (grifamos).

No que se refere ao mandado de segurança, não é recurso, mas ação constitucional, que pode ser utilizada quando o autor (denominado de impetrante) consegue demonstrar que o direito em que a ação tem fundamento é <u>líquido e certo</u> (sua existência é comprovada de plano e independe da produção de outras provas), e que é ou pode ser vítima de ilegalidade ou de abuso de poder.

Atualmente, a utilização do mandado de segurança para atacar decisão judicial é excepcional, entendendo a doutrina e a jurisprudência que isso só é possível quando a decisão for <u>teratológica</u>, sinônimo de monstruosa, como na situação em que, em ação de rito comum, o juiz concede tutela provisória em favor do autor, obrigando a ré a se casar com aquele, infringindo o princípio da legalidade, abrigado pelo inciso II do art. 5º da CF ("ninguém será obrigado a fazer ou deixar de fazer alguma coisa senão em virtude de lei").

Finalmente, e no que toca à ação rescisória, é adequada ao ataque de decisão de mérito transitada em julgado, tendo fundamento nos arts. 966 e seguintes da lei processual. Diferentemente dos recursos, a propositura dessa ação <u>acarreta a formação de um novo processo</u>, diverso daquele em que a decisão atacada foi proferida, razão pela qual não pode ser considerada recurso, mas ação judicial.

Assim, podemos conceituar o recurso como sendo o **instrumento endo processual, de uso facultativo**, que **pode ser utilizado pelo legitimado** (partes, ministério público e/ou terceiro prejudicado) **para obter a reforma, a modificação ou a integração de uma decisão judicial**.

Embora a palavra endo processual não seja semanticamente sonora, a utilizamos para demonstrar que **o recurso é interposto nos mesmos autos do processo em que a decisão atacada foi proferida** (repita-se: por esta razão diferenciando-se dos sucedâneos recursais, que como regra acarretam a formação de outro processo, como a ação rescisória e o mandado de segurança), exceto o recurso de agravo de instrumento, julgado pelo tribunal, quando os autos do processo sem encontram no juízo do 1º grau de jurisdição.

O recurso é de **uso facultativo**, pois a lei não obriga o interessado a utilizá-lo, podendo este aceitar os termos da decisão judicial, conformando-se com ela, resultando na preclusão do direito de recorrer, consistindo na perda do direito de praticar o ato em decorrência da fluência do prazo processual (art. 223).[4]

A preclusão pode ser parcial ou total. A não interposição do recurso de agravo de instrumento contra a decisão em que o magistrado redistribuiu o ônus da prova de modo diverso, com fundamento no § 1º do art. 373 do CPC impede que a parte posteriormente suscite a nulidade desse pronunciamento, resultando na preclusão parcial, sem acarretar a extinção do processo ou a perda do direito de atacar outras decisões posteriormente proferidas, como a sentença.

Diferentemente, se a parte não interpõe o recurso de apelação contra a sentença que lhe foi desfavorável, essa inércia acarreta a preclusão máxima, denominada **coisa julgada material** (se a sentença for de mérito), impedindo que a parte proponha outra ação fundada nos mesmos elementos da ação extinta (partes, causa de pedir e pedido), ressalvada a possibilidade do ajuizamento da ação rescisória, desde que o vencido consiga enquadrá-la em uma das situações relacionadas no art. 966 da lei processual.

Quanto à <u>finalidade</u>, o recurso pode buscar a **reforma, a modificação ou a integração da decisão judicial atacada.** No primeiro caso, o recorrente afirma que o magistrado teria cometido o denominado *error in procedendo* (**erro no procedimento**), como nas situações em que prolata sentença sem permitir:

(a)   A produção da prova pericial, reconhecida pelo tribunal como necessária para a formação do seu convencimento.

(b)   Que a parte vencida se manifestasse sobre documento juntado aos autos pelo seu adversário processual, utilizado pelo magistrado na formação do seu convencimento.

---

4.   "Art. 223. Decorrido o prazo, extingue-se o direito de praticar ou de emendar o ato processual, independentemente de declaração judicial, ficando assegurado, porém, à parte provar que não o realizou por justa causa. § 1º Considera-se justa causa o evento alheio à vontade da parte e que a impediu de praticar o ato por si ou por mandatário. § 2º Verificada a justa causa, o juiz permitirá à parte a prática do ato no prazo que lhe assinar".

(c)   A ouvida de testemunhas, sob a alegação de que o rol teria sido juntado fora do prazo pelo vencido, o que não é verdade.

O *error in procedendo* não é caracterizado pelo equívoco na avaliação das provas e dos fatos, mas pela **inobservância de norma legal, que disciplina o procedimento**. Nesse caso, provido o recurso e reconhecido o *error in procedendo*, a consequência é a declaração de nulidade do ato processual e dos atos subsequentes que dele dependam (art. 281)[5], em respeito à teoria do fruto da árvore envenenada[6].

No segundo caso, em que o provimento do recurso busca a modificação da decisão atacada, o recorrente afirma a ocorrência do denominado *error in judicando* (**erro no julgar**), consistente no <u>equívoco na avaliação das provas e dos fatos</u> expostos pelas partes no processo, como na situação em que:

(a)   Julga a ação pela procedência dos pedidos, baseado em depoimento prestado por uma das testemunhas arroladas pelo autor, quando as demais provas demonstram que a razão está com o réu.

(b)   Julga ação de indenização por perdas e danos originada de acidente de veículos pela improcedência dos pedidos, quando há documento nos autos do processo comprovando que o réu se encontrava embriagado no momento do acidente.

(c)   Julga ação de reintegração de posse pela procedência dos pedidos, quando as provas comprovam que o réu não cometeu esbulho, e que o bem imóvel disputado lhe foi cedido através da celebração de contrato de locação.

(d)   Julga ação de despejo por falta de pagamento pela procedência dos pedidos, quando há documentos nos autos comprovando o pagamento de todos os aluguéis relacionados como não pagos na petição inicial.

Reconhecido o *error in judicando*, e por isso modificada a decisão, a consequência é a **inversão da sucumbência** (do resultado processual, num português simples), ou seja, a vitória, inicialmente atribuída ao autor, passa a ser ao réu, ou vice-versa, sem que o órgão julgador do recurso reconheça a nulidade da

---

5.   "Art. 281. Anulado o ato, consideram-se de nenhum efeito todos os subsequentes que dele dependam, todavia, a nulidade de uma parte do ato não prejudicará as outras que dela sejam independentes".

6.   "AGRAVO DE INSTRUMENTO. PRESTAÇÃO DE CONTAS. PRIMEIRA FASE. 'ERROR IN PROCEDENDO' CARACTERIZADO. ANULAÇÃO DA DECISÃO. REMESSA DOS AUTOS AO JUÍZO DE ORIGEM PARA PROLAÇÃO DE NOVA DECISÃO CONFORME O RITO PROCEDIMENTAL DA AÇÃO DE PRESTAÇÃO DE CONTAS. **Se o juiz, na sua função de diretor do processo, desviar-se dos meios assinalados pelo direito processual civil para a direção do juízo, age praticando *error in procedendo*, o que ocasiona, de regra, nulidade do processo.** Recurso conhecido e provido" (AI 10348931 PR, 16ª Câmara Cível do TJPR) (grifamos).

decisão atacada, por ser formalmente válida, tendo respeitado as normas de procedimento.

O recurso também pode perseguir a **integração da decisão atacada**, especificamente os embargos de declaração. Quando o estudamos, no capítulo 2 desta obra, demonstramos que esse recurso é intermediário, situando-se entre a decisão atacada e o recurso principal, que pode ser o agravo de instrumento, a apelação, o recurso especial, o recurso extraordinário, apenas para exemplificar.

Como regra, o provimento desse recurso intermediário não acarreta a reforma ou a modificação da decisão atacada, função do recurso principal, mas a integração do pronunciamento, para que se torne plenamente inteligível, e possa ser combatido pelo recurso principal.

Exemplificativamente, pensemos em sentença em que o juiz julga a ação pela procedência dos pedidos, condenando o réu ao pagamento de indenização por danos morais e materiais, cada qual fixada em R$ 10.000,00 (dez mil reais), na parte dispositiva afirmando que condena o réu ao pagamento da quantia de R$ 30.000,00 (trinta mil reais).

Por conta disso, o réu interpõe o recurso de embargos de declaração, não para que o magistrado modifique a sentença para julgar a ação pela improcedência dos pedidos (livrando-o da condenação), mas para retificá-la, esclarecendo que o condenou ao pagamento da quantia de R$ 20.000,00 (R$ 10.000,00 + R$ 10.000,00 = R$ 20.000,00),

A decisão proferida no julgamento do recurso de embargos de declaração integra-se à sentença (como se fosse uma complementação desta), permitindo que se torne perfeita (do ponto de vista formal) e que possa ser atacada pelo recurso principal, que, neste caso, é a apelação.

Finalidade do recurso	O que o recorrente alega nesse caso	Consequência do provimento do recurso
Reforma da decisão	Que o magistrado cometeu *error in procedendo*	Declaração de nulidade do ato atacado e dos atos subsequentes que dele dependam
Modificação da decisão	Que o magistrado cometeu *error in judicando*	Inversão da sucumbência (do resultado processual)
Integração da decisão	Que a decisão precisa ser complementada	Decisão atacada é complementada ou aperfeiçoada

1.1 REQUISITOS DE ADMISSIBILIDADE DOS RECURSOS

Os requisitos de admissibilidade dos recursos são questões formais, exigidas para que sejam **conhecidos**, permitindo a análise das suas razões de mérito. Todo recurso é julgado em duas etapas, quais sejam:

(a) Na primeira, é **conhecido ou não conhecido**, a depender do preenchimento ou não dos requisitos de admissibilidade.

(b) Na segunda, e apenas se for conhecido, é **provido ou improvido**.

Exemplificativamente, pensemos em réu que foi condenado ao pagamento de indenização por danos morais, na quantia de R$ 100.000,00 (cem mil reais), enquanto outras decisões proferidas em casos semelhantes fixaram a indenização em quantias sempre inferiores a R$ 10.000,00 (dez mil reais), o que acentua a probabilidade de provimento da apelação, pelo menos para que a condenação seja reduzida.

Contudo, o vencido interpõe o recurso no 20º (vigésimo) dia útil do prazo, quando este era de 15 (quinze) dias, resultando na sua negativa de seguimento, no seu não conhecimento. Nesse caso, o recurso não será provido ou improvido, por não ter preenchido requisito de admissibilidade (tempestividade), o que significa dizer que o seu mérito não será apreciado.

Diferentemente, se o recurso tivesse sido interposto no prazo legal, e desde que os demais requisitos de admissibilidade tivessem sido igualmente preenchidos, o tribunal o conheceria, permitindo a apreciação das suas razões de mérito, para acarretar o seu provimento (resultando na modificação da sentença e no julgamento da ação pela improcedência dos pedidos ou na redução do valor da condenação) ou o seu improvimento (com a consequente manutenção da sentença).

Os requisitos de admissibilidade dos recursos são **questões de ordem pública (interessam ao Estado, não apenas às partes)**, o que acarreta duas consequências:

(a) Podem e devem ser examinados de ofício pelo magistrado, independentemente de provocação da parte.

(b) Não precluem, e, por isso, podem e devem ser examinados em qualquer tempo e grau de jurisdição.

Assim, se o vencido interpõe o recurso de apelação no 20º dia útil posterior à intimação da sentença, mesmo que o relator o receba e que seja incluído na pauta de julgamento (quando não deveria ter sido conhecido), o órgão responsável pelo seu julgamento (Câmara Cível, por exemplo) pode não o conhecer, em decorrência do reconhecimento da sua intempestividade.

Etapas do julgamento do recurso	Resultado
1ª etapa	Conhecimento ou não conhecimento
2ª etapa	Provimento ou improvimento

1.1.1 Legitimidade

O recurso pode ser interposto pela **parte**, pelo **Ministério Público** e/ou pelo **terceiro prejudicado**, ao qual cumpre demonstrar a possibilidade de a decisão sobre a relação jurídica submetida à apreciação judicial atingir direito de que se afirme titular ou que possa discutir em juízo como substituto processual (art. 996 do CPC[7]).

Não só as partes originárias (as que ocuparam as posições de autor e de réu, no início do processo) detêm legitimidade recursal, como também os terceiros que ingressaram no processo após a sua formação, incluindo o <u>assistente</u>, o <u>denunciado</u> e o <u>chamado à lide</u>, com a ressalva de que **o *amicus curiae* não detém legitimidade para interpor recursos no processo em que atua, exceto embargos de declaração**, além de a lei prever a possibilidade de recorrer da decisão que julgar o incidente de resolução de demandas repetitivas (§§ 1º e 3º do art. 138 do CPC)[8].

No que toca ao **Ministério Público**, pode interpor recursos nas causas em que é **parte** e nas em que atua como **fiscal da ordem jurídica** (como em uma ação de investigação de paternidade), neste caso, **mesmo que a parte principal não recorra**, já que detém legitimidade recursal autônoma[9].

Quanto ao terceiro prejudicado, tanto pode interpor o recurso como pode impetrar mandado de segurança, já que o uso do recurso é facultativo para ele. Essa prerrogativa não é conferida às partes, pois o mandado de segurança não é substitutivo de recurso (inciso II do art. 5º da Lei nº 12.016/2009[10] e Súmula 267 do STF[11]).

Quem pode interpor o recurso	Partes, Ministério Público e terceiro prejudicado
Em que condição o MP pode interpor o recurso	Como parte ou como fiscal da ordem jurídica
Qual a condição exigida para que o terceiro prejudicado interponha o recurso	Demonstrar a possibilidade de a decisão sobre a relação jurídica submetida à apreciação judicial atingir direito de que se afirme titular ou que possa discutir em juízo como substituto processual

---

7. "Art. 996. O recurso pode ser interposto pela parte vencida, pelo terceiro prejudicado e pelo Ministério Público, com parte ou como fiscal da ordem jurídica. Parágrafo único. Cumpre ao terceiro demonstrar a possibilidade de a decisão sobre a relação jurídica submetida à apreciação judicial atingir direito de que se afirme titular ou que possa discutir em juízo como substituto processual".
8. "Art. 138. (...) § 1º A intervenção de que trata o *caput* não implica alteração de competência nem autoriza a interposição de recursos, ressalvadas a oposição de embargos de declaração e a hipótese do § 3º. (...) § 3º O *amicus curiae* pode recorrer da decisão que julgar o incidente de resolução de demandas repetitivas".
9. Súmula 99 do STJ: "O Ministério Público tem legitimidade para recorrer no processo em que atuou como fiscal da lei, ainda que não haja recurso da parte".
10. "Art. 5º Não se concederá mandado de segurança quando se tratar: (...) II – de decisão judicial da qual caiba recurso com efeito suspensivo; (...)".
11. Súmula 267: "Não cabe mandado de segurança contra ato judicial passível de recurso ou correição".

1.1.2 Interesse para recorrer

O interesse para recorrer está atrelado à ideia de **sucumbência**, que significa **derrota processual**, seja porque o autor não obteve tudo o que requereu seja porque o réu foi condenado a adimplir determinada obrigação (de dar, fazer ou não fazer ou de pagar soma em dinheiro).

A sucumbência pode ser **recíproca**, como na situação em que o autor requer que o réu seja condenado a pagar indenização de R$ 10.000,00, obtendo sentença que condena o seu adversário processual a pagar R$ 5.000,00, legitimando tanto o autor como o réu a interpor o recurso.

O preenchimento desse requisito **não é exigido em relação ao ministério público**. Assim, se a instituição propõe uma ação de investigação de paternidade e obtém sentença favorável, o mesmo ou outro promotor pode interpor o recurso de apelação, em atenção ao **princípio da independência funcional,** abrigado pelo § 1º do art. 127 da CF[12].

Destacamos julgado nesse sentido:

"DIREITO CONSTITUCIONAL E PROCESSUAL CIVIL. MINISTÉRIO PÚBLICO. ATUAÇÃO COMO FISCAL DA LEI. PARECER QUE DEFENDE A ACOLHIDA DO PEDIDO DA PARTE. POSTERIOR RECURSO DE APELAÇÃO, SUBSCRITO POR PROMOTOR DIVERSO, CONTRA A SENTENÇA DE ACOLHIMENTO. NÃO RECEBIMENTO DO APELO NA INFERIOR INSTÂNCIA. ALEGAÇÃO DE AFRONTA AO PRINCÍPIO DA UNICIDADE DO MINISTÉRIO PÚBLICO. IMPOSSIBILIDADE. PREVALÊNCIA DO PRINCÍPIO DA INDEPENDÊNCIA FUNCIONAL DOS MEMBROS DA INSTI-TUIÇÃO. DETERMINAÇÃO DE PROCESSAMENTO E SUBIDA DA APELAÇÃO. A independência funcional do Ministério Público, acolhida pelo § 1º do art. 127 da Constituição Federal, deve ser entendida na forma mais ampla possível, de modo a permitir que seus integrantes só devem dar satisfações à Constituição, às leis e à sua própria consciência. **O parecer do órgão do Ministério Público não tem caráter vinculante, no âmbito da própria instituição, nada obstando que, posteriormente, esse mesmo representante ministerial, ou seu substituto, alterando a manifestação anterior, interponha recurso contra a decisão judicial que havia acompanhado o parecer já encartado nos autos,** Agravo provido" (TJMA, AI 203862007) (grifamos).

1.1.3 Tempestividade

O recurso deve ser interposto no prazo de **15 (quinze) dias úteis** (mesmo prazo conferido ao recorrido para apresentar as contrarrazões), exceto os em-

---

12. "Art. 127. O Ministério Público é instituição permanente, essencial à função jurisdicional do Estado, incumbindo-lhe a defesa da ordem jurídica, do regime democrático e dos interesses sociais e individuais indisponíveis. § 1º São princípios institucionais do Ministério Público a unidade, a indivisibilidade e a independência funcional. (...)".

bargos de declaração, interponível no prazo de **5 (cinco) dias úteis**. Esses prazos são contados em dobro se o recurso é interposto:

(a) Pelo **Ministério Público** (art. 180 do CPC[13]).

(b) Pela **Advocacia Pública** (art. 183 do CPC[14]), representando pessoa jurídica de direito público (União, Estados, Distrito Federal, Municípios e suas respectivas autarquias e fundações de direito público que integram a administração direta e indireta).

(c) Pela **Defensoria Pública** (art. 186 do CPC[15]).

(d) Por **litisconsortes, representados por diferentes procuradores**, que integrem escritórios de advocacia distintos, desde que o processo tramite em autos físicos art. 229 do CPC[16]).

Os prazos anteriormente referidos são gerais, apresentando exceções. A primeira consta do art. 42 da Lei nº 9.099/95[17], estabelecendo que o recurso inominado (que corresponde à apelação, no âmbito dos Juizados Especiais Cíveis) deve ser interposto no prazo de **10 (dez) dias**, não de 15 (quinze), como previsto na lei processual.

A Lei nº 13.728/2018 acrescentou o art. 12-A na Lei nº 9.099/95, dispondo que "Na contagem de prazos em dias, estabelecido por lei ou pelo juiz, para a prática de qualquer ato processual, **inclusive para a interposição de recursos, computar-se-ão somente os dias úteis**" (grifamos).

Vejamos a orientação dos Enunciados 415 e 416 do FPPC:

"415. Os prazos processuais no sistema dos Juizados Especiais são contados em dias úteis".

"416. A contagem do prazo processual em dias úteis prevista no art. 219 aplica-se aos Juizados Especiais Cíveis, Federais e da Fazenda Pública".

---

13. "Art. 180. O Ministério Público gozará de prazo em dobro para manifestar-se nos autos, que terá início a partir de sua intimação pessoal, nos termos do art. 183, § 1º. (...)".

14. "Art. 183. A União, os Estados, o Distrito Federal, os Municípios e suas respectivas autarquias e fundações de direito público gozarão de prazo em dobro para todas as suas manifestações processuais, cuja contagem terá início a partir da intimação pessoal. (...)".

15. "Art. 186. A Defensoria Pública gozará de prazo em dobro para todas as suas manifestações processuais. (...)".

16. "Art. 229. Os litisconsortes que tiverem diferentes procuradores, de escritórios de advocacia distintos, terão prazos contados em dobro para todas as suas manifestações, em qualquer juízo ou tribunal, independentemente de requerimento. § 1º Cessa a contagem do prazo em dobro se, havendo apenas 2 (dois) réus, é oferecida defesa por apenas um deles. § 2º Não se aplica o disposto no caput aos processos em autos eletrônicos".

17. "Art. 42. O recurso será interposto no prazo de dez dias, contados da ciência da sentença, por petição escrita, da qual constarão as razões e o pedido do recorrente. (...)".

A segunda exceção consta do inciso II do art. 198 da Lei nº 8.069/90, dispondo que em todos os recursos, salvo nos embargos de declaração, **o prazo para o Ministério Público e para a defesa será sempre de 10 (dez) dias**, norma aplicável às ações expressamente previstas no Estatuto da Criança e do Adolescente, como as de adoção, de destituição de poder familiar e de colocação de criança em família substituta, **entendendo a jurisprudência que, na contagem dos prazos, devem ser considerados os dias corridos, não os úteis, e que, nas ações não relacionadas no ECA, aplicam-se os prazos previstos no CPC**[18].

Assim também prevê o art. 158, § 2º, do ECA: "os prazos estabelecidos nesta Lei e aplicáveis aos seus procedimentos são contados em dias corridos, excluído o dia do começo e incluído o dia do vencimento, vedado o prazo em dobro para a Fazenda Pública e o Ministério Público".

O CPC/2015 consolidou o entendimento de que *será considerado tempestivo o ato praticado antes do termo inicial do prazo* (§ 4º do art. 218), permitindo, com isso, a interposição do recurso antes da publicação da decisão judicial atacada. Reafirmando a norma processual, o FPPC aprovou o enunciado de número 22, com a seguinte redação:

> "O Tribunal não poderá julgar extemporâneo ou intempestivo recurso, na instância ordinária ou na extraordinária, interposto antes da abertura do prazo".

Além disso, o enunciado 23 considerou superado o enunciado da súmula 418 do STJ. Vejamos a orientação do FPPC:

---

18. "O Estatuto da Criança e do Adolescente – ECA (Lei 8.069/90) prevê o prazo de 10 (dez) dias para a interposição dos recursos no âmbito dos procedimentos da Justiça da Infância e da Juventude (art. 198). O Código de Processo Civil de 1973, por sua vez, estabelecia o lapso de 15 (quinze) dias para o manejo de apelação, embargos infringentes, recurso ordinário, recurso especial, recurso extraordinário e embargos de divergência (art. 508). Em se tratando de agravo cabível contra decisões interlocutórias, o prazo recursal também era de 10 (dez) dias (artigo 522 do CPC de 1973), assim como o estipulado no ECA. O CPC de 2015, contudo, veio a unificar os prazos recursais, estabelecendo, como regra, o prazo de 15 (quinze) dias úteis (artigos 219 e 1.003). Os procedimentos especiais expressamente enumerados pelo ECA submetem-se ao prazo recursal decenal do artigo 198 daquele diploma. Por outro lado, os reclamos interpostos nos âmbitos de outras ações deverão observar as normas gerais do CPC de 2015, aplicando-se-lhes, portanto, o prazo quinquenal no § 5º do artigo 1.003. Na hipótese, os autos principais versam sobre 'ação de medida de proteção' de menor que estaria frequentando a rede regular de ensino, em virtude de omissão de seus genitores. Em razão do deferimento da tutela antecipada pleiteada pelo Ministério Público estadual, os réus interpuseram agravo de instrumento, que não foi conhecido pelo Tribunal de origem, em razão do decurso do prazo decenal estipulado no inciso II do artigo 198 do ECA. Não se enquadrando a presente demanda entre os procedimentos especiais previstos no ECA, o prazo recursal a ser observado era o quinquenal, computado em dias úteis, consoante estipulado pelo novo CPC, razão pela qual se afigura impositivo reconhecer a tempestividade do agravo de instrumento interposto na origem. Recurso especial provido" (STJ, REsp 1697508/RS, 4ª Turma, relator Ministro LUIS FELIPE SALOMÃO, j. 10.4.2018).

"Fica superado o enunciado 418 da súmula do STJ após a entrada em vigor do CPC ("É inadmissível o recurso especial interposto antes da publicação do acórdão dos embargos de declaração, sem posterior ratificação")".

Quadro resumo:

Recurso	Prazo de interposição
Apelação	15 dias úteis
Agravo interno	15 dias úteis
Embargos de declaração	5 dias úteis
Recurso ordinário	15 dias úteis
Recurso especial	15 dias úteis
Recurso extraordinário	15 dias úteis
Agravo em recurso especial ou extraordinário	15 dias úteis
Embargos de divergência	15 dias úteis
Recurso inominado, no âmbito dos Juizados Especiais Cíveis, que combate a sentença	10 dias úteis
Embargos de declaração, no âmbito dos Juizados Especiais Cíveis	5 dias úteis
Recurso Extraordinário, no âmbito dos Juizados Especiais Cíveis	15 dias úteis
Recursos interpostos nas ações expressamente relacionadas no ECA	10 dias corridos, exceto o recurso de embargos de declaração, que deve ser interposto no prazo de cinco dias corridos

Prazo para recorrer conferido às pessoas naturais e jurídicas de direito privado	Simples
Prazo para recorrer conferido à Advocacia Pública	Em dobro
Prazo para recorrer conferido ao Ministério Público	Em dobro
Prazo para recorrer conferido à Defensoria Pública	Em dobro
Prazo para recorrer conferido aos litisconsortes representados pelo mesmo procurador	Simples
Prazo para recorrer conferido aos litisconsortes representados por procuradores distintos, integrantes de um mesmo escritório de advocacia	Simples
Prazo para recorrer conferido aos litisconsortes representados por procuradores distintos, integrantes de escritórios de advocacia igualmente distintos, em processo que tem curso em autos físicos	Em dobro
Prazo para recorrer conferido aos litisconsortes representados por procuradores distintos, integrantes de escritórios de advocacia igualmente distintos, em processo que tem curso em autos eletrônicos	Simples

1.1.3.1 Reconhecimento da intempestividade do recurso e decisão surpresa

O art. 10 do CPC dispõe que "O juiz não poderá decidir, em grau algum de jurisdição, com base em fundamento a respeito do qual não se tenha dado às partes oportunidade de se manifestar, ainda que se trate de matéria deva decidir de ofício". Cabe-nos indagar se o juiz ou tribunal pode reconhecer a intempestividade de recurso, sem antes conferir oportunidade ao recorrente, para se manifestar sobre a questão.

Entendemos que não, pois o art. 9º do mesmo Código elenca as situações em que é admitida a não aplicação do artigo seguinte, ou a sua aplicação postergada, incluindo o pronunciamento que versa sobre a tutela provisória de urgência e da evidência e a decisão em que o magistrado determina a expedição do mandado de pagamento, de entrega da coisa ou para execução de obrigação de fazer ou de não fazer, nas ações monitórias.

Como o não conhecimento do recurso não consta como decisão relacionada no art. 9º, entendemos que o intérprete da norma não pode ampliar a sua aplicação, para fundamentar o pronunciamento de não conhecimento do recurso, em decorrência da sua intempestividade, sem antes conceder prazo para que o recorrente se manifeste nos autos.

Embora esse seja o nosso entendimento (pelo menos até aqui), parte da jurisprudência tem posicionamento em sentido contrário, como percebemos por meio da leitura de trecho do voto do relator do REsp 1854759/MT:

> "Começo pela preliminar de nulidade do acórdão, fundamentada em violação ao artigo 10 do Código de Processo Civil em vigor. No caso, não se fazia necessária a intimação da embargante para se manifestar acerca da intempestividade do recurso, visto que a 'intempestividade é tida pelo Código atual como vício grave e, portanto, insanável. Daí porque não se aplica à espécie o disposto no parágrafo único do art. 932 do CPC/15, reservado às hipóteses de vícios sanáveis. Dessa forma, voto no sentido de rejeitar a preliminar suscitada" (STJ, REsp 1854759/MT, rel. Ministro PAULO DE TARSO SANSEVERINO).

1.1.4 Preparo

Como regra, a interposição dos recursos exige o recolhimento das custas recursais (art. 1.007 do CPC), exceto os recursos:

(a) Interpostos pelo **Ministério Público**, como parte ou como fiscal da ordem jurídica (§ 1º do art. 1.007 do CPC[19]).

(b) Interpostos pelas **pessoas jurídicas de direito público**, incluindo a União, os Estados, o Distrito Federal, os municípios e suas respectivas autarquias e fundações de direito público (§ 1º do art. 1.007 do CPC).

---

19. "Art. 1.007. (...) § 1º. São dispensados de preparo, inclusive porte de remessa e de retorno, os recursos interpostos pelo Ministério Público, pela União, pelo Distrito Federal, pelos Estados, pelos Municípios, e respectivas autarquias, e pelos que gozam de isenção legal. (...)".

(c) Interpostos pelo denominado **pobre na forma da lei** (inciso I do § 1º do art. 98 do CPC[20]), com a ressalva de que o art. 99 estabelece que *o pedido de gratuidade da justiça pode ser formulado na petição inicial, na contestação, na petição para ingresso de terceiro no processo ou em recurso.*

(d) **Interpostos com fundamento no Estatuto da Criança e do Adolescente**, nos termos do inciso I do seu art. 198[21].

(e) **De embargos de declaração** (art. 1.023 do CPC[22]).

(f) **De agravo interno, a depender do entendimento do Tribunal em que o recurso é apresentado, alguns exigindo o recolhimento.**

(g) **De agravo em recurso especial ou agravo em recurso extraordinário** (§ 2º do art. 1.042 do CPC).[23]

O preparo deve ser comprovado **no ato de interposição do recurso**, como estabelece o art. 1.007 do CPC, que tem a seguinte redação:

"Art. 1.007. Art. 1.007. No ato de interposição do recurso, o recorrente comprovará, quando exigido pela legislação pertinente, o respectivo preparo, inclusive porte de remessa e de retorno, sob pena de deserção. § 1º São dispensados de preparo, inclusive porte de remessa e de retorno, os recursos interpostos pelo Ministério Público, pela União, pelo Distrito Federal, pelos Estados, pelos Municípios, e respectivas autarquias, e pelos que gozam de isenção legal. § 2º A insuficiência no valor do preparo, inclusive porte de remessa e de retorno, implicará deserção se o recorrente, intimado na pessoa de seu advogado, não vier a supri-lo no prazo de 5 (cinco) dias. § 3º É dispensado o recolhimento do porte de remessa e de retorno no processo em autos eletrônicos. § 4º O recorrente que não comprovar, no ato de interposição do recurso, o recolhimento do preparo, inclusive porte de remessa e de retorno, será intimado, na pessoa de seu advogado, para realizar o recolhimento em dobro, sob pena de deserção. § 5º É vedada a complementação se houver insuficiência parcial do preparo, inclusive porte de remessa e de retorno, no recolhimento realizado na forma do § 4º. § 6º Provando o recorrente justo impedimento, o relator relevará a pena de deserção, por decisão irrecorrível, fixando-lhe prazo de 5 (cinco) dias para efetuar o preparo. § 7º O equívoco no preenchimento da guia de custas não implicará a aplicação da pena de deserção, cabendo ao relator, na hipótese de dúvida quanto ao recolhimento, intimar o recorrente para sanar o vício no prazo de 5 (cinco) dias".

---

20. "Art. 98. (...) § 1º A gratuidade da justiça compreende: I – as taxas ou as custas judiciais; (...)".

21. "Art. 198. Nos procedimentos afetos à Justiça da Infância e da Juventude, inclusive os relativos à execução das medidas socioeducativas, adotar-se-á o sistema recursal da Lei nº 5.869, de 11 de janeiro de 1973, com as seguintes adaptações: I – os recursos serão interpostos independentemente de preparo. (...)".

22. "Art. 1.023. Os embargos serão opostos, no prazo de 5 (cinco) dias, em petição dirigida ao juiz, com indicação do erro, obscuridade, contradição ou omissão, e não se sujeitam a preparo. (...)".

23. "Art. 1.042. (...) § 2º A petição de agravo será dirigida ao presidente ou ao vice-presidente do tribunal de origem e independe do pagamento de custas e despesas postais, aplicando-se a ela o regime de repercussão geral e de recursos repetitivos, inclusive quanto à possibilidade de sobrestamento e do juízo de retratação. (...)".

Essa regra também se aplica às ações que tramitam na Justiça Federal, já que o art. **1.060 do CPC/2015 modificou o inciso II do art. 14 da Lei nº 9.289/96** (Regimento de Custas da Justiça Federal), dando-lhe a seguinte redação:

"Art. 14. (...) II – aquele que recorrer da sentença adiantará a outra metade das custas, comprovando o adiantamento **no ato de interposição do recurso**, sob pena de deserção, observado o disposto nos §§ 1º a 7º do art. 1.007 do Código de Processo Civil; (...)" (grifamos).

O art. 1.007 **não se aplica às ações que tramitam nos Juizados Especiais Cíveis** (ações de rito sumaríssimo), por força do inciso II do art. 42 da Lei nº 9.099/95, que tem a seguinte redação:

"Art. 42. (...) § 1º O preparo será feito, independentemente de intimação, nas quarenta e oito horas seguintes à interposição, sob pena de deserção. (...)".

No mesmo sentido é o Enunciado 168 do FONAJE:

"Não se aplica aos recursos dos Juizados Especiais o disposto no artigo 1.007 do CPC/2015".

Em sentido contrário é o ENUNCIADO 98 do FPPC:

"O disposto nos §§ 2º e 4º do art. 1.007 do CPC aplica-se aos Juizados Especiais".

Recurso	Exige ou não o preparo
Apelação	Sim
Agravo de Instrumento	Sim
Agravo Interno	Sim/Não, a depender do entendimento do Tribunal em que o recurso for apresentado
Embargos de declaração	Não
Recurso ordinário	Sim
Recurso especial	Sim
Recurso extraordinário	Sim
Agravo em recurso especial ou extraordinário	Não
Recursos interpostos pelo pobre na forma da lei, por pessoas jurídicas de direito público e pelo Ministério Público, na condição de parte ou de fiscal da ordem jurídica	Não
Recurso interpostos em ações que tem fundamento no ECA	Não

1.1.4.1 Insuficiência do preparo

Embora a ausência de preparo seja causa do não conhecimento do recurso, a sua insuficiência não acarreta a mesma consequência, prevendo o § 2º do art. 1.007 do CPC que "A insuficiência no valor do preparo, inclusive porte de remessa e de retorno, implicará deserção se o recorrente, intimado na pessoa de seu advogado, não vier a supri-lo no prazo de 5 (cinco) dias".

Se o recorrente é intimado para complementar as custas anteriormente recolhidas a menor, e não o faz, ou o faz em valor inferior ao devido, o relator pode (e deve) negar seguimento ao recurso, através de decisão monocrática, com fundamento no inciso III do art. 932 do CPC[24]. Esse pronunciamento pode ser atacado pelo agravo interno, como prevê o art. 1.021 da lei processual.

1.1.5 Regularidade formal

A lei exige o preenchimento de requisitos formais pelo recorrente, quando elabora o seu recurso, a depender de qual seja. Vejamos os arts. 1.010, 1.016 e 1.019 da lei processual, respectivamente aplicáveis aos recursos de apelação, agravo de instrumento, recurso especial e recurso extraordinário:

"Art. 1.010. A apelação, interposta por petição dirigida ao juízo de primeiro grau, conterá: I - os nomes e a qualificação das partes; II - a exposição do fato e do direito; III - as razões do pedido de reforma ou de decretação de nulidade; IV - o pedido de nova decisão. § 1º O apelado será intimado para apresentar contrarrazões no prazo de 15 (quinze) dias. § 2º Se o apelado interpuser apelação adesiva, o juiz intimará o apelante para apresentar contrarrazões. § 3º Após as formalidades previstas nos §§ 1º e 2º, os autos serão remetidos ao tribunal pelo juiz, independentemente de juízo de admissibilidade".

"Art. 1.016. O agravo de instrumento será dirigido diretamente ao tribunal competente, por meio de petição com os seguintes requisitos: I - os nomes das partes; II - a exposição do fato e do direito; III - as razões do pedido de reforma ou de invalidação da decisão e o próprio pedido; IV - o nome e o endereço completo dos advogados constantes do processo".

"Art. 1.029. O recurso extraordinário e o recurso especial, nos casos previstos na Constituição Federal, serão interpostos perante o presidente ou o vice-presidente do tribunal recorrido, em petições distintas que conterão: I - a exposição do fato e do direito; II - a demonstração do cabimento do recurso interposto; III - as razões do pedido de reforma ou de invalidação da decisão recorrida. § 1º Quando o recurso fundar-se em dissídio jurisprudencial, o recorrente fará a prova da divergência com a certidão, cópia ou citação do repositório de jurisprudência, oficial ou credenciado, inclusive em mídia eletrônica, em que houver sido publicado o acórdão divergente, ou ainda com a reprodução de julgado disponível na rede mundial de computadores, com indicação da respectiva fonte, devendo-se, em qualquer caso, mencionar as circunstâncias que identifiquem ou assemelhem os casos confrontados. § 2º (Revogado). § 3º O Supremo Tribunal Federal ou o Superior Tribunal de Justiça poderá desconsiderar vício formal de recurso tempestivo ou determinar sua correção, desde que não o repute grave. § 4º Quando, por ocasião do processamento do incidente de resolução de demandas repetitivas, o presidente do Supremo Tribunal Federal ou do Superior Tribunal de Justiça receber requerimento de suspensão de processos em que se discuta questão federal constitucional ou infraconstitucional, poderá, considerando razões de segurança jurídica ou de excepcional interesse social, estender a suspensão a todo o território nacional, até ulterior decisão do

---

24. "Art. 932. Incumbe ao relator: (...) III – não conhecer de recurso inadmissível, prejudicado ou que não tenha impugnado especificamente os fundamentos da decisão recorrida; (...)".

recurso extraordinário ou do recurso especial a ser interposto. § 5º O pedido de concessão de efeito suspensivo a recurso extraordinário ou a recurso especial poderá ser formulado por requerimento dirigido: I – ao tribunal superior respectivo, no período compreendido entre a publicação da decisão de admissão do recurso e sua distribuição, ficando o relator designado para seu exame prevento para julgá-lo; II - ao relator, se já distribuído o recurso; III – ao presidente ou ao vice-presidente do tribunal recorrido, no período compreendido entre a interposição do recurso e a publicação da decisão de admissão do recurso, assim como no caso de o recurso ter sido sobrestado, nos termos do art. 1.037".

O recorrente não pode se limitar a repetir as alegações expostas na petição inicial ou na contestação (adotando a técnica conhecida como copiou colou, ou CTR + C – CTR + V), o que significa dizer que **o recurso tem fundamentação própria**, em respeito ao **princípio da dialeticidade**[25], exigindo a lei que ataque especificamente os fundamentos da decisão recorrida, sob pena de sofrer negativa de seguimento (não conhecimento), por decisão fundada no inciso III do art. 932 do CPC, que tem a seguinte redação:

> "Art. 932. Incumbe ao relator: (...) III – não conhecer de recurso de recurso inadmissível, prejudicado ou que não tenha impugnado especificamente os fundamentos da decisão recorrida; (...)".

Se a decisão de não conhecimento for proferida monocraticamente, no âmbito de tribunal, pode ser atacada pelo recurso de agravo interno, com fundamento no art. 1.021 do CPC, no prazo legal de 15 (quinze) dias uteis.

Lembre-se:

- O recorrente não pode se limitar a copiar e colar o conteúdo de petições anteriormente apresentadas, prevendo a lei que o recurso deve ter fundamentação própria, sob pena de não ser conhecido, em respeito ao princípio da dialeticidade.

---

25. Vejamos julgado sobre a matéria: "APELAÇÃO CÍVEL. RESPONSABILIDADE CIVIL. DIREITO PROCESSUAL CIVIL. PRINCÍPIO DA DIALETICIDADE. FUNDAMENTOS DA SENTENÇA NÃO IMPUGNADOS. RAZÕES RECURSAIS QUE NÃO ATACAM OS FUNDAMENTOS DA SENTENÇA. ART. 1.010, II E III, CPC/2015. NÃO SE CONHECE DO APELO QUE, EM SUAS RAZÕES, NÃO ATACA DE FORMA PARTICULAR E ESPECÍFICA OS FUNDAMENTOS DA DECISÃO VERGASTADA. AS RAZÕES DO APELO SÃO DEDUZIDAS A PARTIR DO PROVIMENTO JUDICIAL RECORRIDO, E DEVEM FUSTIGAR SEUS ARGUMENTOS. SITUAÇÃO DOS AUTOS EM QUE AS RAZÕES DE APELO NÃO CONTRADITARAM OS FUNDAMENTOS DA SENTENÇA E AS PROVAS QUE LHE SERVIRAM À FORMAÇÃO DO CONVENCIMENTO. OFENSA AO PRINCÍPIO DA DIALETICIDADE. INFRAÇÃO AO ART. 1.010, INCISOS II E III DO CPC/2015. PRECEDENTES DO STJ E DO TJRS. APELO NÃO CONHECIDO" (TJRS, Apelação Cível, nº 50003940320158210141, 9ª Câmara Cível, relator Des. TASSO CAUBI SOARES DELABARY, j. 8.4.2022) (grifamos).

1.2 PRINCÍPIO DA SINGULARIDADE OU DA UNICIDADE RECURSAL

Diante de uma decisão judicial, **o interessado não pode interpor dois ou mais recursos**, em respeito ao princípio da singularidade ou da unicidade recursal, aplicável à matéria, o que se constitui na regra, apresentando exceção. Assim, a decisão interlocutória pode ser atacada pelos embargos de declaração **ou** pelo recurso de agravo de instrumento, mas não pelos embargos de declaração **e** pelo recurso de agravo de instrumento.

Do mesmo modo, proferida sentença, pode ser atacada pelos embargos de declaração **ou** pela apelação, mas não pelos embargos de declaração **e** pela apelação, apenas para exemplificar, pelo menos não pela mesma parte, sem retirar a possibilidade de uma parte interpor ED e a outra apelação, no caso de sucumbência recíproca.

Na mesma linha de raciocínio, <u>a parte não pode interpor dois recursos iguais contra a mesma decisão judicial</u>. Interposto o primeiro, opera-se a preclusão consumativa do direito de recorrer, resultando no não conhecimento do segundo. Vejamos a orientação da jurisprudência:

> "EMBARGOS DE DECLARAÇÃO. EMBARGOS DE DECLARAÇÃO. APELAÇÃO CÍVEL. PREVIDÊN-CIA PRIVADA. APLICAÇÃO DO REDUTOR ETÁRIO. PRINCÍPIO DA SINGULARIDADE RECURSAL. PRECLUSÃO CONSUMATIVA. No caso em tela, foram opostos embargos de declaração de acórdão que já foi objeto dos aclaratórios anteriormente cadastrados pelo ora embargante. Em ambos os recursos, a parte apresenta as mesmas razões, sustentando a existência de omissão e contradição no julgado. **Dessa forma, aplicando-se o princípio da singularidade recursal, é impossível a apreciação dos segundos embargos opostos em face da mesma decisão, em razão da ocorrência da prescrição consumativa.** EMBARGOS DE DECLARA-ÇÃO PREJUDICADOS" (TJRS, Embargos de Declaração Cível 0037083-45.2020.8.21.7000, 6ª Câmara Cível, relatora Desembargadora MARLENE MARLEI DE SOUZA, j. 27.8.2020) (grifamos).

Em alguns casos, as partes estão envolvidas em duas ou mais ações conexas, apreciadas pelo mesmo juízo, que prolata uma única sentença, replicada nos autos do(s) outro(s) processo(s), situação que confunde o advogado da parte vencida, que não sabe se deve interpor um só recurso, extensivo aos dois ou mais processos ou se deve apresentar um recurso em cada processo, recolhendo custas mais de uma vez.

O entendimento que predomina na jurisprudência é o de que o vencido deve interpor um só recurso, em respeito ao princípio da singularidade recursal. Vejamos julgado nesse sentido:

> "RECURSO DE APELAÇÃO CÍVEL. AÇÕES CONEXAS. SENTENÇA UNA. INTERPOSIÇÃO DE TRÊS RECURSOS DE APELAÇÃO. OFENSA AO PRINCÍPIO DA SINGULARIDADE RECURSAL. RECURSO NÃO CONHECIDO. De acordo com o princípio da singularidade recursal, não é possível a

utilização simultânea de dois recursos em face da mesma decisão, ou seja, para cada caso, há apenas um recurso adequado. Na hipótese, levando em consideração que a sentença julgou em conjunto as três ações conexas, mostra-se correta a interposição de um único apelo para discutir as questões ali tratadas, de modo que deve ser conhecido o que foi protocolizado primeiro" (TJMT, Apelação Cível 0007253-21.2009.8.11.0041, 2ª Câmara de Direito Privado, relatora Desembargadora CLARICE CLAUDINO DA SILVA, j. 28.2.2018).

Agora falando sobre a exceção ao princípio que estudamos nesta seção, proferido acórdão pelo tribunal, e desde que a situação concreta se adeque às previsões relacionadas no inciso III do art. 102 e no inciso III do art. 105 da CF, o vencido pode interpor recurso especial e recurso extraordinário, sem que essa técnica infrinja o princípio da singularidade ou da unicidade recursal.

Exemplificando, pensemos em acórdão que ao mesmo tempo infringe norma constitucional e norma infraconstitucional, e que, por essa razão, pode ser atacado pelo recurso extraordinário e pelo recurso especial. Nesse caso, ambos os recursos são encaminhados ao STJ, nos termos do art. 1.031 da lei processual, que tem a seguinte redação:

> "Art. 1.031. Na hipótese de interposição conjunta de recurso extraordinário e recurso especial, os autos serão remetidos ao Superior Tribunal de Justiça. § 1º Concluído o julgamento do recurso especial, os autos serão remetidos ao Supremo Tribunal Federal para apreciação do recurso extraordinário, se este não estiver prejudicado. § 2º Se o relator do recurso especial considerar prejudicial o recurso extraordinário, em decisão irrecorrível, sobrestará o julgamento e remeterá os autos ao Supremo Tribunal Federal. § 3º Na hipótese do § 2º, se o relator do recurso extraordinário, em decisão irrecorrível, rejeitar a prejudicialidade, devolverá os autos ao Superior Tribunal de Justiça para o julgamento do recurso especial".

Lembre-se:

- **Regra**: cada decisão só pode ser atacada por um recurso.

- **Exceção**: o acórdão proferido pelos Tribunais de Justiça Estaduais e pelos Tribunais Regionais Federais pode ser atacado pelo recurso especial e/ou pelo recurso extraordinário, desde que o recorrente comprove que o pronunciamento se insere nas situações previstas no inciso III do art. 102 e no inciso III do art. 105 da CF.

1.3   PRINCÍPIO DA FUNGIBILIDADE

O princípio da fungibilidade constava expressamente do CPC/39 (art. 810)[26], o que não foi repetido nem no CPC/73 nem no CPC/2015, pelo menos

---

26. "Art. 810. Salvo a hipótese de má-fé ou erro grosseiro, a parte não será prejudicada pela interposição de um recurso por outro, devendo os autos ser enviados à Câmara ou turma, a que competir o julgamento".

não de forma geral, embora o código em vigor tenha afirmado a aplicação desse princípio de forma específica, como veremos adiante.

Vejamos o teor do enunciado 104 do FPPC:

"O princípio da fungibilidade recursal é compatível com o CPC e alcança todos os recursos, sendo aplicável de ofício".

A aplicação prática desse princípio **permite o aproveitamento de recuso inadequado, quando outro deveria ter sido interposto**, exigindo, a doutrina e a jurisprudência, a coexistência de dois requisitos, quais sejam:

(a) **Que o recurso inadequado tenha sido interposto no prazo do recurso adequado**, o que atualmente quase sempre ocorre, já que o CPC/2015 praticamente padronizou os prazos para a interposição dos recursos em 15 (quinze) dias, com exceção dos embargos de declaração, cujo prazo é de 5 (cinco) dias.

(b) **A não ocorrência de erro grosseiro**, entendido como erro subjetivo.

Quanto ao segundo requisito, destacamos que o erro grosseiro é o que decorre da **má avaliação da lei pelo interessado**, que informa o recurso adequado ao combate ao pronunciamento judicial, sem que a doutrina e a jurisprudência divirjam sobre a matéria, como percebemos através da leitura dos artigos 1.009, 1.015, 1.021 e 1.022, respectivamente prevendo o cabimento da apelação, para atacar sentença, do agravo de instrumento, para atacar algumas decisões interlocutórias, do agravo interno, para combater decisão proferida pelo relator, no âmbito dos tribunais, e dos embargos de declaração, "contra qualquer decisão judicial".

Nesses casos, a lei predefine o recurso cabível, repita-se, sem que tenhamos qualquer divergência doutrinária e/ou jurisprudencial. Atentos à dinâmica forense (ao que frequentemente ocorre no dia a dia da nossa profissão), percebemos que alguns advogados se equivocam ao interpor o recurso de apelação para atacar decisão que julga a impugnação, na fase de cumprimento da sentença, quando a lei predefine o recurso de agravo de instrumento como o adequado para atacar esse pronunciamento judicial, exceto quando este impõe a extinção da execução (parágrafo único do art. 1.015 do CPC).[27]

Nesses casos, os tribunais têm reconhecido a ocorrência do erro grosseiro, resultando na negativa de seguimento do recurso inadequado, como verificamos através da simples leitura do seguinte julgado:

---

27. "Art. 1.015. (...) Parágrafo único. Também caberá agravo de instrumento contra decisões interlocutórias proferidas na fase de liquidação de sentença ou de cumprimento de sentença, no processo de execução e no processo de inventário".

"AGRAVO INTERNO. DECISÃO QUE RESOLVE IMPUGNAÇÃO AO CUMPRIMENTO DE SENTENÇA – NÃO EXTINGUE A EXECUÇÃO -. RECURSO CABÍVEL. AGRAVO DE INSTRUMENTO. O agravo de instrumento é o recurso cabível contra decisão que resolve impugnação ao cumprimento de sentença, mas não extingue a execução. A interposição de apelação cível no lugar do agravo de instrumento configura erro grosseiro, pelo que inaplicável o princípio da fungibilidade recursal" (TJMT, AGT nº 0289169-38.2006.8.13.0431, 8ª Câmara Cível, Relator Des. CARLOS ROBERTO DE FARIA, 8.4.2021).

Embora a lei processual não tenha expressamente adotado o princípio da fungibilidade, de forma genérica, para todas as situações, o fez de forma específica, como percebemos através da leitura do § 3º do seu art. 1.024:

"Art. 1.024. (...) § 3º O órgão julgador conhecerá dos embargos de declaração como agravo interno se entender ser este o recurso cabível, desde que determine previamente a intimação do recorrente para, no prazo de 5 (cinco) dias, complementar as razões recursais, de modo a ajustá-las às exigências do art. 1.021, § 1º. (...)".

Se o recorrente atacou a decisão proferida pelo tribunal de modo equivocado, fazendo uso do recurso de embargos de declaração, embora não tenha suscitado a existência de omissão, de obscuridade e/ou de contradição, a lei processual admite o recebimento desse recurso, como se fosse o agravo interno, valorizando o princípio da fungibilidade.

A concessão do prazo de cinco dias para a complementação das razões do recurso tem a finalidade de permitir ao recorrente que impugne especificamente os fundamentos da decisão agravada, o que não se justifica, se o recurso já houver cumprido essa exigência.

1.4 PRINCÍPIO DA PROIBIÇÃO DA *REFORMATIO IN PEJUS* (MUDAR PARA PIOR)

Como regra, **o julgamento do recurso não pode piorar a situação do recorrente**, em decorrência da aplicação do princípio estudado nesta seção, plenamente adotado no âmbito do processo civil[28], o que significa dizer que, se

---

28. "APELAÇÃO. EXECUÇÃO. PREVIDENCIÁRIO E PROCESSUAL CIVIL. EXECUÇÃO DE SENTEN-ÇA. REVISÃO DOS HONORÁRIOS DE SUCUMBÊNCIA. NÃO CONHECIMENTO DO RECURSO DO INSS ANTE A PROIBIÇÃO DA REFORMATIO IN PEJUS. No caso, considerando que o INSS não apresentou cálculos, bem como concordou expressamente com os do exequente (fl. 198), a fixação dos honorários seria no percentual de 10% sobre o valor da condenação; entretanto, tendo em vista que o valor da execução perfaz o total de R$ 11.997,04, aplicando-se o percentual de 10% somaria valor, a título de honorários advocatícios, superior ao arbitrado pelo juiz sentenciante, de R$ 800,00 (oitocentos reais), razão pela qual forçoso o não conhecimento da apelação da autarquia, ante a proibição da reformatio in pejus. Apelação do INSS não conhecida" (TRF da 1ª Região, Apelação Cível 0059061-54.2009.4.01.9199, 1ª Câmara Regional Previdenciária de Minas Gerais, publicado em 25.4.2019).

o réu foi condenado ao pagamento de indenização na quantia de R$ 10.000,00 (dez mil reais), e por conta disso interpôs o recurso de apelação, no julgamento desta, o tribunal não pode majorar a condenação para R$ 15.000,00, por exemplo.

Atentos à dinâmica forense, percebemos que alguns advogados que atuam em favor de réus ficam na dúvida, sem saber se devem interpor o recurso de apelação, nos casos em que a indenização é fixada aquém do valor pretendido, receosos de que o julgamento desse recurso possa agravar a situação dos seus clientes, resultando na elevação da condenação.

Ilustrativamente, pensemos na situação em que o autor propõe ação contra determinado réu, requerendo que este seja condenado ao pagamento de indenização na quantia de R$ 100.000,00 (cem mil reais), sendo o réu ao final condenado ao pagamento de indenização na importância de R$ 10.000,00 (dez mil reais).

Nessa situação, alguns advogados que atuam em favor dos réus preferem não recorrer, imaginando que o julgamento do recurso de apelação interposto pelo seu constituinte poderia elevar o valor da condenação, se o tribunal entender que o juiz se equivocou no arbitramento inicial.

Isso não é possível do ponto de vista processual, exatamente em decorrência da aplicação do princípio da proibição da *reformatio in pejus* (mudar para pior, em tradução livre), que consiste em primado de segurança jurídica.

Esse princípio deve ser respeitado mesmo nos casos de sucumbência recíproca, em que ambas as partes são prejudicadas pela decisão judicial, quando a ação é julgada pela procedência parcial dos pedidos, o que mais uma vez nos leva a apresentar exemplo ilustrativo, com a intenção de facilitar a compreensão da matéria.

Pensemos na situação em que o autor propõe ação contra o réu, requerendo que este seja condenado ao pagamento de indenização por danos morais, na quantia de R$ 100.000,00, sendo a ação julgada pela procedência parcial dos pedidos, com a condenação do réu ao pagamento da indenização na importância de R$ 10.000,00.

Nesse caso, se ambas as partes interpuserem o recurso de apelação (o autor, para que a indenização seja majorada, e o réu, para que a ação seja julgada pela improcedência dos pedidos ou para que o valor da indenização seja reduzido), o tribunal pode modificar a sentença para reduzir a condenação para R$ 5.000,00 (cinco mil reais), desde que o faça como resultado do provimento do recurso interposto pelo réu, pois melhorará a sua situação jurídica e financeira.

O tribunal não pode adotar a mesma técnica e chegar ao mesmo resultado provendo o recurso interposto pelo autor, pois, neste caso, estaria infringindo o princípio da proibição da *reformatio in pejus*.

Há uma exceção à aplicação desse princípio quando o tribunal reconhece a existência de questão de ordem pública, que pode e deve ser enfrentada de ofício, como no caso em que reconhece a incompetência absoluta do juízo do 1º grau de jurisdição, reconhecimento que acarreta a determinação da remessa dos autos ao juízo competente, que pode ou não aproveitar os atos decisórios praticados pelo juízo incompetente (§ 4º do art. 64 do CPC)[29].

Ilustrativamente, pensemos em ação de alimentos indevidamente distribuída para uma Vara Cível, quando a comarca apresentava Vara de Família, competente para processar e julgar esse tipo de ação, em decorrência da matéria.

Sem se aperceber que era incompetente, o juiz que atua na Vara Cível recebe a petição inicial e fixa alimentos provisórios em favor do autor, na quantia correspondente a 2 (dois) salários-mínimos, sendo o réu posteriormente citado, apresentando contestação, sem arguir a incompetência do juízo como matéria preliminar.

Contra a sentença que ratifica a liminar e que condena o réu ao pagamento dos alimentos, o autor interpõe o recurso de apelação, solicitando a majoração dos alimentos. Considerando que nos encontramos diante de matéria de ordem pública, que pode e deve ser enfrentada de ofício (§ 5º do art. 337 do CPC), o tribunal reconhece a incompetência absoluta, determinando o encaminhamento dos autos ao juízo competente, com fundamento no § 1º do art. 64 do CPC, cuja parte final prevê a possibilidade de a incompetência absoluta ser declarada de ofício.

Com a chegada dos autos ao juízo competente, este resolve não aproveitar a decisão liminar proferida pelo juízo incompetente no início do processo, prolatando outra decisão no lugar daquela, na qual fixa os alimentos no valor correspondente a 1 (um) salário-mínimo.

Nesse caso, o julgamento do recurso de apelação interposto pelo autor modificou a sua situação jurídica e financeira para pior, objetivamente infringindo o princípio da não *reformatio in pejus*, o que se justifica, diante da prevalência de matéria de ordem pública, que pode e deve ser enfrentada de ofício.

1.5 HONORÁRIOS RECURSAIS

O § 11 do art. 85 da lei processual apresenta a seguinte redação:

"Art. 85. A sentença condenará o vencido a pagar honorários ao advogado do vencedor. (...)
§ 11. O tribunal, ao julgar recurso, majorará os honorários fixados anteriormente levando

---

29. "Art. 64. (...) § 4º Salvo decisão judicial em sentido contrário, conservar-se-ão os efeitos de decisão proferida pelo juízo incompetente até que outra seja proferida, se for o caso, pelo juízo competente".

em conta o trabalho adicional realizado em grau recursal, observando, conforme o caso, o disposto nos §§ 2º a 6º, sendo vedado ao tribunal, no cômputo geral da fixação de honorários devidos ao advogado do vencedor, ultrapassar os respectivos limites estabelecidos nos §§ 2º e 3º para a fase de conhecimento. (...)".

A norma é cogente, e, por isso, o órgão jurisdicional responsável pelo julgamento do recurso deve majorar os honorários anteriormente fixados pelo juiz ou pelo tribunal, não representando mera faculdade. A majoração independe da formulação de requerimento pela parte, decorrendo da devolutividade do recurso.[30]

A previsão de fixação dos honorários recursais tem a finalidade de estimular a não interposição do recurso pelo vencido[31], cônscio de que o tribunal, ao julgá-lo, pode majorar a verba honorária, no caso de não conhecimento do recurso ou do seu improvimento.

A regra não é de aplicação restrita ao tribunal que se constitui na 2ª instância, sendo extensiva para alcançar todos os tribunais na sequência. Assim, se o juiz que atua no 1º grau de jurisdição julgou a ação pela procedência dos pedidos e condenou o réu ao pagamento de honorários advocatícios na importância correspondente a 10% (dez por cento) do valor atribuído à causa, ao julgar o recurso de apelação, o tribunal pode majorá-los para 15% (quinze por cento), por exemplo, e se o vencido interpuser recurso especial, o STJ pode voltar a majorar a verba honorária, fixando-a em 18% (dezoito por cento), por exemplo.

Contudo, é importante destacar que a majoração dos honorários advocatícios leva em conta o trabalho desenvolvido pelo advogado na instância, não decorrendo da quantidade de recursos interpostos no mesmo grau de jurisdição.

Assim, pensando na interposição do recurso especial, que é encaminhado ao STJ, sofrendo negativa de seguimento por parte do relator, se a parte interpu-

---

30. Nesse sentido, reproduzimos lição da doutrina: "A possibilidade de fixação dos honorários recursais faz parte do efeito devolutivo dos recursos, de forma que mesmo não havendo qualquer pedido das partes quanto a esta matéria, poderá o Tribunal analisá-la para readequar os honorários. Na majoração, o Tribunal levará em conta o trabalho adicional do advogado, a exemplo de entrega de memoriais, sustentação oral, entre outros" (SOARES, Mariana Morais. *Gestão e justiça*. NGE – Nacional Gráfica e Editora. Recife. 2016. p. 44-45).
31. Vejamos julgado do STJ aplicando a norma em estudo: "AGRAVO INTERNO. AGRAVO EM RECURSO ESPECIAL. RESPONSABILIDADE CIVIL. ART. 535 DO CPC/73. NÃO IMPUGNAÇÃO DOS FUNDAMENTOS DA DECISÃO AGRAVADA. SÚMULA N. 283/STF. REQUISITOS DA RESPONSABILIDADE CIVIL OBJETIVA E DANOS MORAIS. SÚMULA N. 7/STJ. HONORÁRIOS RECURSAIS. ART. 85, § 11, DO CPC/15. O § 11 do art. 85 do Código de Processo Civil de 2015 tem dupla funcionalidade, devendo atender à justa remuneração do patrono pelo trabalho adicional na fase recursal e inibir recursos provenientes de decisões condenatórias antecedentes. Atendidos os limites legais dos §§ 2º e 3º do art. 85 do CPC/15, a majoração da verba honorária a título de honorários recursais é medida que se impõe. Agravo interno conhecido em parte e desprovido" (AgInt no AREsp 370.579/RJ, rel. Ministro JOÃO OTÁVIO DE NORONHA, 3ª Turma do STJ).

ser embargos de declaração (1º recurso no STJ) contra essa decisão e agravo na sequência (2º recurso no STJ), que é julgado por uma Turma do mesmo Tribunal, por pronunciamento atacado pelo recurso de embargos de divergência (3º recurso no STJ), **o Tribunal Superior só pode elevar a verba honorária uma vez**, não obstante a interposição de 3 (três) recursos pela parte. Vejamos a orientação emanada do STJ:

> "EMBARGOS DE DECLARAÇÃO NOS EMBARGOS DE DECLARAÇÃO NO AGRAVO INTERNO NO AGRAVO EM RECURSO ESPECIAL. VIOLAÇÃO DO ART. 1.022 DO CPC/2015. PEDIDO DE FIXAÇÃO DE HONORÁRIOS EM QUANTIA CERTA. OMISSÃO CONFIGURADA. EMBARGOS ACOLHIDOS SEM EFEITOS INFRINGENTES. 1. **A norma prevista no art. 85, § 11, do novo CPC é no sentido de que a majoração dos honorários está vinculada ao trabalho desenvolvido em cada grau recursal, e não em cada recurso interposto no mesmo grau.** 2. Embargos de declaração acolhidos sem efeitos infringentes" (STJ, EDcl nos EDcl no AgInt no AREsp 1615606/SP, 3ª Turma, Rel. Ministro MARCO AURÉLIO BELLIZZE, julgado em 29.3.2021) (grifamos).

Além do entendimento destacado, alguns juízes que integram o Tribunal de Justiça do Estado do Rio de Janeiro aprovaram enunciados, interpretando o CPC/2015, dentre eles o de número 04, que tem a seguinte redação:

> "Não cabe a fixação de honorários advocatícios em razão de embargos declaratórios, ressalvada a hipótese de efeitos infringentes que afetem a própria sucumbência".

A justificativa para a aprovação do enunciado foi a seguinte:

A proposição adequa a regra do art. 85, § 1º do CPC ao princípio da causalidade. Ocorre que, no caso dos embargos declaratórios, eventual omissão, contradição ou obscuridade reconhecida decorre de um erro *in procedendo*, que o próprio juízo deu causa. Por sua vez, considerando que os embargos são rejeitados ou inadmitidos sem contrarrazões, não houve labor do advogado do embargado a justificar sua remuneração.

Em qualquer hipótese, o tribunal deve respeitar os limites estabelecidos nos §§ 2º[32] e 3º[33] do art. 85 da lei processual, o que significa dizer que nem pode fixar

---

32. "§ 2º Os honorários serão fixados entre o mínimo de dez e o máximo de vinte por cento sobre o valor da condenação, do proveito econômico obtido ou, não sendo possível mensurá-lo, sobre o valor atualizado da causa, atendidos: I - o grau de zelo do profissional; II - o lugar de prestação do serviço; III - a natureza e a importância da causa; IV - o trabalho realizado pelo advogado e o tempo exigido para o seu serviço".

33. "§ 3º Nas causas em que a Fazenda Pública for parte, a fixação dos honorários observará os critérios estabelecidos nos incisos I a IV do § 2º e os seguintes percentuais: I - mínimo de dez e máximo de vinte por cento sobre o valor da condenação ou do proveito econômico obtido até 200 (duzentos) salários-mínimos; II - mínimo de oito e máximo de dez por cento sobre o valor da condenação ou do proveito econômico obtido acima de 200 (duzentos) salários-mínimos até 2.000 (dois mil) salários-mínimos; III - mínimo de cinco e máximo de oito por cento sobre o valor da condenação ou do proveito econômico obtido acima de 2.000 (dois mil) salários-mínimos até 20.000 (vinte mil)

os honorários advocatícios em percentual superior a 20% (vinte por cento) sobre o valor da condenação, do proveito econômico obtido ou sobre o valor atualizado da causa nem desrespeitar a progressão referente aos honorários fixados em ações em que a Fazenda Pública for parte.

Vejamos Enunciados aprovados pelo FPPC, sobre os honorários recursais:

"241. Os honorários de sucumbência recursal serão somados aos honorários pela sucumbência em primeiro grau, observados os limites legais".

"242. Os honorários de sucumbência recursal são devidos em decisão unipessoal ou colegiada".

"243. No caso de provimento do recurso de apelação, o tribunal redistribuirá os honorários fixados em primeiro grau e arbitrará os honorários de sucumbência recursal".

---

salários-mínimos; IV - mínimo de três e máximo de cinco por cento sobre o valor da condenação ou do proveito econômico obtido acima de 20.000 (vinte mil) salários-mínimos até 100.000 (cem mil) salários-mínimos; V - mínimo de um e máximo de três por cento sobre o valor da condenação ou do proveito econômico obtido acima de 100.000 (cem mil) salários-mínimos".

Capítulo 2
RECURSOS EM ESPÉCIE

2.1 APELAÇÃO

A apelação é o recurso adequado ao combate de **sentença**, entendido como o pronunciamento *por meio do qual o juiz, com fundamento nos arts. 485[1] e 487[2], põe fim à fase cognitiva do procedimento comum, bem como extingue a execução* (§ 1º do art. 203 do CPC). Como percebemos, a apelação é cabível tanto para atacar **sentença terminativa** como **sentença de mérito**.

Algumas decisões proferidas pelo magistrado durante o processo se parecem com sentenças, sendo, na verdade, decisões interlocutórias, impactando diretamente na definição do recurso que pode ser utilizada pelo interessado para o seu combate.

---

1. "Art. 485. O juiz não resolverá o mérito quando: I – indeferir a petição inicial; II – o processo ficar parado durante mais de 1 (um) ano por negligência das partes; III – por não promover os atos e as diligências que lhe incumbir, o autor abandonar a causa por mais de 30 (trinta) dias; IV – verificar a ausência de pressupostos de constituição e de desenvolvimento válido e regular do processo; V – reconhecer a existência de perempção, de litispendência ou de coisa julgada; VI – verificar ausência de legitimidade ou de interesse processual; VII – acolher a alegação de existência de convenção de arbitragem ou quando o juízo arbitral reconhecer sua competência; VIII – homologar a desistência da ação; IX – em caso de morte da parte, a ação for considerada intransmissível por disposição legal; e X – nos demais casos prescritos neste Código. § 1º Nas hipóteses descritas nos incisos II e III, a parte será intimada pessoalmente para suprir a falta no prazo de 5 (cinco) dias. § 2º No caso do § 1º, quanto ao inciso II, as partes pagarão proporcionalmente as custas, e, quanto ao inciso III, o autor será condenado ao pagamento das despesas e dos honorários de advogado. § 3º O juiz conhecerá de ofício da matéria constante dos incisos IV, V, VI e IX, em qualquer tempo e grau de jurisdição, enquanto não ocorrer o trânsito em julgado. § 4º Oferecida a contestação, o autor não poderá, sem o consentimento do réu, desistir da ação. § 5º A desistência da ação pode ser apresentada até a sentença. § 6º Oferecida a contestação, a extinção do processo por abandono da causa pelo autor depende de requerimento do réu. § 7º Interposta a apelação em qualquer dos casos de que tratam os incisos deste artigo, o juiz terá 5 (cinco) dias para retratar-se".
2. "Art. 487. Haverá resolução de mérito quando o juiz: I - acolher ou rejeitar o pedido formulado na ação ou na reconvenção; II - decidir, de ofício ou a requerimento, sobre a ocorrência de decadência ou prescrição; III - homologar: a) o reconhecimento da procedência do pedido formulado na ação ou na reconvenção; b) a transação; c) a renúncia à pretensão formulada na ação ou na reconvenção. Parágrafo único. Ressalvada a hipótese do § 1º do art. 332, a prescrição e a decadência não serão reconhecidas sem que antes seja dada às partes oportunidade de manifestar-se".

Exemplificativamente, com base no art. 356[3], a lei processual permite que o magistrado proceda ao julgamento antecipado parcial do mérito nas situações relacionadas na mesma norma, através de decisão que se parece com sentença, por se referir ao mérito, enfrentando pedido(s) formulado(s) pelo autor na petição inicial.

Embora o pronunciamento se pareça com sentença (repita-se, por versar sobre o mérito e por enfrentar pedidos formulados na petição inicial), estamos diante de decisão de natureza interlocutória, que pode ser atacada pelo recurso de agravo de instrumento (§ 5º do art. 356)[4].

A eventual interposição da apelação, no lugar do agravo de instrumento impede o conhecimento daquela, em decorrência do cometimento do denominado **erro grosseiro**, sem que se possa defender a aplicação do princípio da fungibilidade, já que inexiste dúvida objetiva, que é condição exigida para a aplicação do mencionado princípio, já que a lei predefine o recurso adequado para atacar o pronunciamento em estudo.

Quando o leitor estiver em dúvida a respeito da natureza jurídica do pronunciamento judicial (se sentença ou decisão interlocutória), sugerimos que verifique se o processo terá continuidade após a decisão. Se a resposta for positiva, encontra-se diante de decisão de natureza interlocutória (e que, por essa razão, deve ser combatida pelo agravo de instrumento). Em caso contrário, a decisão tem a natureza jurídica de sentença, e deve ser atacada pelo recurso de apelação.

Essa avaliação não sempre simples, pois em determinadas situações, a decisão que se pretende combater encerra o processo em relação a uma das partes, não produzindo o mesmo efeito em relação a outra(s), como é o caso do pronunciamento em que o magistrado exclui litisconsorte do processo, que deve ser atacado pelo recurso de agravo de instrumento (inciso VII do art. 1.015[5]).

Nesse caso, o processo é encerrado em relação ao litisconsorte excluído, mas continua em relação às demais partes.

---

3. "Art. 356. O juiz decidirá parcialmente o mérito quando um ou mais dos pedidos formulados ou parcela deles: I - mostrar-se incontroverso; II - estiver em condições de imediato julgamento, nos termos do art. 355. § 1º A decisão que julgar parcialmente o mérito poderá reconhecer a existência de obrigação líquida ou ilíquida. § 2º A parte poderá liquidar ou executar, desde logo, a obrigação reconhecida na decisão que julgar parcialmente o mérito, independentemente de caução, ainda que haja recurso contra essa interposto. § 3º Na hipótese do § 2º, se houver trânsito em julgado da decisão, a execução será definitiva. § 4º A liquidação e o cumprimento da decisão que julgar parcialmente o mérito poderão ser processados em autos suplementares, a requerimento da parte ou a critério do juiz. § 5º A decisão proferida com base neste artigo é impugnável por agravo de instrumento".
4. "Art. 356. (...) § 5º A decisão proferida com base neste artigo é impugnável por agravo de instrumento".
5. "Art. 1.015. Cabe agravo de instrumento contra as decisões interlocutórias que versarem sobre: VII – exclusão de litisconsorte; (...)".

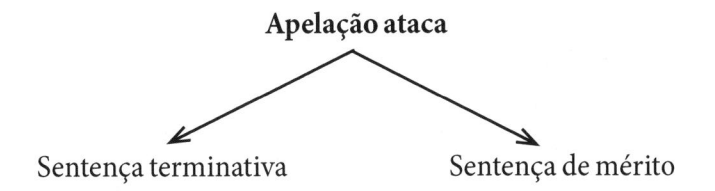

Apelação ataca

Sentença terminativa   Sentença de mérito

2.1.1 Combate às decisões interlocutórias como preliminar da apelação ou nas contrarrazões desse recurso

Na vigência do CPC/73, proferida decisão interlocutória durante o processo, a parte que se sentisse prejudicada devia combatê-la através da interposição do recurso de agravo, no gênero, apresentando o agravo de instrumento e o agravo retido como espécies, o primeiro para evitar a preclusão da matéria, e o segundo para, além disso, obstar os efeitos da decisão atacada.

Em decorrência desse sistema, e para evitar a preclusão da matéria, tínhamos uma enxurrada de agravos retidos num único processo, que de fato não serviam para absolutamente nada, a não ser tumultuar a relação, muitas vezes perdendo o seu objeto em momento posterior, bastando pensarmos na situação em que o magistrado indeferia a ouvida de testemunha arrolada pelo autor, mesmo assim julgando a ação em seu favor.

O CPC/2015 suprimiu o recurso de agravo retido, criando técnica para o combate às decisões interlocutoras proferidas durante o processo, inspirando-se no modelo adotado no âmbito dos Juizados Especiais Cíveis, em que as decisões interlocutórias são irrecorríveis após serem prolatadas, podendo ser atacadas no recurso inominado.

No âmbito da justiça comum tradicional (Estadual e Federal), as decisões interlocutórias proferidas durante o processo (com exceção das relacionadas no art. 1.015 do CPC) são atacadas mediante a arguição da questão como preliminar da apelação ou nas suas contrarrazões, a depender de a parte ser vencida ou vencedora.

Em outras palavras, as partes devem "guardar" as suas reclamações, "despejando-as" na apelação ou nas contrarrazões desse mesmo recurso, como matéria preliminar. Vejamos o que dispõe o § 1º do art. 1.009 do CPC:

> "Art. 1.009. (...) § 1º. As questões resolvidas na fase de conhecimento, se a decisão a seu respeito não comportar a agravo de instrumento, não são cobertas pela preclusão e devem ser suscitadas em preliminar de apelação, eventualmente interposta contra a decisão final, ou nas contrarrazões. (...)".

Ilustrativamente, pensemos que a parte é surpreendida com decisão interlocutória proferida pelo magistrado na audiência de instrução e julgamento, através da qual indefere a ouvida de testemunha constante de rol apresentado no prazo fixado pelo § 4º do art. 357 do CPC[6].

A decisão é irrecorrível nesse momento processual, o que significa dizer que o advogado nada fala na audiência de instrução e julgamento, não interpõe qualquer recurso, deixando para suscitar a questão quando interpuser a apelação ou quando apresentar contrarrazões a esse mesmo recurso.

A questão deve ser suscitada como preliminar, pois a declaração de nulidade do ato processual atacado resulta no reconhecimento da nulidade dos atos subsequentes, que dele sejam dependentes, em respeito à teoria do fruto da árvore envenenada, o que significa dizer que, se o tribunal reconhecer a nulidade da audiência de instrução e julgamento, porque a parte foi privada do direito de produzir a prova testemunhal, a sentença igualmente será reconhecida como nula.

Nesse caso, o tribunal julgará apenas a questão preliminar suscitada na apelação, não o seu mérito, pois o resultado do reconhecimento da nulidade do ato processual (e, a reboque, dos subsequentes) acarreta a determinação de encaminhamento dos autos ao juízo do 1º grau de jurisdição, para que nova audiência de instrução e julgamento seja designada, desta feita sendo permitida a ouvida das testemunhas, ato seguido da prolação de nova sentença.

O julgamento da primeira apelação interposta, na qual a parte suscitou a nulidade do ato processual como questão preliminar resta prejudicado, exatamente porque o julgamento da matéria suscitada como preliminar é prejudicial ao julgamento da apelação.

Essa técnica (estabelecendo que a questão preliminar deve ser enfrentada antes do mérito) consta dos art. 938 e 946 do CPC, que têm a seguinte redação:

"Art. 938. A questão preliminar suscitada no julgamento será decidida antes do mérito, deste não se conhecendo caso seja incompatível com a decisão. § 1º Constatada a ocorrência de vício sanável, inclusive aquele que possa ser conhecido de ofício, o relator determinará a realização ou a renovação do ato processual, no próprio tribunal ou em primeiro grau de jurisdição, intimadas as partes. § 2º Cumprida a diligência de que trata o § 1º, o relator, sempre que possível, prosseguirá no julgamento do recurso. § 3º Reconhecida a necessidade de produção de prova, o relator converterá o julgamento em diligência, que se realizará no tribunal ou em primeiro grau de jurisdição, decidindo-se o recurso após a conclusão da instrução. § 4º Quando não determinadas pelo relator, as providências indicadas nos §§ 1º e 3º poderão ser determinadas pelo órgão competente para julgamento do recurso.

"Art. 946. O agravo de instrumento será julgado antes da apelação interposta no mesmo processo. Parágrafo único. Se ambos os recursos de que trata o *caput* houverem de ser julgados na mesma sessão, terá precedência o agravo de instrumento".

---

6. "Art. 357. (...) § 4º Caso tenha sido determinada a produção de prova testemunhal, o juiz fixará prazo comum não superior a 15 (quinze) dias para que as partes apresentem rol de testemunhas. (...)".

Uma advertência é bastante importante. Quando o código estabelece que as decisões interlocutórias proferidas durante o processo não precluem (com exceção das que estão relacionadas no art. 1.015), e que podem ser atacadas em preliminar da apelação ou nas suas contrarrazões, **fixou um marco final para o combate a esses pronunciamentos.**

Por isso, se a questão não for suscitada como preliminar da apelação ou nas suas contrarrazões, a matéria precluirá, é não poderá ser suscitada nos recursos seguintes, sobretudo nos extremos (especial e extraordinário), que exigem o prequestionamento da matéria, como condição para que sejam conhecidos (Súmula 282 do STF[7]).

Ilustrativamente, voltemos a pensar na parte que é prejudicada pelo indeferimento da ouvida de testemunhas que arrolou, e que não suscita essa questão como preliminar da apelação, por descuido ou por qualquer outra razão.

Essa omissão retira da parte o direito de posteriormente interpor o recurso especial contra o acórdão que vier a julgar a apelação (repita-se: na qual a matéria não foi suscitada), em que (pelo menos em tese) poderia arguir a infração ao art. 7º do CPC[8], e/ou o recurso extraordinário, por afronta ao inciso LV do art. 5º da CF, que abrigam o princípio do contraditório, pelo fato de a matéria ter precluído, por não ter sido suscitada no momento processual adequado.

2.1.2   Prazo para a interposição da apelação

A apelação deve ser interposta no prazo de **15 (quinze) dias uteis**, contado em dobro, quando apresentada:

(a)   Pelo **Ministério Público**, como parte ou como fiscal da ordem jurídica.[9]

(b)   Pela **Advocacia Pública**, na defesa dos direitos da União, dos Estados, do Distrito Federal, dos Municípios e das suas respectivas autarquias e fundações de direito público[10].

---

7.   "É inadmissível o recurso extraordinário, quando não ventilada, na decisão recorrida, a questão federal suscitada".

8.   "Art. 7º É assegurada às partes paridade de tratamento em relação ao exercício de direitos e faculdades processuais, aos meios de defesa, aos ônus, aos deveres e à aplicação de sanções processuais, competindo ao juiz zelar pelo efetivo contraditório".

9.   "Art. 180. O Ministério Público gozará de prazo em dobro para manifestar-se nos autos, que terá início a partir de sua intimação pessoal, nos termos do art. 183, § 1º. (...)".

10.   "Art. 183. A União, os Estados, o Distrito Federal, os Municípios e suas respectivas autarquias e fundações de direito público gozarão de prazo em dobro para todas as suas manifestações processuais, cuja contagem terá início a partir da intimação pessoal. (...)".

(c) Pela **Defensoria Pública**, atuando na defesa do denominado pobre na forma da lei.[11]

(d) Por **litisconsortes** com diferentes procuradores, desde que estejam representados por diferentes procuradores, integrantes de escritórios de advocacia distintos e desde que o processo não tenha curso em autos eletrônicos.[12]

Quanto à última situação, advertimos que **os litisconsortes não disporão do prazo em dobro se o processo tiver curso em autos eletrônicos**, mesmo que estejam representados por advogados distintos, e mesmo que estes integrem diferentes escritórios de advocacia (§ 2º do art. 229 do CPC)[13].

Situação	Prazo
Apelação interposta por pessoa natural ou por pessoa jurídica de direito privado representada por advogado particular	15 dias uteis
Apelação interposta pelo Ministério Público	30 dias uteis
Apelação interposta pela Advocacia Pública	30 dias uteis
Apelação interposta pela Defensoria Pública	30 dias uteis
Apelação interposta por litisconsortes representados por diferentes procuradores, integrantes de escritórios de advocacia distintos, em processo que tem curso em autos físicos	30 dias úteis
Apelação interposta por litisconsortes representados por diferentes procuradores, integrantes de escritórios de advocacia distintos, em processo que tem curso em autos eletrônicos	15 dias uteis

2.1.2.1 Prazo para a interposição da apelação nos Juizados Especiais Cíveis

No âmbito dos Juizados Especiais Cíveis, responsáveis pelo julgamento das ações que têm curso pelo **rito sumaríssimo**, a sentença proferida pelo juiz que atua no 1º grau de jurisdição pode ser atacada pelo **recurso inominado**, que corresponde à apelação.

Embora o seja, quanto ao prazo, o recurso inominado deve ser interposto em até **10 (dez) dias úteis** (art. 12-A da Lei nº 9.099/95)[14], não em 15 (quinze) dias uteis, como previsto no art. 219 do CPC.

---

11. "Art. 186. A Defensoria Pública gozará de prazo em dobro para todas as suas manifestações processuais. (...)".
12. "Art. 229. Os litisconsortes que tiverem diferentes procuradores de escritórios de advocacia distintos, terão prazos contados em dobro para todas as suas manifestações, em qualquer juízo ou tribunal, independentemente de requerimento. (...)".
13. "Art. 229. (...) § 2º Não se aplica o disposto no *caput* aos processos em autos eletrônicos".
14. "Art. 12-A. Na contagem de prazo em dias, estabelecido por lei ou pelo juiz, para a prática de qualquer ato processual, inclusive para a interposição de recursos, computar-se-ão somente os dias úteis".

Do mesmo modo, ainda que o processo apresente litisconsortes no(s) polo(s) ativo e/ou passivo, representados por diferentes procuradores, integrantes de escritórios de advocacia igualmente diferentes, o prazo para a interposição do recurso inominado é de 10 (dez) dias úteis, não sendo contado em dobro, como estabelece o Enunciado de nº 164 do FONAJE, que tem a seguinte redação:

> "**ENUNCIADO 164** - O art. 229, *caput*, do CPC/2015 não se aplica ao Sistema de Juizados Especiais".

2.1.2.2. *Prazo para a interposição da apelação nos processos que têm fundamento na Lei nº 8.069/90*

Por força do inciso II do art. 198 do ECA, nos processos que têm fundamento no Estatuto, o prazo para a interposição do recurso de apelação pelo Ministério Público e para a defesa é de 10 (dez) dias, não de 15 (quinze), como previsto no CPC.

2.1.3 Requisitos formais da apelação

A apelação, **interposta por petição**, deve conter:

(a) Os nomes e a qualificação das partes.

(b) A exposição do fato e do direito.

(c) As razões do pedido de reforma ou de decretação de nulidade.

(d) O pedido de nova decisão.

Se a apelação for interposta pelo autor, este não pode se limitar a reproduzir a petição inicial. Do mesmo modo, quando apresentada pelo réu, este não pode simplesmente se reportar à contestação e/ou reproduzi-la, pois **a apelação deve impugnar especificamente os fundamentos da decisão recorrida**, sob pena de o relator negar-lhe seguimento, no âmbito do tribunal, com fundamento no inciso III do art. 932 do CPC, que tem a seguinte redação:

> "Art. 932. Incumbe ao relator: (...) III – não conhecer de recurso inadmissível, prejudicado ou que não tenha impugnado especificamente os fundamentos da decisão recorrida; (...)".

A exigência de que a apelação impugne especificamente os fundamentos da decisão recorrida decorre da aplicação do **princípio da dialeticidade**. A jurisprudência tem sido rígida sobre a matéria, como percebemos através da leitura do seguinte julgado:

> "APELAÇÃO CÍVEL. RESPONSABILIDADE CIVIL. DANOS MORAIS. DIREITO PROCESSUAL CIVIL. PRINCÍPIO DA DIALETICIDADE. FUNDAMENTOS DA SENTENÇA PARCIALMENTE NÃO IMPUGNADOS. RAZÕES RECURSAIS QUE NÃO ATACAM OS FUNDAMENTOS DA SENTENÇA.

ART. 1.010, II E III, CPC/2015. CONHECIMENTO PARCIAL. HONORÁRIOS. MANUTENÇÃO. **NÃO SE CONHECE DO APELO QUE, EM SUAS RAZÕES, NÃO ATACA DE FORMA PARTICULAR E ESPECÍFICA OS FUNDAMENTOS DA DECISÃO VERGASTADA.** AS RAZÕES DO APELO SÃO DEDUZIDAS A PARTIR DO PROVIMENTO JUDICIAL RECORRIDO, E DEVEM FUSTIGAR SEUS ARGUMENTOS. Situação dos autos em que parte das razões de apelo não contraditaram os fundamentos da sentença quanto à improcedência do pedido de indenização por danos morais. OFENSA AO PRINCÍPIO DA DIALETICIDADE. INFRAÇÃO AO ART. 1.010, INCISOS II E III DO CPC/2015. PRECEDENTES DO STJ E DO TJRS. APELO PARCIALMENTE CONHECIDO E DESPROVIDO" (TJRS, Apelação Cível nº 50948965320218210001, 9ª Câmara Cível, relator Des. TASSO CAUBI SOARES DELABARY, julgado 5.5.2022) (grifamos).

2.1.4 Recebimento da apelação como regra nos efeitos devolutivo e suspensivo

A regra é a de que **a apelação seja recebida em ambos os efeitos** (devolutivo e suspensivo), **impedindo a instauração da execução fundada em título provisório**. Excepcionalmente, nas situações listadas nos incisos constantes do art. 1.012 da lei processual, o recurso é recebido apenas no efeito devolutivo, permitindo a instauração da fase de cumprimento da sentença.

Nesses casos, quase sempre nos encontramos diante de situações de urgência, de necessidade (sobretudo as sentenças que condenam o réu ao pagamento de alimentos, que confirmam, concedem ou revogam tutela provisória), sem que o vencedor possa aguardar pela confirmação do pronunciamento pelo tribunal, sob pena de perecimento do direito material, justificando o recebimento do recurso apenas no efeito devolutivo, e a permissão legal de instauração da execução fundada em título provisório após a publicação da sentença.

A apelação é recebida apenas no efeito devolutivo quando ataca sentença:

(a) Que homologa divisão ou demarcação de terras.

As ações de divisão e de demarcação de terras estão disciplinadas nos arts. 569 ss. O cumprimento da sentença proferida nessas ações deve respeitar as normas constantes dos arts. 513 ss, tendo fundamento em título provisório.

(b) Que condena o vencido a pagar alimentos.

Considerando o caráter alimentar da verba, que tem por objetivo garantir a subsistência do vencedor/credor, este não pode aguardar pela confirmação do pronunciamento pelo tribunal, como condição para instaurar a execução. A condenação pode constar de sentença proferida na **ação de alimentos** (regida pela Lei 5.478/68), na ação de **separação judicial**, na **ação de divórcio,** na **ação** de indenização por perdas e danos *e nas* ações de reconhecimento de união estável e de sociedade de fato.

No último caso, a execução provisória se limita à parte do pronunciamento que dispõe sobre o pagamento de alimentos, não sendo extensiva para permitir a execução das verbas correspondentes aos danos emergentes, ao dano moral e/ou ao dano estético.

Na execução do pronunciamento que condena o devedor ao pagamento de alimentos, o credor pode solicitar a prisão daquele, se não pagar ou se a justificativa que apresentar não for aceita pelo magistrado, quando o débito alimentar compreende até as 3 (três) prestações anteriores ao ajuizamento da execução, sendo ainda possível o protesto do pronunciamento judicial (art. 528 e seus parágrafos[15]).

(c) Que extingue sem resolução do mérito ou julga improcedentes os embargos do executado.

A rejeição liminar dos embargos, que acarreta a sua extinção sem a resolução do mérito, pode ocorrer quando intempestivos; nos casos de indeferimento da petição inicial e de improcedência liminar do pedido, ou quando manifestamente protelatórios (art. 918 do CPC[16]). Quando improcedentes, o juiz resolveu o mérito, contra as pretensões do devedor.

---

15. "Art. 528. No cumprimento de sentença que condene ao pagamento de prestação alimentícia ou de decisão interlocutória que fixe alimentos, o juiz, a requerimento do exequente, mandará intimar o executado pessoalmente para, em 3 (três) dias, pagar o débito, provar que o fez ou justificar a impossibilidade de efetuá-lo. § 1º Caso o executado, no prazo referido no caput, não efetue o pagamento, não prove que o efetuou ou não apresente justificativa da impossibilidade de efetuá-lo, o juiz mandará protestar o pronunciamento judicial, aplicando-se, no que couber, o disposto no art. 517. § 2º Somente a comprovação de fato que gere a impossibilidade absoluta de pagar justificará o inadimplemento. § 3º Se o executado não pagar ou se a justificativa apresentada não for aceita, o juiz, além de mandar protestar o pronunciamento judicial na forma do § 1º, decretar-lhe-á a prisão pelo prazo de 1 (um) a 3 (três) meses. § 4º A prisão será cumprida em regime fechado, devendo o preso ficar separado dos presos comuns. § 5º O cumprimento da pena não exime o executado do pagamento das prestações vencidas e vincendas. § 6º Paga a prestação alimentícia, o juiz suspenderá o cumprimento da ordem de prisão. § 7º O débito alimentar que autoriza a prisão civil do alimentante é o que compreende até as 3 (três) prestações anteriores ao ajuizamento da execução e as que se vencerem no curso do processo. § 8º O exequente pode optar por promover o cumprimento da sentença ou decisão desde logo, nos termos do disposto neste Livro, Título II, Capítulo III, caso em que não será admissível a prisão do executado, e, recaindo a penhora em dinheiro, a concessão de efeito suspensivo à impugnação não obsta a que o exequente levante mensalmente a importância da prestação. § 9º Além das opções previstas no art. 516, parágrafo único, o exequente pode promover o cumprimento da sentença ou decisão que condena ao pagamento de prestação alimentícia no juízo de seu domicílio".

16. "Art. 918. O juiz rejeitará liminarmente os embargos: I - quando intempestivos; II - nos casos de indeferimento da petição inicial e de improcedência liminar do pedido; III - manifestamente protelatórios. Parágrafo único. Considera-se conduta atentatória à dignidade da justiça o oferecimento de embargos manifestamente protelatórios".

Nos dois casos, há uma ratificação (indireta, no primeiro, e direta, no segundo) da presunção de certeza, de exigibilidade e de liquidez da obrigação que fundamentou a propositura da ação executiva. Por conta disso, pode prosseguir, sem que o recurso interposto contra a sentença proferida na ação incidental autônoma (embargos à execução) tenha força suficiente para obstá-la.

(d)   Que julga procedente o pedido de instituição de arbitragem.

Segundo o art. 7º da LArb, *existindo cláusula compromissória e havendo resistência quanto à instituição de arbitragem, poderá a parte interessada requerer a citação da outra parte para comparecer em juízo a fim de lavrar-se o compromisso, designando o juiz audiência especial para tal fim.* Esse procedimento é concluído por sentença, que pode ser atacada pelo recurso de apelação, dotado apenas do efeito devolutivo.

(e)   Que confirma, concede ou revoga tutela provisória.

O recebimento da apelação interposta contra sentença que confirma, concede ou revoga tutela provisória apenas no efeito devolutivo é justificado por estarmos diante de **medida de urgência**, marcada pela coexistência da probabilidade do direito e do perigo de dano ou do risco ao resultado útil do processo (art. 300[17]), ou de medida embasada na evidência (art. 311[18]), o que (no mínimo) recomenda a imediata instauração da execução fundada em título provisório.

O recurso de apelação é dotado somente do efeito devolutivo não apenas quando a sentença *confirmar a antecipação dos efeitos da tutela*, como também quando conceder ou revogar a tutela provisória.

---

17.   "Art. 300. A tutela de urgência será concedida quando houver elementos que evidenciem a probabilidade do direito e o perigo de dano ou o risco ao resultado útil do processo. § 1º Para a concessão da tutela de urgência, o juiz pode, conforme o caso, exigir caução real ou fidejussória idônea para ressarcir os danos que a outra parte possa vir a sofrer, podendo a caução ser dispensada se a parte economicamente hipossuficiente não puder oferecê-la. § 2º A tutela de urgência pode ser concedida liminarmente ou após justificação prévia. § 3º A tutela de urgência de natureza antecipada não será concedida quando houver perigo de irreversibilidade dos efeitos da decisão".

18.   "Art. 311. A tutela da evidência será concedida, independentemente da demonstração de perigo de dano ou de risco ao resultado útil do processo, quando: I - ficar caracterizado o abuso do direito de defesa ou o manifesto propósito protelatório da parte; II - as alegações de fato puderem ser comprovadas apenas documentalmente e houver tese firmada em julgamento de casos repetitivos ou em súmula vinculante; III - se tratar de pedido reipersecutório fundado em prova documental adequada do contrato de depósito, caso em que será decretada a ordem de entrega do objeto custodiado, sob cominação de multa; IV - a petição inicial for instruída com prova documental suficiente dos fatos constitutivos do direito do autor, a que o réu não oponha prova capaz de gerar dúvida razoável. Parágrafo único. Nas hipóteses dos incisos II e III, o juiz poderá decidir liminarmente".

(f)   Que decreta a interdição.

Na sentença que decreta a interdição, o juiz nomeia curador e fixa os limites da curatela, permitindo a prática de atos que atendam aos interesses do curatelado (art. 755)[19]. A previsão de que a apelação que ataca essa sentença é dotada apenas do efeito devolutivo se justifica, na medida em que é necessária a imediata proteção dos interesses do curatelado, o que seria obstado, se a apelação fosse dotada do duplo efeito.

Como a lei previu o recebimento do recurso de apelação apenas no efeito devolutivo especificamente para a situação que envolve a sua interposição contra a sentença que **decreta** a interdição, entendemos que essa técnica não é extensiva à situação que envolve o levantamento da curatela, também por sentença.

2.1.4.1   *Outras situações previstas em legislação esparsa*

Fora do CPC, normas inseridas em leis esparsas também preveem o recebimento da apelação somente no efeito devolutivo, dando margem à instauração da execução fundada em título provisório, prevalecendo, quando confrontadas com o *caput* **do art. 1.012 da lei processual (que prevê o recebimento da apelação no efeito suspensivo), em respeito ao princípio da especialidade.**

A primeira situação é a da apelação interposta contra sentença proferida na ação civil pública, recebida no efeito tão somente devolutivo, permitindo a lei que o magistrado (ou o relator, no âmbito do tribunal) lhe atribua efeito suspensivo de modo excepcional, *para evitar dano irreparável à parte* (art. 14 da LACP)[20].

A segunda situação está prevista no § 3º do art. 14 da LMS, estabelecendo que a sentença concessiva da ordem pode ser executada provisoriamente, salvo nos casos em que for vedada a concessão da medida liminar, ou seja, nas situações relacionadas no § 2º do art. 7º da LMS, com a seguinte redação:

"Não será concedida medida liminar que tenha por objeto a compensação de créditos tributários, a entrega de mercadorias e bens provenientes do exterior, a reclassificação ou equiparação de servidores públicos e a concessão de aumento ou a extensão de vantagens ou pagamento de qualquer natureza."

---

19. "Art. 755. Na sentença que decretar a interdição, o juiz: I – nomeará curador, que poderá ser o requerente da interdição, e fixará os limites da curatela, segundo o estado e o desenvolvimento mental do interdito; II – considerará as características pessoais do interdito, observando suas potencialidades, habilidades, vontades e preferências. (...)".

20. "Art. 14. O juiz poderá conferir efeito suspensivo aos recursos, para evitar dano irreparável à parte".

A terceira situação consta dos arts. 199-A e 199-B do ECA, que apresentam a seguinte redação:

"Art. 199-A. A sentença que deferir a adoção **produz efeito desde logo, embora sujeita a apelação, que será recebida exclusivamente no efeito devolutivo,** salvo se se tratar de adoção internacional ou se houver perigo de dano irreparável ou de difícil reparação ao adotando" (grifamos).

"Art. 199-B. A sentença que destituir ambos ou qualquer dos genitores do poder familiar **fica sujeita a apelação, que deverá ser recebida apenas no efeito devolutivo**" (grifamos).

2.1.4.2 *Possibilidade de concessão do efeito suspensivo de modo excepcional*

O § 4º do artigo 1.012 estabelece que o recorrente pode obter o efeito suspensivo de modo excepcional, nos casos em que a apelação é dotada apenas do efeito devolutivo, quando o relator se convencer da relevância da fundamentação e do risco de dano grave ou de difícil reparação.

Esse pedido pode ser dirigido ao:

(a) **Tribunal**, no período compreendido entre a interposição da apelação e sua distribuição, ficando o relator designado para o seu exame prevento para julgá-la.

(b) **Relator**, se a apelação já houver sido distribuída.

O pedido de concessão excepcional do efeito suspensivo à apelação interposta contra qualquer das sentenças listadas no § 1º do art. 1.012, bem assim, às apelações apresentadas contra sentenças que julgam as ações civis públicas, que deferem a adoção ou que concedem a ordem, nas ações de mandado de segurança, pode ser formulado em petição avulsa ou como preliminar da apelação, sendo encaminhado à distribuição (quando o recurso de apelação ainda não houver sido remetido ao tribunal, ou se encontrar em trânsito) ou ao relator (quando a apelação já houver sido distribuída).

Em respeito ao princípio da fundamentação, abrigado pelo inciso IX do art. 93 da CF e pelo art. 11 do CPC, o relator não pode se limitar a afirmar a probabilidade de provimento do recurso ou, desde que a fundamentação seja relevante, o risco de dano grave ou de difícil reparação, quando suspender a eficácia da sentença.

Diferentemente, deve fundamentar o pronunciamento, confrontando as informações do processo com os requisitos legais. Além disso, é importante destacar que a lei não exige a coexistência dos requisitos (1 + 1), contentando-se com o preenchimento de requisito único, que pode ser a **probabilidade de pro-**

vimento do recurso, que se insere numa espécie de prejulgamento, ou o **risco de grave dano ou de difícil reparação, desde que a fundamentação seja relevante**. A relevância da fundamentação se distingue da probabilidade de provimento do recurso, sendo mais *rasa*, se comparada a este último requisito.

A decisão proferida pelo relator, tanto a que nega como a que concede a atribuição excepcional do efeito suspensivo pode ser combatida pela interposição do recurso de agravo interno, no prazo geral de 15 (quinze) dias e com fundamento no art. 1.021 do CPC.

2.1.5 Devolutividade da apelação

O art. 1.013 do CPC apresenta a seguinte redação:

"Art. 1.013. A apelação devolverá ao tribunal o conhecimento da matéria impugnada. § 1º Serão, porém, objeto de apreciação e julgamento pelo tribunal todas as questões suscitadas e discutidas no processo, ainda que não tenham sido solucionadas, desde que relativas ao capítulo impugnado. § 2º Quando o pedido ou a defesa tiver mais de um fundamento e o juiz acolher apenas um deles, a apelação devolverá ao tribunal o conhecimento dos demais. § 3º Se o processo estiver em condições de imediato julgamento, o tribunal deve decidir desde logo o mérito quando: I – reformar sentença fundada no art. 485; II – decretar a nulidade da sentença por não ser ela congruente com os limites do pedido ou da causa de pedir; III – constatar a omissão no exame de um dos pedidos, hipótese em que poderá julgá-lo; IV – decretar a nulidade de sentença por falta de fundamentação. § 4º Quando reformar sentença que reconheça a decadência ou a prescrição, o tribunal julgará o mérito, examinando as demais questões, sem determinar o retorno do processo ao juízo de primeiro grau. § 5º O capítulo da sentença que confirma, concede ou revoga a tutela provisória é impugnável na apelação".

Com a interposição do recurso de apelação, sempre dotado (no mínimo) do efeito devolutivo, transfere-se ao tribunal a incumbência de reapreciar as questões processuais, na extensão da impugnação apresentada pelo recorrente (na horizontalidade), respeitado o objeto da própria postulação inicial.

Isso significa que **é o recorrente que limita a matéria que pretende seja revista pelo tribunal**, que não pode extrapolar o objeto do recurso, em respeito ao princípio da adstrição, da correlação ou da congruência, o que significa dizer que o tribunal não pode analisar questões não suscitadas, com exceção das matérias de ordem pública, que podem (e devem) ser examinadas de ofício, como a prescrição, a decadência e as preliminares do art. 337 do CPC, por força do intitulado **efeito translativo da apelação**.

Dentro da limitação imposta pelo recorrente, o tribunal pode reapreciar todos os fatos e os fundamentos jurídicos. Desse modo, embora o recorrente limite a extensão do recurso, na profundidade, o tribunal pode examinar todos os fatos, mesmo que o recurso não tenha se referido a eles.

O tribunal só pode decidir o mérito, após reformar a sentença fundada no art. 485 (sentença que não resolve o mérito) nas situações constantes dos incisos II a X desse dispositivo, não podendo adotar a técnica quando a sentença terminativa houver indeferido a petição inicial (inciso I), pois, neste caso, o contraditório não foi formado, ou seja, o processo não se encontra *em condições de imediato julgamento*.

Nas situações previstas nos §§ 3º e 4º da norma reproduzida, o processo não é encaminhado ao juízo do 1º grau de jurisdição, para que nova decisão seja proferida, em substituição à que foi reformada ou invalidada. Diferentemente, o tribunal deve (norma cogente) julgar o mérito, após reformar ou invalidar o pronunciamento.

Para tanto, é necessário que o processo esteja em condições de imediato julgamento, o que significa dizer que o contraditório foi formado e que a causa versa apenas questão de direito, ou, sendo de direito e de fato, este foi esclarecido através da produção de provas (instrução concluída).

Assim, se o juiz indeferiu a petição inicial (logicamente, sem que a citação tenha sido aperfeiçoada), invalidado esse pronunciamento no julgamento da apelação, o tribunal não pode decidir desde logo o mérito, diante da necessidade do estabelecimento do contraditório, inicialmente através do aperfeiçoamento da citação do réu.

Destacamos Enunciados do FPPC sobre o assunto estudado nesta seção:

"Enunciado 100. Não é dado ao tribunal conhecer de matérias vinculadas ao pedido transitado em julgado pela ausência de impugnação".

"Enunciado 102. O pedido subsidiário ou alternativo não apreciado pelo juiz é devolvido ao tribunal com a apelação"

2.1.6 Encaminhamento da apelação ao tribunal independentemente da realização de juízo de admissibilidade

O § 3º do art. 1.010 do CPC estabelece que **a apelação deve ser encaminhada ao tribunal independentemente da realização do juízo de admissibilidade**, que passou a ser prerrogativa exclusiva do relator e do órgão fracionário responsável pelo julgamento do recurso (Câmara Cível, Grupo de Câmaras Cíveis etc.), o que significa dizer que o recurso (com os autos do processo) deve ser remetido ao tribunal mesmo que seja intempestivo[21], que o recorrente não detenha legitimi-

---

21. Alguns juízes que integram o TJRJ aprovaram enunciados que interpretam o CPC/2015, merecendo destaque o de número 60, que tem a seguinte redação: "A apelação intempestiva não produz efeito regressivo, devendo o juiz remeter a apelação ao tribunal sem exercício de juízo de retratação". A

dade e/ou interesse recursal, que não tenha providenciado o recolhimento das custas (preparo), apenas para exemplificar.

Vejamos o teor do Enunciado 99 do FPPC:

"O órgão *a quo* não fará juízo de admissibilidade da apelação".

Nos Juizados Especiais Cíveis, o Enunciado 166 do FONAJE estabelece que "Nos Juizados Especiais Cíveis, o juízo prévio de admissibilidade do recurso será feito em primeiro grau".

O enunciado 104, aprovado por alguns juízes que integram o TJRJ ressalva que o magistrado pode não encaminhar a apelação ao tribunal nos casos de **vício evidente**, como na situação em que é interposta contra decisão interlocutória, que deveria ter sido atacada pelo agravo de instrumento, caracterizando o denominado erro grosseiro. Vejamos o teor do enunciado e da justificativa que o acompanha:

"Enunciado 104: O não recebimento do recurso por vício evidente não viola o art. 1010 § 3º do CPC".

"Justificativa: O juízo de admissibilidade recursal tem maior pertinência com os pressupostos intrínsecos dos recursos, em sentido estrito, sendo certo que a análise *prima facie* de tempestividade e cabimento não ultrapassa mero juízo de recebimento, cabendo ao juízo de primeiro grau deixar de receber o recurso quando houver vício evidente na sua interposição. Entendimento diverso levaria ao Tribunal, *v.g.*, apelação interposto contra qualquer decisão interlocutória, a qualquer tempo, violando frontalmente o devido processo legal".

Se o magistrado se negar a encaminhar a apelação ao tribunal, como resultado da realização do juízo de admissibilidade, o apelante pode apresentar **reclamação**, com fundamento no art. 988 do CPC[22], jamais agravo de instrumento, pois a decisão não consta do art. 1.015.

---

justificativa que acompanha o enunciado reproduzido tem o seguinte teor: "O art. 1.010, § 3º do CPC dispõe que a remessa dos autos ao tribunal independe de juízo de admissibilidade. Entretanto, intempestiva a apelação, é defeso ao juiz retratar-se, uma vez que estaria revendo uma decisão transitada em julgado. Não havendo competência do juiz para inadmitir o recurso, deverá remeter a apelação ao tribunal sem o exercício do juízo de retratação".

22. "Art. 988. Caberá reclamação da parte interessada ou do Ministério Público para: I - preservar a competência do tribunal; II - garantir a autoridade das decisões do tribunal; III - garantir a observância de decisão do Supremo Tribunal Federal em controle concentrado de constitucionalidade; III – garantir a observância de enunciado de súmula vinculante e de decisão do Supremo Tribunal Federal em controle concentrado de constitucionalidade; IV - garantir a observância de enunciado de súmula vinculante e de precedente proferido em julgamento de casos repetitivos ou em incidente de assunção de competência. IV – garantir a observância de acórdão proferido em julgamento de incidente de resolução de demandas repetitivas ou de incidente de assunção de competência; § 1º A reclamação pode ser proposta perante qualquer tribunal, e seu julgamento compete ao órgão jurisdicional cuja competência se busca preservar ou cuja autoridade se pretenda garantir. § 2º A reclamação deverá

Além da reclamação, parte da jurisprudência tem admitido a impetração do mandado de segurança, reconhecendo a existência de direito líquido e certo. Vejamos julgado nesse sentido:

"MANDADO DE SEGURANÇA. NEGATIVA DE SEGUIMENTO DE RECURSO DE APELAÇÃO PELO JUÍZO *A QUO*. INCOMPETÊNCIA FUNCIONAL. Com a nova disciplina trazida pelo § 3º do art. 1.010, CPC, o julgador de primeiro grau não tem mais competência para deixar de admitir recurso de apelação. De sorte que o impetrante tem o direito líquido e certo de que o seu recurso seja processado no juízo *a quo* e encaminhado a este Tribunal. Segurança concedida" (TJSP, MS 21212556120188260000, 14ª Câmara de Direito Privado, relator Des. MELO COLOMBI, julgado em 22.10.2018).

Se a decisão de negativa de seguimento do recurso (inominado, nesse caso) é proferida por juiz que atua em Juizado Especial Cível, e se o recorrente optar pela impetração do mandado de segurança, a competência para julgá-lo é da Turma Recursal, no âmbito do Colégio Recursal, nos termos do Enunciado 62 do FONAJE, adiante transcrito:

"Cabe exclusivamente às Turmas Recursais conhecer e julgar o mandado de segurança e o *habeas corpus* impetrados em face de atos judiciais oriundos dos Juizados Especiais".

---

ser instruída com prova documental e dirigida ao presidente do tribunal. § 3º Assim que recebida, a reclamação será autuada e distribuída ao relator do processo principal, sempre que possível. § 4º As hipóteses dos incisos III e IV compreendem a aplicação indevida da tese jurídica e sua não aplicação aos casos que a ela correspondam. § 5º É inadmissível a reclamação proposta após o trânsito em julgado da decisão. § 5º É inadmissível a reclamação: I – proposta após o trânsito em julgado da decisão reclamada; II – proposta para garantir a observância de acórdão de recurso extraordinário com repercussão geral reconhecida ou de acórdão proferido em julgamento de recursos extraordinário ou especial repetitivos, quando não esgotadas as instâncias ordinárias. § 6º A inadmissibilidade ou o julgamento do recurso interposto contra a decisão proferida pelo órgão reclamado não prejudica a reclamação".

2.1.7   Minuta comentada de apelação

Ao juízo da 22ª Vara Cível da Comarca do Recife[23].

MARIA DA SILVA, por seu advogado, nos autos da **Ação Ordinária** proposta contra a **TORRE SUL VEÍCULOS e outra**, processo nº 0030308-37.2021.8.17.0001, havendo sido intimada do teor da r. sentença em que esse douto Juízo julgou a ação pela improcedência dos pedidos, vem, pela presente e no prazo legal de 15 (quinze) dias uteis, interpor **RECURSO DE APELAÇÃO**, de acordo com as razões em anexo, confiando, *concessa vênia*, que a espécie recursal será provida, acarretando a reforma completa do julgado atacado.

Nestes termos, com as razões recursais em anexo, assim como as guias referentes ao preparo[24], pede deferimento.

Local e data.

Nome do advogado

OAB

Apelante: **MARIA DA SILVA**

Apeladas: **TORRE SUL VEÍCULOS LTDA. e FIAT DO BRASIL S/A**

Processo nº 0030308-37.2021.8.17.0001

RAZÕES DA APELANTE[25]

Eminentes Desembargadores:

01. A sentença atacada deve ser integralmente reformada, *data vênia*, por ser contrária à prova produzida durante a fase de instrução processual, afrontando a legislação aplicável à matéria.

02. Nesse passo, e atentos à petição inicial, percebemos que a peticionária adquiriu automóvel na TORRE SUL VEÍCULOS, da marca FIAT, fato ocorrido no dia 30 de março de 2020, mediante o pagamento da quantia de R$ 100.000,00 (vem mil reais)[26].

---

23. A apelação **não é dirigida ao tribunal, mas ao próprio juízo que prolatou a sentença atacada**, que, após a apresentação (ou não) das contrarrazões pelo apelado encaminha os autos ao tribunal, competente para julgar o recurso.

24. A apelação **exige o preparo**, que deve ser comprovado no ato da sua interposição (art. 1.007), sob pena de não conhecimento, através de decisão proferida pelo relator, no âmbito do tribunal, com fundamento no inciso III do art. 932 do CPC, **exceto se o recurso for interposto pela Advocacia Pública, representando pessoa jurídica de direito público, pela Defensoria Pública ou pelo Ministério Público.**

25. Como o recurso é interposto no juízo que atua no 1º grau de jurisdição, mas julgado pelo tribunal, é integrado por uma "folha de rosto", endereçada àquele juízo, e pelas suas razões, consistindo no recurso propriamente dito, que serão apreciadas não pelo magistrado que prolatou a sentença, mas pelos desembargadores que atuam no âmbito do tribunal.

26. Embora seja corriqueira a reiteração dos argumentos expostos na petição inicial ou na contestação (a depender de o recurso ser interposto pelo autor ou pelo réu), para detalhar o conflito de interesses aos desembargadores responsáveis pelo julgamento da apelação, o recorrente deve ter o cuidado de não se limitar a reproduzir o que escreveu na petição inicial ou na contestação, atacando especificamente os fundamentos da decisão, evitando o não conhecimento do recurso pelo relator, no âmbito do tribunal, com fundamento no inciso III do art. 932 do CPC.

03. No ato da compra, a peticionária foi informada de que a **garantia da carroceria era de 4 (quatro) anos**, contados a partir da emissão da nota fiscal, desde que as revisões programadas fossem regularmente realizadas.

04. Todas as revisões foram realizadas na rede de concessionárias da FIAT, exatamente das datas especificadas no manual de garantia que acompanhou a primeira peça.

05. Não obstante o zelo com o veículo adquirido, a ora apelante foi surpreendida logo na 1ª revisão de carroceria, com a informação de que o automóvel apresentava diversos pontos de ferrugem, ocasião em que a adversa parte providenciou a recuperação do capô, dos painéis dianteiro e traseiro, da caixa de roda dianteira direita e dianteira esquerda, das laterais direita e esquerda, da tampa de mala e de 20% da porta dianteira esquerda.

06. Na segunda revisão de carroceria, realizada pouco mais de 1 (um) ano após a aquisição do veículo, a autora foi mais uma vez surpreendida com o nível de desgaste da carroceria do veículo, tendo sido necessária a realização dos seguinte reparos:

(a) Pintura do painel dianteiro.

(b) Pintura da estrutura traseira.

(c) Pintura de pequenas superfícies.

(d) Recuperação de 20% (vinte por cento) do para lama.

(e) Recuperação de 20% (vinte por cento) das portas dianteiras.

(f) Reparo de 20% (vinte por cento) da soleira.

(g) Recuperação de 20% (vinte por cento) da lateral esquerda e da lateral direita.

(h) Recuperação de 20% (vinte por cento) do tampo da mala.

07. Pouco mais de 6 (seis) meses após a 2ª revisão, **quando o carro se encontrava com aproximadamente 1 ano e 6 meses de uso**, preocupada com o alastramento da ferrugem, a peticionária levou o seu automóvel à concessionária demandada, ocasião em que os seus funcionários detectaram a existência de pontos de ferrugem:

(a) No capô.

(b) No painel dianteiro.

(c) No para lama direito.

(d) No para lama esquerdo.

(e) Na porta dianteira esquerda.

(f) Na porta dianteira direita.

(g) No teto.

(h) Na lateral direita.

(i) Na lateral esquerda.

(j) Na tampa de mala.

(k) No painel traseiro.

(l) Na soleira direita.

(m) Na soleira esquerda.

(n) No assoalho da mala.

(o) Na coluna dianteira esquerda.

(p) No painel de fogo.

08. Em decorrência da existência de tantos problemas, a peticionária deixou o seu veículo na concessionária demandada, para os devidos reparos, o que não ocorreu,

sob a alegação de que a garantia não cobre avarias decorrentes de uso inadequado do veículo, conclusão assentada na afirmação de que os funcionários da demandada teriam constatado a presença do componente químico Cloreto.

09. Em outras palavras, a adversa parte se negou a realizar os reparos sob a alegação de que o veículo teria mantido contato com água marinha, como se tivesse submergido.

10. Em decorrência da negativa, a peticionária deixou o veículo na concessionária demandada, onde já se encontrava desde o mês de janeiro de 2021, ato contínuo propondo ação de rito comum, que foi sentenciada pela improcedência dos pedidos.

11. Com a devida vênia, a r. sentença deve ser integralmente reformada, pois se fundou na falsa premissa de que o veículo teria mantido contato com água marinha, tão somente porque a peticionária admitiu, na audiência de instrução e julgamento, que seu esposo era praticante de pesca submarina, e que no veículo consta um adesivo da "PESCA – NE".

12. *Data máxima vênia*, quem mergulhava não era o veículo, mas o esposo da autora, não se podendo admitir que os sofismas indicados em linhas anteriores (falsas premissas, na verdade) sejam utilizados na formação do convencimento do magistrado de piso.

13. Compulsando os autos, percebemos que a autoridade monocrática determinou a realização de perícia, resultando na elaboração do laudo de ID 001002003, do qual destacamos os seguintes trechos:

> "O veículo se encontra com a estrutura deteriorada, principalmente nas partes inferiores, de forma a comprometer a segurança no seu uso, pela perda de resistência do monobloco formado pelo volume da cabine de passageiros".

> "O ataque é mais forte nos locais onde existem reentrâncias que permitem a permanência de solos formadores de material lamacento que são projetados quando em tráfego por vias primárias, sem revestimento, em períodos chuvosos".

> "Parte dos equipamentos de valor significativo do veículo se encontrava removida ou substituída; a ausência das peças removidas impediria o funcionamento do veículo quando da entrada para a reparação da carroceria em abril de 2020".

> "As áreas que foram objeto de reparação da pintura no período de 2008 a 2010 não apresentavam deterioração por corrosão, de características semelhantes às partes interiores do veículo".

> "Todas as manutenções preventivas e vistorias da carroceria previstas até a quilometragem de 30.000 (quando o veículo apresentava 30.018 kms rodados – 31 meses de uso) foram realizadas na rede assistencial da montadora".

> "Diga o Sr. Perito se é comum o surgimento dos referidos problemas com o tempo de uso do veículo. Resposta negativa. Com a atual especificação das chapas aplicadas na fabricação das partes da carroceria dos veículos modernos, assim como com o sistema de proteção por camadas de material com resinas de grande aderência ao substrato, impermeáveis a fluídos com dureza suficiente para suportar os processos de abrasão e ataque químico por partículas suspensas ou projetadas quando o veículo em movimento ou projetadas por ventos, são também estáveis aos agentes agressivos mais comuns (águas contaminadas mais comuns encontradas nos locais de tráfego de veículos, raios solares etc.). Contudo, como qualquer processo industrial, é possível a ocorrência de falhas no processo ou nos produtos aplicados, razão por que é prevista uma revisão durante o período de 4 anos de garantia, para identificação e correção de eventuais desconformidades no revestimento aplicado".

> "Diga o Sr. Perito se os automóveis que circulam em cidades de beira de praia estão suscetíveis à ação de maresia. Sim. A maresia constitui um dos elementos que induzem ou potencializam o processo de corrosão em materiais metálicos. Contudo, os processos de proteção hoje empregados nas peças produzidas em materiais ferrosos e ligas de alumínio minimizam a ação desse agente. Os veículos em uso ou armazenados em áreas distantes do

litoral marinho têm uma longevidade maior. Contudo, nos veículos produzidos nos últimos 20 anos têm permitido que aqueles que operam em regiões litorâneas permaneçam em boas condições de uso, sem necessidade de reforma na carroceria por períodos superiores a uma década, deixando de ser a existência da maresia (brisa salina) um fator determinante da aceleração do processo de deterioração das partes protegidas por pintura ou de camadas protetivas, como é o caso das partes galvanizadas, emborrachadas ou plastificadas".

"Analisando os endereços da autora informados no processo, verifica-se que ambos não estão localizados em vias litorâneas, o que minimiza o efeito da referida maresia".

14. Como percebemos, em nenhum momento o perito nomeado pela autoridade de piso sequer sugeriu ou insinuou que a ferrugem que devastou o automóvel adquirido pela autora/apelante teria como causa o seu uso inadequado, especificamente, a sua exposição à água marinha.

15. Muito pelo contrário, o profissional concluiu:

(a) Que a autora foi zelosa, na medida em que realizou as revisões periódicas nas datas indicadas no manual do proprietário.

(b) Que a autora não mora perto de vias litorâneas.

(c) Que o veículo foi inteiramente devastado pela ferrugem, com menos de 1 (um) ano de uso.

(d) Que a devastação referida em linhas anteriores não pode ser considerada normal.

16. Contrariando as conclusões da prova pericial, a douta autoridade de piso sentenciou a ação pela improcedência dos pedidos, baseada na falsa premissa de que o veículo teria sido utilizado pelo esposo da autora em mergulhos marinhos, afirmação lastreada em duas "provas", quais sejam, o depoimento prestado pela apelante na audiência de instrução e julgamento e o adesivo encontrado no veículo, que tem relação com a pesca.

17. Com todas as vênias devidas, os argumentos expostos pela autoridade de piso não se sustentam. Quanto ao depoimento prestado pela apelante na audiência de instrução e julgamento, percebemos que esta se limitou a declarar que o seu esposo "pratica pesca marinha e quando o faz deixa o carro na orla da praia de Boa Viagem".

18. Como vimos, a apelante apenas declarou que, quando o seu esposo utilizava o veículo para se deslocar a pontos de saída para a prática de pesca marinha, o deixava na orla de Boa Viagem, no calçadão, em algum local de estacionamento permitido pelas autoridades de trânsito.

19. Extrair dessa afirmação a ilação de que o veículo teria sido submetido à exposição inadequada é lamentável, *data vênia*, pois, se isto realmente fosse verdadeiro, os automóveis de todos os moradores que residem em prédios localizados na avenida Boa Viagem que não possuem vagas internas de estacionamento seriam corroídos 1 (um) ano depois de comprados.

20. O esposo da autora tem a pesca marinha como *hobby*, mas isto não significa que o veículo teria sido exposto a condições externas desfavoráveis, sobretudo porque essa modalidade de pesca é realizada em alto mar, através de barcos que partem de algum ponto da cidade, **sem que veículos sejam colocados no interior dessas embarcações**.

21. É exatamente por isso que a autora afirmou em linhas anteriores que quem pesca é o seu esposo, não o automóvel, que permanece estacionado em locais permitidos, sendo apenas utilizado no seu deslocamento para pontos específicos da cidade.

22. Estamos diante de uma falsa premissa. Contudo, mesmo que fosse uma premissa verdadeira, não é esperado (como bem concluiu o Sr. Perito) que automóveis vendidos na cidade do Recife, naturalmente litorânea, não possam permanecer estacionados na avenida Boa Viagem, sob pena de se deteriorarem.

23. A autora adquiriu um automóvel de marca nacionalmente conhecida, de qualidade propagada (pelo menos no momento da compra), não se justificando que tenha apresentado processo de deterioração de uma forma tão rápida, tão intensa, tão contundente.

24. A autoridade de piso deixou de observar as normas legais aplicáveis à matéria, com destaque para as que repousam no CDC, ainda com mais destaque o seu art. 12, adiante transcrito:

"Art. 12. O fabricante, o produtor, o construtor, nacional ou estrangeiro, e o importador respondem, independentemente da existência de culpa, pela reparação dos danos causados aos consumidores por defeitos decorrentes de projeto, fabricação, construção, montagem, fórmulas, manipulação, apresentação ou acondicionamento de seus produtos, bem como por informações insuficientes ou inadequadas sobre sua utilização e riscos. § 1° O produto é defeituoso quando não oferece a segurança que dele legitimamente se espera, levando-se em consideração as circunstâncias relevantes, entre as quais: I - sua apresentação; II - o uso e os riscos que razoavelmente dele se esperam; III - a época em que foi colocado em circulação. § 2° O produto não é considerado defeituoso pelo fato de outro de melhor qualidade ter sido colocado no mercado. § 3° O fabricante, o construtor, o produtor ou importador só não será responsabilizado quando provar: I - que não colocou o produto no mercado; II - que, embora haja colocado o produto no mercado, o defeito inexiste; III - a culpa exclusiva do consumidor ou de terceiro".

25. No caso concreto, a adversa parte não comprovou que os danos teriam decorrido de fato de terceiro ou de culpa exclusiva da vítima, limitando-se a criar uma cortina de fumaça, utilizando o adesivo colado em um dos vidros do automóvel para desenvolver a historieta de que o bem também praticaria pesca marítima.

26. Essa historieta impressionou a autoridade monocrática, repita-se, contrariando a prova produzida na fase de instrução e a lei que disciplina a matéria, resultando na necessidade de reforma da decisão atacada, evitando que a peticionária seja vítima de manifesta injustiça processual.

DO PEDIDO[27]

27. Posta a questão nesses termos, a peticionária requer se dignem Vossas Excelências a **DAR PROVIMENTO** a este recurso, modificando o pronunciamento atacado, acarretando o acolhimento dos pedidos formulados na petição inicial, com consequente inversão do ônus sucumbencial.

Nestes termos, pede deferimento.

Local e data.

Nome do advogado

OAB

---

27. O pedido formulado na apelação é sempre de provimento desse recurso. Contudo, o recorrente deve detalhar o que pretende obter com o provimento, se a modificação da sentença, para que a vitória processual lhe seja atribuída, ou a sua reforma, para que os autos do processo sejam encaminhados ao juízo do 1° grau de jurisdição, como consequência do reconhecimento da nulidade de ato(s) processual(is), permitindo que nova sentença seja proferida pelo mencionado juízo, após a prática de algum(ns) ato(s), como a realização da audiência de instrução e julgamento, por exemplo.

2.1.8 Procedimento

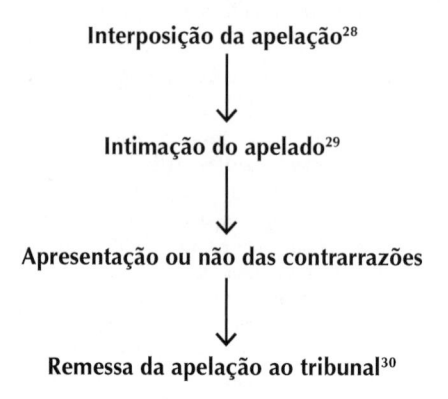

Interposição da apelação[28]

↓

Intimação do apelado[29]

↓

Apresentação ou não das contrarrazões

↓

Remessa da apelação ao tribunal[30]

2.2 AGRAVO DE INSTRUMENTO

2.2.1 Considerações iniciais. Supressão do agravo retido

No regime do CPC/73, o recurso de agravo era gênero, apresentando o agravo de instrumento e o agravo retido como espécies. O CPC/2015 **suprimiu o recurso de agravo retido**, mantendo o de instrumento, embora tenha limitado o seu uso ao ataque das decisões relacionadas no seu art. 1.015, que adiante estudaremos.

A supressão do agravo retido é digna de aplausos, pois era recurso que tinha pouca utilidade prática, servindo apenas para tumultuar o processo, pois cada decisão interlocutória proferida pelo juízo (exceto as que podiam ser atacadas pelo agravo de instrumento) gerava a necessidade de interposição do agravo retido, para evitar a preclusão da matéria.

Pensando em uma audiência de instrução tumultuada, na qual o magistrado prolata 10 (dez) decisões interlocutórias sobre questões relacionadas à prova (deferimento ou indeferimento da contradita de testemunhas, proibição da juntada de documento aos autos, indeferimento da tomada do depoimento pessoal da parte, por exemplo), na vigência do CPC/73, a parte era obrigada a interpor 10 (dez) agravos retidos orais, repita-se, para evitar a preclusão.

Esses recursos ficavam "hibernando" no processo, e de fato não tinham utilidade prática, na medida em que a lei processual revogada estabelecia que a parte

---

28. Por petição dirigida ao juízo do 1° grau.
29. Através do seu advogado, para apresentar contrarrazões no prazo geral de 15 (quinze) dias úteis.
30. Independentemente da realização de juízo de admissibilidade.

era obrigada a reiterar as suas razões como preliminar da apelação (§ 1º do art. 523 daquele código), sob pena de caracterização da desistência tácita do recurso.

O CPC/2015 inovou, mas não o fez de forma genuína. Diferentemente, "importou" o modelo adotado há anos no âmbito dos Juizados Especiais Cíveis, responsáveis pelo julgamento das ações que têm curso pelo rito sumaríssimo, de acordo com as regras dispostas na Lei nº 9.099/95, que não prevê a possibilidade de interposição de recurso contra as decisões interlocutórias proferidas durante o processo, nem o agravo de instrumento nem o agravo retido.

Essa "importação" não foi total, pois, embora tenha suprimido o agravo retido, o CPC/2015 ainda prevê a possibilidade de algumas decisões interlocutórias serem atacadas pelo agravo de instrumento, especificamente as relacionadas no seu art. 1.015, entendendo a jurisprudência que o rol não é taxativo, admitindo o combate a pronunciamentos não previstos na norma, o que destacamos em seções seguintes.

Recursos previstos no CPC/73 para o ataque às decisões interlocutórias	Recurso previsto no CPC/2015 para o ataque a algumas decisões interlocutórias
Agravo de instrumento e agravo retido	Agravo de instrumento

2.2.2 Objeto do agravo de instrumento

O recurso de agravo de instrumento tem por objeto a **decisão interlocutória**, entendida como sendo o pronunciamento *judicial de natureza decisória que não se enquadre* no § 1º do art. 203 do CPC, ou seja, que não tem fundamento nos arts. 485 e 487, não pondo fim à fase cognitiva do procedimento comum, bem como não extinguindo a execução.

Algumas dessas decisões interlocutórias causam prejuízo imediato à parte, outras, prejuízo potencial, que pode ou não ser confirmado posteriormente. Pensando em decisão em que o magistrado concede tutela provisória ao autor, ordenando que o réu (empresa que explora o segmento plano de saúde) arque com os custos de despesas médico-hospitalares, não há dúvidas de que esse pronunciamento produz efeitos financeiros importantes para o réu nesse momento processual, o que não ocorre, por exemplo, quando o magistrado indefere a ouvida de uma testemunha arrolada pelo autor, podendo julgar a ação em favor deste, mesmo sem ter permitido a ouvida da testemunha.

Essas decisões interlocutórias que não causam prejuízo imediato à parte não são combatidas durante o processo (após cada pronunciamento judicial), mas por ocasião da interposição da apelação (como preliminar) ou do oferecimento das contrarrazões a esse mesmo recurso, como previsto no § 1º do art. 1.009, assunto estudado na seção seguinte.

Independentemente da recorribilidade imediata (através da interposição do agravo de instrumento) ou futura (como preliminar da apelação ou nas contrarrazões desse mesmo recurso), **o objeto do agravo de instrumento é a decisão interlocutória**, especificamente, as relacionadas no art. 1.015 do CPC, que pode ser definida como o pronunciamento pelo qual o magistrado resolve questão pendente, causando prejuízo a uma das partes, sem encerrar o processo.

2.2.3 Desnecessidade do registro de protesto ou da adoção de outra providência após a prolação da decisão interlocutória

No âmbito da Justiça do Trabalho, considerada a irrecorribilidade, de imediato, das decisões interlocutórias[31], como regra, se estas forem proferidas em audiência, o advogado da parte que se sente prejudicada pelo pronunciamento deve **protestar** (tecnicamente denominado protesto antipreclusivo), para evitar a preclusão[32].

O protesto é muito menos do que era o agravo retido, pois este recurso exigia a exposição de suas razões, por escrito ou oralmente, neste caso, quando as decisões eram proferidas na audiência de instrução e julgamento.

Mais simples, o protesto consiste em mero registro de que a parte não concorda com a decisão proferida pelo magistrado trabalhista, constando da ata da audiência, garantindo a possibilidade de a matéria abrangida pelo protesto ser posteriormente renovada, por ocasião da interposição do recurso ordinário, que ataca a sentença.

---

31. "AGRAVO DE INSTRUMENTO EM RECURSO DE REVISTA. ACÓRDÃO REGIONAL PUBLICA-DO NA VIGÊNCIA DA LEI Nº 13.467/2017. RECURSO DE REVISTA INTERPOSTO EM FACE DE DECISÃO INTERLOCUTÓRIA. **IRRECORRIBILIDADE IMEDIATA DAS DECISÕES INTER-LOCUTÓRIAS.** APLICAÇÃO DA SÚMULA/TST 214. TRANSCENDÊNCIA NÃO EXAMINADA POR IMPERATIVO DA CELERIDADE PROCESSUAL. PRECEDENTE. **'Na justiça do trabalho, nos termos do art. 893, § 1º, da CLT, as decisões interlocutórias não ensejam recurso imediato,** salvo nas hipóteses de decisão: a) de Tribunal Regional do Trabalho contrária à Súmula ou Orientação Jurisprudencial do Tribunal Superior do Trabalho; b) suscetível de impugnação mediante recurso para o mesmo Tribunal; c) que acolhe exceção de incompetência territorial, com a remessa dos autos para Tribunal Regional distinto daquele a que se vincula o juízo excepcionado, consoante o disposto no art. 799, § 2º, da CLT (Súmula/TST 214). Requisito da transcendência que deixa de ser examinado por imperativa aplicação do princípio da celeridade, na esteira da praxe adotada neste Colegiado. Agravo de Instrumento a que se nega provimento" (TST, Agravo de Instrumento em Recurso de Revista 166743420175160019, publicado em 12.4.2022) (grifamos).
32. "PROCESSO DO TRABALHO. ARGUIÇÃO DE NULIDADE POR CERCEAMENTO DO DIREITO DE DEFESA. AUSÊNCIA DE PROTESTOS CONTRA O ENCERRAMENTO DA INSTRUÇÃO. **NECESSIDADE. PRECLUSÃO.** Ocorre preclusão temporal quando, após o encerramento da instrução processual – ato reputado nulo pela parte -, esta não lança protestos em audiência, nem na oportunidade de produção das razões finais, deixando para fazê-lo somente em razões recursais. Recurso improvido" (TRT da 6ª Região, Recurso Ordinário 00006562020185060232, publicado em 28.3.2019) (grifamos).

Mesmo já passados alguns anos desde o início da vigência do CPC/2015, alguns advogados continuam atônitos, diante de decisões proferidas na audiência de instrução e julgamento, não sabendo se devem protestar (como na Justiça do Trabalho), para terem o direito de atacar as decisões posteriormente, quando da apresentação da apelação ou das contrarrazões a esse mesmo recurso.

Em outras palavras, alguns advogados não sabem se devem pedir a palavra e protestar, após a prolação da decisão interlocutória proferida na audiência de instrução e julgamento, tão somente para informar que não concordam com o pronunciamento judicial, receosos de que, se não agirem dessa forma, não poderão atacar a decisão posteriormente.

Não há necessidade do registro do protesto, como a lei também não exige que o advogado informe que não concordou com a decisão interlocutória, e que posteriormente a atacará como preliminar da apelação ou nas contrarrazões desse mesmo recurso.

Proferida a decisão, o advogado pode até retrucar, discutir a decisão com o juiz, solicitar que se retrate, mas, em termos recursais, nenhum comportamento em audiência é exigido como condição para que a parte tenha o direito de se insurgir contra a decisão posteriormente.

Assim, o CPC/2015 não "importou" a técnica adotada no âmbito da Justiça do Trabalho, quanto à exigência do protesto como condição para a posterior interposição de recursos, aproximando-se muito mais do modelo criado pela Lei nº 9.099/95, que disciplina as ações que tramitam pelo rito sumaríssimo, nos Juizados Especiais Cíveis, em que as decisões interlocutórias proferidas em audiência não são atacadas nesse ato, não se exigindo o registro de qualquer protesto para garantir a interposição do recurso inominado, adequado para combater as sentenças proferidas no microssistema processual (art. 41 da referida lei[33]).

2.2.4 Prazo para a interposição do agravo de instrumento

O recurso de agravo de instrumento deve ser interposto no prazo de **15 (quinze) dias uteis**, que é contado em dobro em favor:

(a) Do **Ministério Público**, quando atua como parte ou como fiscal da ordem jurídica.[34]

---

33. "Art. 41. Da sentença, excetuada a homologatória de conciliação ou laudo arbitral, caberá recurso para o próprio Juizado. § 1º O recurso será julgado por uma turma composta por três Juízes togados, em exercício no primeiro grau de jurisdição, reunidos na sede do Juizado. § 2º No recurso, as partes serão obrigatoriamente representadas por advogado".

34. "Art. 180. O Ministério Público gozará de prazo em dobro para manifestar-se nos autos, que terá início a partir de sua intimação pessoal, nos termos do art. 183, § 1º. (...)".

(b) Da **Advocacia Pública**, na defesa dos direitos da União, dos Estados, do Distrito Federal, dos Municípios e das suas respectivas autarquias e fundações de direito público[35].

(c) Da **Defensoria Pública**, atuando na defesa do denominado pobre na forma da lei.[36]

(d) Dos **litisconsortes** que estejam representados por diferentes procuradores, integrantes de escritórios de advocacia distintos e desde que o processo não tenha curso em autos eletrônicos.

Quanto à última situação, advertimos que **os litisconsortes só gozarão da prerrogativa da contagem do prazo em dobro se o processo tiver curso em autos físicos**, e desde que estejam representados por advogados distintos, integrantes de escritórios de advocacia igualmente distintos.

Agravante	Prazo para a interposição do agravo de instrumento
Pessoa natural ou jurídica de direito privado	15 dias uteis
Ministério Público, como parte ou como fiscal da ordem jurídica	30 dias uteis
Advocacia Pública	30 dias uteis
Litisconsortes representados por diferentes procuradores, integrantes de escritórios de advocacia distintos, desde que o processo tenha curso em autos físicos	30 dias uteis
Litisconsortes representados por diferentes procuradores, integrantes de um mesmo escritório de advocacia	15 dias uteis
Litisconsortes representados por diferentes procuradores, integrantes de escritórios de advocacia distintos, em processo que tem curso em autos eletrônicos	15 dias uteis

2.2.5 Documentos exigidos para a interposição do agravo de instrumento

O art. 1.017 do CPC prevê que o agravo de instrumento deve ser instruído com cópias dos seguintes documentos:

(a) Da petição inicial.

(b) Da contestação.

(c) Da petição que ensejou a decisão agravada, como a que solicita a concessão da tutela provisória de urgência de modo incidental, apenas para exemplificar.

---

35. "Art. 183. A União, os Estados, o Distrito Federal, os Municípios e suas respectivas autarquias e fundações de direito público gozarão de prazo em dobro para todas as suas manifestações processuais, cuja contagem terá início a partir da intimação pessoal. (...)".

36. "Art. 186. A Defensoria Pública gozará de prazo em dobro para todas as suas manifestações processuais. (...)".

(d) Da decisão agravada.

(e) Da certidão de intimação ou de outro documento oficial que comprove a tempestividade do recurso.

(f) Das procurações outorgadas aos advogados das partes.

Esses documentos são **obrigatórios**, se o processo tiver curso por autos físicos, sendo a apresentação dispensada se tramitar em autos eletrônicos. Além deles, o agravante pode instruir o recurso com cópias de outros documentos.

Ainda quanto aos documentos, destacamos que a lei processual evoluiu em dois aspectos. O primeiro diz respeito à previsão de que o relator **não pode negar seguimento ao agravo de instrumento, por deficiência na instrução do recurso, sem antes conceder o prazo de 5 (cinco) dias para que o agravante supra o vício**[37], o que tem fundamento no parágrafo único do art. 932[38] e no § 3º do art. 1.017[39] do CPC/2015.

Sobre essa questão, vejamos o teor do enunciado 82 do FPPC:

"É dever do relator, e não faculdade, conceder o prazo ao recorrente para sanar o vício ou complementar a documentação exigível, antes de inadmitir qualquer recurso, inclusive os excepcionais".

Se o relator negar seguimento ao recurso, por deficiência de instrução, sem observar as regras anteriormente referidas, a decisão pode ser atacada pelo recurso de agravo interno, no prazo de 15 (quinze) dias uteis, com fundamento no art. 1.021 da lei processual.

A segunda evolução consta do inciso II do art. 1.017, prevendo que a petição de agravo de instrumento deve ser instruída *com declaração de inexistência de qualquer dos documentos referidos no inciso I, feita pelo advogado do agravante, sob pena de sua responsabilidade pessoal.*

---

37. "AGRAVO DE INSTRUMENTO. DIREITO PROCESSUAL CIVIL. DEFICIENTE INSTRUÇÃO RECURSAL. Conforme disposto no art. 1.017, I, combinado com o seu § 3º e com o parágrafo único do art. 932, ambos da Lei nº 13.105/2015, verificando-se hipótese de instrução deficiente do agravo de instrumento, deve ser oportunizada à parte agravante a devida complementação. Não cumprida essa ordem, o recurso não pode ser conhecido. AGRAVO DE INSTRUMENTO NÃO CONHECIDO" (TJRS, Agravo de Instrumento nº 70079960985, 7ª Câmara Cível, relatora Desembargadora SANDRA BRISOLARA MEDEIROS, julgado em 17.12.2018) (grifamos).

38. "Art. 932. (...) Parágrafo único. Antes de considerar inadmissível o recurso, o relator concederá o prazo de 5 (cinco) dias ao recorrente para que seja sanado o vício ou complementada a documentação exigível".

39. "Art. 1.017. (...) § 3º Na falta de cópia de qualquer peça ou no caso de algum outro vício que comprometa a admissibilidade do agravo de instrumento, deve o relator aplicar o disposto no art. 932, parágrafo único. (...)".

Para demonstrar a aplicação prática da norma, pensemos em autor que propõe ação contra empresa que explora o segmento plano de saúde, solicitando a concessão de tutela provisória, para obrigá-la a custear procedimento cirúrgico que foi administrativamente negado.

O juiz indefere o pedido, por decisão interlocutória que atacada pelo recurso de agravo de instrumento, interposto antes de o réu ter sido citado. Exatamente por conta do momento em que a decisão é proferida, o autor não tem como instruir o recurso com cópia da contestação, porque não foi ainda oferecida pelo réu, o que é suprido através da juntada de declaração firmada pelo advogado do autor, informando a inexistência da contestação nos autos.

2.2.6 Exigência do recolhimento de custas processuais

O agravante deve comprovar o recolhimento das custas processuais e do porte de remessa e de retorno no ato de interposição do agravo de instrumento, quando exigido pelo tribunal, sob pena de não conhecimento do remédio processual, em decorrência da deserção.

Estão liberados do preparo:

(a) O Ministério Público, atuando como parte ou como fiscal da ordem jurídica.

(b) A Advocacia Pública.

(c) A Defensoria Pública, atuando na defesa do denominado pobre na forma da lei.

2.2.7 Situações que ensejam a interposição do agravo de instrumento

A lei processual predefiniu as situações em que o interessado (partes, Ministério Público e/ou terceiro prejudicado) pode interpor o agravo de instrumento, reunindo-as no seu art. 1.015, que tem a seguinte redação:

> "Art. 1.015. Cabe agravo de instrumento contra as decisões interlocutórias que versarem sobre: I - tutelas provisórias; II - mérito do processo; III - rejeição da alegação de convenção de arbitragem; IV - incidente de desconsideração da personalidade jurídica; V - rejeição do pedido de gratuidade da justiça ou acolhimento do pedido de sua revogação; VI - exibição ou posse de documento ou coisa; VII - exclusão de litisconsorte; VIII - rejeição do pedido de limitação do litisconsórcio; IX - admissão ou inadmissão de intervenção de terceiros; X - concessão, modificação ou revogação do efeito suspensivo aos embargos à execução; XI - redistribuição do ônus da prova nos termos do art. 373, § 1º; XII - (VETADO); XIII - outros casos expressamente referidos em lei. Parágrafo único. Também caberá agravo de instrumento contra decisões interlocutórias proferidas na fase de liquidação de sentença ou de cumprimento de sentença, no processo de execução e no processo de inventário".

Estudamos cada uma das hipóteses nas subseções seguintes, facilitando a compreensão da matéria.

2.2.7.1   Decisão interlocutória que versa sobre tutelas provisórias

A expressão *tutelas provisórias* é gênero, apresentando as **tutelas provisórias de urgência** e as **tutelas provisórias da evidência** como espécies (arts. 294 a 311 do CPC/2015). A primeira é subdividida em **tutelas provisórias de urgência cautelar** e em **tutelas provisórias de urgência antecipadas**.

Embora a própria nomenclatura atribuída a cada espécie nos leve a essa conclusão, é importante destacarmos que as tutelas provisórias de urgência têm a urgência como fundamento, enquanto as tutelas provisórias da evidência se fundamentem na evidência, **não exigindo a comprovação da urgência**, mas a adequação do caso concreto a uma das situações relacionadas no art. 311.[40]

O agravo de instrumento é cabível contra as decisões que **concedem**, que **negam**, que **revogam** e que **modificam** as tutelas provisórias de urgência e da evidência.

Além disso, o enunciado 29 do FPPC garante a interposição do recurso de agravo de instrumento contra a decisão do magistrado que posterga o enfrentamento do pedido de tutela provisória ou que condiciona sua apreciação ao pagamento de custas ou à adoção de outra providência. Vejamos o teor do enunciado:

> "É agravável o pronunciamento judicial que postergar a análise do pedido de tutela provisória ou condicionar sua apreciação ao pagamento de custas ou a qualquer outra exigência".

Se a tutela provisória (de urgência ou da evidência) for concedida, negada, revogada ou modificada na sentença, **o recurso adequado ao combate da decisão não é o agravo de instrumento, mas a apelação**, como previsto no § 3º do art. 1.009 da lei processual[41], não se admitindo o aproveitamento do AI eventualmente interposto, em decorrência do cometimento do denominado erro grosseiro.

---

40. "Art. 311. A tutela da evidência será concedida, **independentemente da demonstração de perigo de dano ou de risco ao resultado útil do processo, quando:** I – ficar caracterizado o abuso do direito de defesa ou o manifesto propósito protelatório do réu; II – as alegações de fato puderem ser comprovadas apenas documentalmente e houver tese firmada em julgamento de casos repetitivos ou em súmula vinculante; III – se tratar de pedido reipersecutório fundado em prova documental adequada do contrato de depósito, caso em que será decretada a ordem de entrega do objeto custodiado, sob cominação de multa; IV – a petição inicial for instruída com prova documental suficiente dos fatos constitutivos do direito do autor, a que o réu não oponha prova capaz de gerar dúvida razoável. Parágrafo único. Nas hipóteses dos incisos II e III, o juiz poderá decidir liminarmente" (grifamos).
41. "Art. 1.009. Da sentença cabe apelação. (...) § 3º O disposto no *caput* deste artigo aplica-se mesmo quando as questões mencionadas no art. 1.015 integrarem capítulo da sentença".

Vejamos julgado nesse sentido:

"AGRAVO INTERNO EM AGRAVO DE INSTRUMENTO. LIMINAR EM SENTENÇA. RECURSO CABÍVEL. A decisão agravada negou seguimento ao agravo de instrumento, por ser manifestamente inadmissível. **O recurso cabível contra a sentença que antecipa a tutela é a apelação. A hipótese configura erro grosseiro, não admitindo a fungibilidade.** O agravante, no caso, não logrou demonstrar, para o provimento do agravo interno, que o recurso não é manifestamente inadmissível, impondo-se a confirmação da decisão agravada. Recurso desprovido" (TRF da 2ª Região, AI 200302010154264/RJ) (grifamos).

2.2.7.2   Decisão interlocutória que versa sobre o mérito do processo

O art. 356 do CPC permite que o juiz julgue antecipada e parcialmente o mérito (parcialmente, porque o processo prossegue quanto à parte não atingida pela adoção dessa técnica) quando:

(a)   Um ou mais pedidos formulados ou parcelas deles se tornar(em) incontroverso(s), porque o réu não o(s) combateu na contestação, caracterizando o que podemos chamar de revelia parcial.

(b)   Um ou mais dos pedidos estiver(em) em condições de imediato julgamento, quando não houver necessidade de produção de outra prova (ou seja, a questão, quanto a essa parte, é apenas de direito, ou, sendo de direito e de fato, este foi esclarecido por documentos que instruíram a petição inicial e/ou a contestação).

A decisão proferida com base na norma anteriormente indicada é de **natureza interlocutória**, **versando sobre o mérito do processo**, e pode ser atacada pelo recurso de agravo de instrumento (§ 5º do art. 356)[42].

Exemplificativamente, pensemos em ação em que o autor solicita a condenação do réu ao pagamento de indenização por danos materiais e morais, na quantia de R$ 10.000,00 (dez mil reais) para cada um deles.

Ao contestar, o réu não nega que o autor sofreu dano material (caracterizando a confissão ficta), retrucando, apenas, o pedido referente ao dano moral, afirmando que o seu adversário processual teria sofrido mero aborrecimento, que, segundo a jurisprudência, não caracteriza essa modalidade de dano, e que, por essa razão, não é indenizável.

Considerando que o pedido referente à indenização pelos danos materiais se tornou incontroverso, o magistrado pode fazer uso do art. 356 e proceder ao

---

42.   "Art. 356. (...) § 5º A decisão proferida com base neste artigo é impugnável por agravo de instrumento".

julgamento antecipado parcial do mérito quanto a essa parte, determinando o prosseguimento do processo para investigar se o autor sofreu ou não dano moral.

A "parte pronta" do processo será resolvida por decisão interlocutória, que pode ser atacada pelo recurso de agravo de instrumento.

2.2.7.3 Decisão interlocutória que versa sobre a rejeição da alegação de convenção de arbitragem

O inciso X do art. 337 permite que o réu suscite a convenção de arbitragem como preliminar da contestação, solicitando que o processo seja extinto sem a resolução do mérito, para que as partes se submetam à arbitragem, como prometeram em contrato que versa sobre direito disponível, nele inserindo a denominada **cláusula compromissória**, com fundamento no art. 4º da Lei nº 9.307/96[43].

A rejeição dessa arguição legitima o réu a interpor o recurso de agravo de instrumento.

2.2.7.4 Decisão interlocutória que versa sobre o incidente de desconsideração da personalidade jurídica

O art. 134 do CPC prevê que *o incidente de desconsideração* (da personalidade jurídica) *é cabível em todas as fases do processo de conhecimento, no cumprimento de sentença e na execução fundada em título executivo extrajudicial*, sendo dispensado se a desconsideração for requerida na petição inicial (§ 2º da mesma norma).

Tanto no caso em que a desconsideração da personalidade jurídica é requerida na petição inicial como em que o pedido é formulado de modo incidental, após a instrução (se necessária), o magistrado aprecia o requerimento formulado pela parte através de decisão de natureza interlocutória (art. 136)[44], contra a qual é admitida a interposição do recurso de agravo de instrumento.

Quando o incidente de desconsideração da personalidade jurídica é instaurado no âmbito do tribunal (ou seja, a ação já foi sentenciada), sendo decidido

---

43. "Art. 4º A cláusula compromissória é a convenção através da qual as partes em um contrato comprometem-se a submeter à arbitragem os litígios que possam vir a surgir, relativamente a tal contrato. § 1º A cláusula compromissória deve ser estipulada por escrito, podendo estar inserta no próprio contrato ou em documento apartado que a ela se refira. § 2º Nos contratos de adesão, a cláusula compromissória só terá eficácia se o aderente tomar a iniciativa de instituir a arbitragem ou concordar, expressamente, com a sua instituição, desde que por escrito em documento anexo ou em negrito, com a assinatura ou visto especialmente para essa cláusula".

44. "Art. 136. Concluída a instrução, se necessária, o incidente será resolvido por decisão interlocutória. Parágrafo único. Se a decisão for proferida pelo relator, cabe agravo interno".

pelo relator, o recurso adequado não é o agravo de instrumento, mas o agravo interno, previsto no art. 1.021 do CPC.

Decisão versando sobre o incidente de desconsideração da personalidade jurídica	Recurso adequado	Prazo
Do juiz que atua no 1º grau de jurisdição	Agravo de instrumento	15 dias úteis
Do relator, no âmbito do tribunal	Agravo interno	15 dias úteis

2.2.7.5 Decisão interlocutória versando sobre a rejeição do pedido de gratuidade da justiça ou acolhimento do pedido de sua revogação

O art. 99 da lei processual prevê que o pedido de gratuidade da justiça pode ser formulado na petição inicial, na contestação, na petição para ingresso de terceiro no processo ou em recurso. Neste caso, o recorrente é dispensado de comprovar o preparo, incumbindo ao relator apreciar o requerimento, fixando prazo para o recolhimento das custas, quando indeferi-lo (§ 7º do mesmo dispositivo legal).

Quando o pedido de concessão do benefício da justiça gratuita é formulado em recurso, é decido pelo relator, no âmbito do tribunal, através de decisão que pode ser atacada não pelo agravo de instrumento, mas pelo agravo interno, previsto no art. 1.021 do CPC.

Decisão versando sobre a rejeição do pedido de gratuidade da justiça ou acolhendo pedido de sua revogação	Recurso	Prazo
Do juiz que atua no 1º grau de jurisdição	Agravo de instrumento	15 dias úteis
Do relator, no âmbito do tribunal	Agravo interno	15 dias úteis

2.2.7.6 Decisão interlocutória versando sobre a exibição ou posse de documento ou coisa

O art. 396 da lei processual[45] prevê que o juiz pode ordenar que a parte exiba documento ou coisa que se encontre em seu poder, acolhendo pedido formulado pelo seu adversário processual, admitindo como verdadeiros os fatos que, por meio do documento ou da coisa, este pretendia provar se:

(a) A parte não efetuar a exibição nem fizer nenhuma declaração no prazo de 5 (cinco) dias.

(b) A recusa for havida por ilegítima.

O agravo de instrumento pode ser interposto contra a decisão em que o juiz:

---

45. "Art. 396. O juiz pode ordenar que a parte exiba documento ou coisa que se encontre em seu poder".

(a) Considera a recusa ilegítima.

(b) Considera verdadeiros os fatos que a parte pretendia provar através dos documentos.

(c) Considera a recusa legítima.

(d) Defere ou indefere a adoção de medidas indutivas, coercitivas, mandamentais ou sub-rogatórias para que o documento seja exibido.

2.2.7.7 Decisão interlocutória que versar sobre a exclusão de litisconsorte

O CPC/2015 "tranquilizou" a jurisprudência, que (na vigência do CPC/73) se dividia quanto à definição do recurso adequado ao combate da decisão em que o juiz exclui litisconsorte do processo, classificando-a como interlocutória, que pode ser combatida pelo agravo de instrumento.

A interposição da apelação, no lugar do agravo de instrumento acarreta a negativa de seguimento daquele recurso, em decorrência do cometimento de erro grosseiro, sem que a parte possa defender a aplicação do princípio da fungibilidade, já que a lei predefiniu o recurso adequado ao combate da decisão judicial. Vejamos julgado sobre a matéria:

> "APELAÇÃO. AÇÃO INDENIZATÓRIA. EXCLUSÃO DE LITISCONSORTE. RECURSO IMPRÓPRIO. **A decisão que extingue o processo com relação a parte dos litisconsortes ativos é impugnável através de agravo de instrumento, sendo a apelação recurso processualmente incabível para a espécie**" (TJMG, Apelação Cível 10000211092879001, publicado em 7.4.2022) (grifamos).

2.2.7.8 Decisão interlocutória que versa sobre a rejeição do pedido de limitação do litisconsórcio

O § 1º do art. 113 da lei processual prevê que o juiz pode limitar o litisconsórcio facultativo quanto ao número de litigantes na fase de conhecimento, na liquidação de sentença ou na execução, quando este comprometer a rápida solução do litígio ou dificultar a defesa ou o cumprimento da sentença.

O pedido de limitação do litisconsórcio conhecido como multitudinário ou das multidões só pode ser formulado quando este for facultativo, já que o necessário não pode ser desmembrado.

O agravo de instrumento só é admitido contra a decisão que rejeitar o pedido de limitação do litisconsórcio, não contra a que acolher esse mesmo pedido, sendo que, no primeiro caso, a interposição da apelação no lugar do AI caracteriza o erro grosseiro, impedindo o conhecimento do recurso.

Vejamos julgado nesse sentido:

"APELAÇÃO CÍVEL. DECISÃO. REJEIÇÃO AO PEDIDO DE LIMITAÇÃO DE LITISCONSÓRCIO. PRE-LIMINAR DE OFÍCIO. INADEQUAÇÃO DA VIA ELEITA. ERRO GROSSEIRO. PRINCÍPIO DA FUNGI-BILIDADE. INAPLICABILIDADE. NÃO CONHECIMENTO DA APELAÇÃO. A decisão que indeferiu o pedido de limitação do litisconsórcio numeroso, hipótese esta expressamente prevista no art. 1.015, VIII do CPC/2015 é passível de reforma por meio de agravo de instrumento. **Inviável a aplicação do princípio da fungibilidade recursal se restar configurado erro grosseiro na interposição do recurso**" (TJMG, Apelação Cível 10317170081143001) (grifamos).

A parte que solicita a limitação do litisconsórcio e que depara com decisão negando a sua pretensão não pode deixar para impugnar o pronunciamento em preliminar da apelação ou nas suas contrarrazões, em decorrência da preclusão.

2.2.7.9 *Decisão interlocutória que versar sobre a admissão ou a inadmissão de intervenção de terceiros*

São modalidades de intervenção de terceiros a **assistência** (simples e litis-consorcial), a **denunciação da lide**, o **chamamento ao processo**, o **incidente de desconsideração da personalidade jurídica** e o *amicus curiae* (arts. 119 a 138 do CPC).

Em qualquer dessas modalidades, a decisão interlocutória que versar sobre a admissão ou a inadmissão da intervenção de terceiros pode ser atacada pela interposição do recurso de agravo de instrumento, pela parte que já participa do processo (autor e réu) ou pelo terceiro, exceto no que se refere ao *amicus curiae*, já que o § 1º do art. 138 ressalva que *a intervenção de que trata o caput não implica alteração de competência* **nem autoriza a interposição de recursos, ressalvadas a oposição de embargos de declaração e a hipótese do § 3º**, que confere legitimidade ao *amicus curiae* para recorrer da decisão que julgar o incidente de resolução de demandas repetitivas.

2.2.7.10 *Decisão interlocutória que versar sobre a concessão, a modificação ou a revogação do efeito suspensivo aos embargos à execução*

O art. 919 do CPC[46] estabelece que os embargos à execução não têm efeito suspensivo, ressalvando o seu § 1º que *o juiz poderá, a requerimento do embar-*

---

46. "Art. 919. Os embargos à execução não terão efeito suspensivo. § 1º O juiz poderá, a requerimento do embargante, atribuir efeito suspensivo aos embargos, quando verificados os requisitos para a conces-

gante, atribuir efeito suspensivo aos embargos quando verificados os requisitos para a concessão da tutela provisória e desde que a execução já esteja garantida por penhora, depósito ou caução suficientes.

Ao interpor o agravo de instrumento, o embargante ou o embargado deve comprovar o preenchimento dos requisitos exigidos para a concessão das tutelas provisórias (a probabilidade do direito e o perigo de dano ou o risco ao resultado útil do processo) e que o juízo se encontra garantido[47] (quando o AI é apresentado pelo primeiro) ou que os mesmos requisitos não foram preenchidos (quando o recurso é interposto pelo segundo), para defender a tese de que o juiz se equivocou ao ter ou não atribuído efeito suspensivo aos embargos à execução opostos pelo agravante ou pelo seu adversário processual.

2.2.7.11 Decisão interlocutória que versar sobre a redistribuição do ônus da prova

O art. 373 do CPC dispõe que o ônus da prova incumbe:

(a) Ao autor, quanto ao fato constitutivo de seu direito (inciso I).

(b) Ao réu, quanto à existência de fato impeditivo, modificativo ou extintivo do direito do autor (inciso II).

Na fase de saneamento, o magistrado pode distribuir o ônus da prova de modo diverso, nos casos previstos em lei ou diante de peculiaridades da causa relacionadas à impossibilidade ou à excessiva dificuldade de cumprir o encargo ou à maior facilidade de obtenção da prova do fato contrário (§ 1º do art. 373)[48].

Essa decisão é de natureza interlocutória, e pode ser atacada pelo recurso de agravo de instrumento. Nela, o agravante deve comprovar que os requisitos relacionados na lei e exigidos como condição para que o magistrado distribua o ônus da prova de modo diverso foram ou não preenchidos, o que significa dizer que, no agravo de instrumento, o recorrente deve discutir:

---

são da tutela provisória e desde que a execução já esteja garantida por penhora, depósito ou caução suficientes. (...)".

47. "AGRAVO DE INSTRUMENTO. EMBARGOS À EXECUÇÃO. CONCESSÃO DE EFEITO SUSPENSIVO. IMPOSSIBILIDADE. Na inteligência do artigo 919, § 1º, para concessão de efeito suspensivo aos embargos à execução é necessária, cumulativamente, a presença da probabilidade do direito, perigo de dano e garantia integral do juízo. Inexistindo garantia do juízo da execução, há de ser mantida a decisão que indeferiu o efeito suspensivo" (TJMG, AI 10000211086210001, publicado em 18.11.2021).

48. "Art. 373. O ônus da prova incumbe: I – ao autor, quanto ao fato constitutivo de seu direito; II – ao réu, quanto à existência de fato impeditivo, modificativo ou extintivo do direito do autor. § 1º Nos casos previstos em lei ou diante de peculiaridades da causa relacionadas à impossibilidade ou à excessiva dificuldade de cumprir o encargo nos termos do *caput* ou à maior facilidade de obtenção da prova do fato contrário, poderá o juiz atribuir o ônus da prova de modo diverso, desde que o faça por decisão fundamentada, caso em que deverá dar à parte a oportunidade de se desincumbir do ônus que lhe foi atribuído. (...)".

(a) A possibilidade (ou a impossibilidade) ou a excessiva dificuldade de cumprir o encargo nos termos do *caput* do art. 373.

(b) A maior ou a menor facilidade de obtenção da prova do fato contrário.

(c) A ausência de fundamentação do pronunciamento atacado.

2.2.7.12 Interposição do agravo de instrumento contra decisões interlocutórias proferidas em ações disciplinadas por leis especiais

Exemplificativamente, o § 1º[49] do art. 7º da Lei nº 12.016/2009 permite a interposição do recurso de agravo de instrumento para atacar a decisão em que o magistrado defere ou indefere a liminar, na ação de mandado de segurança.

2.2.7.13 Decisões interlocutórias proferidas na fase de liquidação de sentença ou de cumprimento de sentença, no processo de execução e no processo de inventário

O parágrafo único do art. 1.015 expressamente assegura o cabimento do agravo de instrumento contra as decisões proferidas na fase de liquidação ou de cumprimento de sentença, no processo de execução e no processo de inventário, com a ressalva de que, em alguns casos, a decisão põe fim ao processo ou ao procedimento, e por essa razão não pode ser atacada pelo agravo de instrumento, mas pela apelação, como o pronunciamento que julga procedentes os embargos à execução e extingue a execução, reconhecendo a ilegitimidade da parte ou a inexigibilidade do título ou da obrigação, apenas para exemplificar.

A interposição do AI ao invés da apelação caracteriza o erro grosseiro, **impedindo o conhecimento do recurso**. Vejamos julgado sobre a resume essa posição:

"PROCESSO CIVIL. CUMPRIMENTO DE SENTENÇA. DECISÃO QUE EXTINGUE A EXECUÇÃO. APELAÇÃO. AGRAVO DE INSTRUMENTO. NÃO CABIMENTO. Na hipótese, trata-se de agravo de instrumento em face de sentença que colocou termo ao cumprimento de sentença em razão do acolhimento da respectiva impugnação, tendo o processo sido extinto nos termos do art. 485, incisos I e IV, do CPC. **Consoante entendimento assente perante esta Corte, a decisão que extingue a fase de cumprimento de sentença não possui natureza interlocutória, de modo que deve ser impugnada por meio de apelação.** Agravo de instrumento não conhecido" (TRF da 5ª Região, AI 50190547520194030000, publicado em 9.12.2019) (grifamos).

Do mesmo modo, a decisão que julga a liquidação pelo procedimento comum tem a natureza jurídica de sentença, não de decisão interlocutória, e por

---

49. "§ 1º Da decisão do juiz de primeiro grau que conceder ou denegar a liminar caberá agravo de instrumento, observado o disposto na Lei no 5.869, de 11 de janeiro de 1973 - Código de Processo Civil".

essa razão deve ser atacada pela apelação, não pelo agravo de instrumento[50]. Esse entendimento consta do enunciado de nº 71, aprovado por alguns juízes que integram o TJRJ, com a seguinte redação:

"Enunciado 71: A decisão que resolve a liquidação pelo rito comum tem natureza jurídica de sentença, desafiando apelação".

A justificativa que fundamenta o enunciado reproduzido tem o seguinte teor:

"A decisão que resolve a liquidação de sentença pelo procedimento comum é uma sentença de mérito, pois põe fim à fase cognitiva do mesmo, nos termos do artigo 203 par. 1º do CPC. Considerando ser uma sentença, será atacável via apelação, nos termos do art. 1009 do CPC".

2.2.7.14 Ideia de que o rol do art. 1.015 do CPC é de taxatividade mitigada

"Um rol que pretende ser taxativo raramente enuncia todas as hipóteses vinculadas a sua razão de existir, pois a realidade, normalmente, supera a ficção, e a concretude torna letra morta o exercício de abstração inicialmente realizado pelo legislador" (trecho do voto da Ministra Nancy Andrighi no REsp 1.704.520).

Sempre entendemos que o art. 1.015 não pode ser interpretado de forma taxativa, em *numerus clausus*, o que significa dizer que a interposição do recurso de agravo de instrumento é possível em algumas situações não pensadas pelo legislador infraconstitucional, como para combater a decisão do magistrado que:

(a) Reconhece a sua competência ou incompetência para processar e julgar a causa.

(b) Suspende o processo individual, como resultado do recebimento do incidente de resolução de demandas repetitivas.

---

50. "AGRAVO INTERNO EM AGRAVO DE INSTRUMENTO. AGRAVO NÃO CONHECIDO EM RAZÃO DE ERRO GROSSEIRO. PROCESSO EXTINTO POR SENTENÇA. ATO JUDICIAL QUE JULGA PROCEDENTE A LIQUIDAÇÃO PELO PROCEDIMENTO COMUM, REFERENTE A PROCESSO COLETIVO. DECISÃO ATACÁVEL VIA APELAÇÃO. INTERPOSIÇÃO DE AGRAVO DE INSTRUMENTO. ERRO GROSSEIRO. PRINCÍPIO DA FUNGIBILIDADE INAPLICÁVEL AO CASO. DECISÃO MANTIDA. A decisão que extingue o processo com fundamento nos artigos 485 e 487 tem natureza de sentença, consequentemente, somente é atacada por recurso de apelação. O processo na origem versa sobre liquidação de sentença pelo rito comum, conforme art. 509, II e 511, do CPC, ante a necessidade do autor alegar e provar fatos novos, que não fizeram referência à ação coletiva, precipuamente a existência e o valor de seu crédito. A sentença julgou procedentes os pedidos iniciais, declarando haver crédito a ser ressarcido à autora e, consequentemente, extinguiu o processo com resolução do mérito, na forma do art. 487, I, CPC. A hipótese é de erro grosseiro, o que afasta a incidência do princípio da fungibilidade recursal. Agravo interno desprovido" (TJAC, Agravo Interno Cível 01005749520218010000, publicado em 6.9.2021) (grifamos).

(c)   Corrige, de ofício ou por arbitramento, o valor da causa, com fundamento no § 3º do art. 292[51].

Na primeira hipótese, a decisão pode dificultar sobremaneira o acompanhamento do processo pela parte, como no caso em que tem domicílio em cidade do interior do Rio Grande do Sul, e que depara com decisão do juiz, acolhendo a arguição de incompetência suscitada pelo seu adversário processual, determinando o encaminhamento do processo à comarca localizada no interior do Amapá, no outro extremo do Brasil.

Quanto à segunda decisão, em que o magistrado suspende os processos pendentes, individuais ou coletivos, que tramitam no Estado ou na região, conforme o caso, como decorrência da admissão do incidente de resolução de demandas repetitivas (inciso I do art. 982[52]), embora o legislador infraconstitucional não o tenha previsto, entendemos que a suspensão de determinada(s) ação(ões) pode ser objeto de ataque no 1º grau de jurisdição através da interposição do recurso de agravo de instrumento.

Essa possibilidade se justifica, na medida em que alguns processos podem ser indevidamente suspensos, quando a controvérsia que os caracteriza não envolver a mesma questão de direito objeto do incidente. Embora a suspensão tenha por base a decisão do relator, proferida no âmbito do incidente de resolução de demandas repetitivas, decorre de pronunciamento do juiz que atua no 1º grau de jurisdição, que adota a técnica em relação a processo que não se insere na previsão do art. 976, na interpretação do agravante.

No terceiro caso, considerando que a correção do valor da causa de ofício pelo magistrado impõe a necessidade de complementação das custas processuais, o que, se não for feito no prazo de 15 (quinze) dias, acarreta a extinção do processo (art. 290), é evidente que esse pronunciamento pode ser atacado imediatamente, não apenas por ocasião do julgamento da apelação interposta contra a sentença terminativa, evitando a prática de atos desnecessários.

A impossibilidade de combate aos pronunciamentos referidos pode *ressuscitar* a impetração do mandado de segurança para o combate a decisões judiciais, o que deve ser evitado.

---

51. "Art. 292. O valor da causa constará da petição e da reconvenção e será: (...) § 3º O juiz corrigirá, de ofício e por arbitramento, o valor da causa quando verificar que não corresponde ao conteúdo patrimonial em discussão ou ao proveito econômico perseguido pelo autor, caso em que se procederá ao recolhimento das custas correspondentes".
52. "Art. 982. Admitido o incidente, o relator: I – suspenderá os processos pendentes, individuais ou coletivos, que tramitam no Estado ou na região, conforme o caso; (...)".

No julgamento do REsp 1.704.520/MT, sob o rito dos repetitivos, a Corte Especial do STJ fixou a seguinte tese jurídica:

"O rol do art. 1.015 do CPC é de taxatividade mitigada, por isso admite a interposição de agravo de instrumento **quando verificada a urgência decorrente da inutilidade do julgamento da questão no recurso de apelação"** (grifamos).

Vejamos a ementa do julgado:

"RECURSO ESPECIAL REPRESENTATIVO DE CONTROVÉRSIA. DIREITO PROCESSUAL CIVIL. NATUREZA JURÍDICA DO ROL DO ART. 1.015 DO CPC/2015. IMPUGNAÇÃO IMEDIATA DE DECISÕES INTERLOCUTÓRIAS NÃO PREVISTAS NOS INCISOS DO REFERIDO DISPOSITIVO LEGAL. POSSIBILIDADE. TAXATIVIDADE MITIGADA. EXCEPCIONALIDADE DA IMPUGNAÇÃO FORA DAS HIPÓTESES PREVISTAS EM LEI. REQUISITOS. 1 - O propósito do presente recurso especial, processado e julgado sob o rito dos recursos repetitivos, é definir a natureza jurídica do rol do art. 1.015 do CPC/15 e verificar a possibilidade de sua interpretação extensiva, analógica ou exemplificativa, a fim de admitir a interposição de agravo de instrumento contra decisão interlocutória que verse sobre hipóteses não expressamente previstas nos incisos do referido dispositivo legal. 2 - Ao restringir a recorribilidade das decisões interlocutórias proferidas na fase de conhecimento do procedimento comum e dos procedimentos especiais, exceção feita ao inventário, pretendeu o legislador salvaguardar apenas as 'situações que, realmente, não podem aguardar rediscussão futura em eventual recurso de apelação'. 3 - A enunciação, em rol pretensamente exaustivo, das hipóteses em que o agravo de instrumento seria cabível revela-se, na esteira da majoritária doutrina e jurisprudência, insuficiente e em desconformidade com as normas fundamentais do processo civil, na medida em que sobrevivem questões urgentes fora da lista do art. 1.015 do CPC e que tornam inviável a interpretação de que o referido rol seria absolutamente taxativo e que deveria ser lido de modo restritivo. 4 - A tese de que o rol do art. 1.015 do CPC seria taxativo, mas admitiria interpretações extensivas ou analógicas, mostra-se igualmente ineficaz para a conferir ao referido dispositivo uma interpretação em sintonia com as normas fundamentais do processo civil, seja porque ainda remanescerão hipóteses em que não será possível extrair o cabimento do agravo das situações enunciadas no rol, seja porque o uso da interpretação extensiva ou da analogia pode desnaturar a essência de institutos jurídicos ontologicamente distintos. 5 - A tese de que o rol do art. 1.015 do CPC seria meramente exemplificativo, por sua vez, resultaria na repristinação do regime recursal das interlocutórias que vigorava no CPC/73 e que fora conscientemente modificado pelo legislador do novo CPC, de modo que estaria o Poder Judiciário, nessa hipótese, substituindo a atividade e a vontade expressamente externada pelo Poder Legislativo. 6 - Assim, nos termos do art. 1.036 e seguintes do CPC/2015, fixa-se a seguinte tese jurídica: O rol do art. 1.015 do CPC é de taxatividade mitigada, por isso admite a interposição de agravo de instrumento quando verificada a urgência decorrente da inutilidade do julgamento da questão no recurso de apelação. 7 - Embora não haja risco de as partes que confiaram na absoluta taxatividade com interpretação restritiva serem surpreendidas pela tese jurídica firmada neste recurso especial repetitivo, eis que somente se cogitará de preclusão nas hipóteses em que o recurso eventualmente interposto pela parte tenha sido admitido pelo Tribunal, estabelece-se neste ato um regime de transição que modula os efeitos da presente decisão, a fim de que a tese jurídica somente seja aplicável às decisões interlocutórias proferidas após a publicação do presente acórdão. 8 - Na hipótese, dá-se provimento em parte ao recurso especial para determinar ao TJ/MT que, observados os demais pressupostos de admissibilidade, conheça e dê regular prosseguimento ao agravo de instrumento no que tange à competência. 9 - Recurso especial conhecido e provido".

Igualmente na linha de firmar a ideia de que o rol do art. 1.015 do CPC é de taxatividade mitigada, o STJ:

(a) Através de sua 3ª Turma, no julgamento do REsp 1.736.285/MT, entendeu que "Somente as decisões interlocutórias proferidas na fase de conhecimento se submetem ao regime recursal disciplinado pelo art. 1.015, *caput* e incisos do CPC/2015, segundo o qual apenas os conteúdos elencados na referida lista se tornarão indiscutíveis pela preclusão se não interposto, de imediato, o recurso de agravo de instrumento, devendo todas as demais interlocutórias aguardar a prolação da sentença para serem impugnadas na apelação ou nas contrarrazões de apelação. Para as decisões interlocutórias proferidas em fases subsequentes à cognitiva – liquidação e cumprimento de sentença –, no processo de execução e na ação de inventário, o legislador optou conscientemente por um regime recursal distinto, prevendo o art. 1.015, parágrafo único, do CPC/2015, que haverá ampla e irrestrita recorribilidade de todas as decisões interlocutórias, quer seja porque a maioria dessas fases ou processos não se findam por sentença e, consequentemente, não haverá a interposição de futura apelação, quer seja em razão de as decisões interlocutórias proferidas nessas fases ou processos possuírem aptidão para atingir, imediata e severamente, a esfera jurídica das partes, sendo absolutamente irrelevante investigar, nesse contexto, se o conteúdo da decisão interlocutória se amolda ou não às hipóteses previstas no *caput* e incisos do art. 1.015 do CPC/2015".

(b) Através de sua 2ª Seção, ao firmar a tese objeto do Tema Repetitivo 1022, consolidou o entendimento de que ""É cabível agravo de instrumento contra todas as decisões interlocutórias proferidas nos processos de recuperação judicial e nos processos de falência, por força do art. 1.015, parágrafo único, CPC".

(c) Através de sua 4ª Turma, no julgamento do REsp 1.772.839/SP, entendeu que "Cabe agravo de instrumento contra decisão que reconhece ou rejeita a ocorrência da decadência ou da prescrição, incidindo a hipótese do inciso II do art. 1.015 do CPC/2015", que "O art. 1.015,

VII, do CPC/2015 estabelece que cabe agravo de instrumento contra as decisões que versarem sobre exclusão de litisconsorte, não fazendo nenhuma restrição ou observação aos motivos jurídicos que possam ensejar tal exclusão", e que "É agravável, portanto, a decisão que enfrenta o tema da ilegitimidade passiva de litisconsorte, que pode acarretar a exclusão da parte".

(d) Através de sua 3ª Turma, no julgamento do REsp 1.702.725/RJ, entendeu que "Embora se trate de conceito jurídico indeterminado, a decisão interlocutória que versa sobre mérito do processo que justifica o cabimento do recurso de agravo de instrumento fundado no art. 1.015, II, do CPC/2015, é aquela que: (i) resolve algum dos pedidos cumulados ou parcela de único pedido suscetível de decomposição, que caracterizam a decisão parcial de mérito; (ii) possui conteúdo que se amolda às demais hipóteses previstas no art. 487 do CPC/2015; ou (iii) diga respeito a substância da pretensão processual deduzida pela parte em juízo, ainda que não expressamente tipificada na lista do art. 487 do CPC", e que "O simples enquadramento fático-normativo da relação de direito substancial havida entre as partes, por si só, não diz respeito ao mérito do processo, embora induza a uma série de consequências jurídicas que poderão influenciar o resultado da controvérsia, mas, se a partir da subsunção entre fato e norma, houver pronunciamento judicial também sobre questão de mérito, como é a prescrição da pretensão deduzida pela parte, a definição da lei aplicável à espécie se incorpora ao mérito do processo, na medida em que não é possível examinar a prescrição sem que se examine, igual e conjuntamente, se a causa se submete à legislação consumerista ou à legislação civil, devendo ambas as questões, na hipótese, ser examinadas conjuntamente".

(e) Através de sua 3ª Turma, no julgamento do REsp 1.745.358/SP, entendeu que "A decisão que versa sobre a concessão de efeito suspensivo aos embargos à execução de título extrajudicial é uma decisão interlocutória que versa sobre tutela provisória, como reconhece o art. 919, §1º, do CPC/2015, motivo pelo qual a interposição imediata do agravo de instrumento em face da decisão que indefere a concessão do efeito suspensivo é admissível com base no art. 1.015, I, do CPC/2015, tornando inadequado o uso de interpretação extensiva ou analogia sobre a hipótese de cabimento prevista no art. 1.015, X, do CPC/2015".

2.2.8 Requisitos exigidos para a interposição do agravo de instrumento. Local de interposição

O art. 1.016 prevê que o agravo de instrumento é **interposto por petição**, que deve conter:

(a) Os **nomes das partes**.

(b) A **exposição do fato e do direito**.

(c) As **razões do pedido de reforma ou de invalidação da decisão** e o próprio **pedido**.

(d) O **nome e o endereço completo dos advogados** que atuam no processo.

Como toda e qualquer petição, a que interpõe o recurso que estudamos é dividida em **fatos**, **direito** e **pedido(s)**. Nela, o(a) agravante costuma reproduzir a decisão atacada, total ou parcialmente, demonstrando que se enquadra em uma das hipóteses relacionadas no art. 1.015 da lei processual.

Quanto ao local, o § 2º do art. 1.017 oferece opções ao agravante, que pode interpor o recurso por:

(a) Protocolo realizado diretamente no tribunal competente para julgá-lo, sendo essa a hipótese mais frequente.

(b) Protocolo realizado na própria comarca, seção ou subseção judiciárias, ou seja, no juízo em que a decisão atacada foi proferida, que o encaminha ao tribunal, o que é praxe em comarcas do interior.

(c) Postagem, sob registro, com aviso de recebimento.

(d) Transmissão de dados tipo *fac-simile*, nos termos da lei.

(e) Outra forma prevista em lei.

2.2.9 Comunicação da interposição do agravo de instrumento ao juízo do 1º grau de jurisdição

O art. 1.018[53] da lei processual prevê que o agravante pode requerer a juntada, aos autos do processo, de cópia do recurso, do comprovante de sua interposição e da relação de documentos que o instruíram.

---

53. "Art. 1.018. O agravante poderá requerer a juntada, aos autos do processo, de cópia da petição do agravo de instrumento, do comprovante de sua interposição e da relação dos documentos que instruíram o recurso. § 1º Se o juiz comunicar que reformou inteiramente a decisão, o relator considerará prejudicado o agravo de instrumento. § 2º Não sendo eletrônicos os autos, o agravante tomará a providência prevista no caput, no prazo de 3 (três) dias a contar da interposição do agravo de instrumento. § 3º O descumprimento da exigência de que trata o § 2º, desde que arguido e provado pelo agravado, importa inadmissibilidade do agravo de instrumento".

A exigência (exigência, se o recurso de agravo de instrumento for interposto em autos não eletrônico) prevista na norma objetiva conferir ao magistrado a prerrogativa de **exercer o juízo de retratação**, em contato com as razões recursais, além da ciência dos documentos que fundamentam o pedido de provimento.

O prazo de três dias, para a juntada da cópia do agravo no juízo que atua no 1º grau de jurisdição (com a relação dos documentos que o instruíram) é *próprio*, sendo contado a partir da interposição do recurso, com a exclusão do dia de início e a inclusão do dia de término do prazo (art. 224[54]).

O descumprimento da regra acarreta o **não conhecimento do recurso**, através de decisão monocrática do relator, com fundamento no inciso III do art. 932 do CPC[55], com a ressalva de que essa penalidade (não conhecimento do recurso) não pode ser imposta de ofício pelo relator, dependendo de provocação da parte agravada, no prazo para o oferecimento da *impugnação (ou contrarrazões, como alguns denominam)*, sob pena de preclusão.

Vejamos julgado nesse sentido:

"AGRAVO DE INSTRUMENTO. DIREITO CIVIL NÃO ESPECIFICADO. ARTIGO 1.018 DO CPC. DESCUMPRIMENTO. Não tendo o agravante comunicado ao juízo *a quo* a interposição do agravo de instrumento dentro do prazo de 3 dias, o que foi arguido e comprovado pela parte agravada, impõe-se o não conhecimento do recurso. Inteligência do artigo 1.018, § 3º, do CPC. AGRAVO DE INSTRUMENTO NÃO CONHECIDO, EM DECISÃO MONOCRÁTICA" (TJRS, AI 70085396372, publicado em 4.2.2022).

A comunicação da interposição do recurso de agravo de instrumento ao juízo do 1º grau de jurisdição é uma faculdade, **quando o recurso é interposto eletronicamente**, e, por isso, o decurso do prazo sem a prática do ato não acarreta qualquer consequência processual.

Se a interposição for física (o que não é a regra), a comunicação da interposição do recurso é obrigatória, de modo que o descumprimento da regra processual acarretará a inadmissibilidade do agravo de instrumento.

---

54. "Art. 224. Salvo disposição em contrário, os prazos serão contados excluindo o dia do começo e incluindo o dia do vencimento. § 1º Os dias do começo e do vencimento do prazo serão protraídos para o primeiro dia útil seguinte, se coincidirem com dia em que o expediente forense for encerrado antes ou iniciado depois da hora normal ou houver indisponibilidade da comunicação eletrônica. § 2º Considera-se como data de publicação o primeiro dia útil seguinte ao da disponibilização da informação no Diário da Justiça eletrônico. § 3º A contagem do prazo terá início no primeiro dia útil que seguir ao da publicação".

55. "Art. 932. Incumbe ao relator: (...) III – não conhecer de recurso inadmissível, prejudicado ou que não tenha impugnado especificamente os fundamentos da decisão recorrida; (...)".

2.2.10 Minuta comentada do recurso de agravo de instrumento

Excelentíssimo Senhor Desembargador do Egrégio Tribunal de Justiça do Estado de Pernambuco – a quem o presente recurso vier a ser distribuído[56].

JOÃO DA SILVA, brasileiro, divorciado, agrônomo, portador da cédula de identidade nº 2.000.810 – SSP/RJ, residente e domiciliado no município do Recife, capital do Estado de Pernambuco, por seu advogado, conforme instrumento procuratório em anexo, com endereço profissional sito na Rua Cel. Anísio Rodrigues Coelho, 464, sala 902, no bairro da Boa Viagem, município do Recife, capital do Estado de Pernambuco, local em que receberá as intimações que se fizerem necessárias, discordando de decisão proferida nos autos do **Procedimento de Execução de Sentença** instaurado a requerimento de **MARIA DA SILVA e outros**, nº 0074700-92.2021.8.17.0001, vem, pela presente, interpor **AGRAVO DE INSTRUMENTO**, de acordo com as razões de fato e de direito adiante aduzidas:

DA TEMPESTIVIDADE

01. Sendo de 15 (quinze) dias úteis o prazo para a interposição do agravo de instrumento, é evidente a tempestividade deste recurso, já que a peticionária se deu por intimada da decisão atacada no dia 6.2.2022, quando lhe foi concedida vista dos autos (§ do art. 272 do CPC), em atendimento a petição anteriormente protocolada, contando-se o prazo recursal a partir do dia seguinte (7.2.2022), findando no dia 27.2.2022, considerando-se na contagem apenas os dias uteis.

DO CABIMENTO DO RECURSO

02. Como é do conhecimento desses doutos Julgadores, o CPC restringe a possibilidade de interposição do agravo de instrumento, limitando-o ao ataque das decisões relacionadas no seu art. 1.015.

03. O parágrafo único do mencionado dispositivo processual garante a interposição do AI para combater decisão proferida na fase de cumprimento da sentença, como é o caso dos autos, em que o magistrado prolatou o pronunciamento atacado exatamente na referida fase processual, versando sobre questões relacionadas à penhora.

DA DECISÃO RECORRIDA

04. Apenas para situar esses doutos Julgadores, a peticionária reproduz trecho da decisão atacada (fl. 272)[57]:

---

56. O agravo de instrumento pode ser interposto por protocolo realizado diretamente no tribunal competente para julgá-lo, por protocolo realizado na própria comarca, por postagem, sob registro, com aviso de recebimento, por transmissão de dados tipo fac-simile ou por outra forma prevista em lei, exigindo a comprovação do recolhimento das custas no ato da sua interposição (art. 1.007).

57. Lembramos que o agravo de instrumento não é julgado pelo juiz que prolatou a decisão interlocutória combatida, mas pelo tribunal, estando os autos em curso na 1ª Instância, sem que possam ser manuseados pelos desembargadores (quando o processo tramita em autos físicos), no âmbito do tribunal. Por isso, recomendamos a reprodução integral da decisão atacada na petição de interposição do recurso, para que os julgadores possam compreender o pronunciamento.

"Considerando o valor atualizado do cumprimento de sentença (fls. 240/244), e sabendo que os 21,5 hectares penhorados (auto de penhora de fl. 114) não são suficientes para cobrir o valor executado – tratando-se de bem imóvel com 76,66 há, cuja certidão foi trazida aos autos (fls. 418/419) do processo 0620103 – 65.1999.8.17.0001) – DEFIRO A PENHORA DO RESTANTE DO IMÓVEL".

05. Não só essa decisão deve ser declara nula, como todos os demais atos praticados a partir da fl. 245, por ausência de intimação, acarretando, consequentemente, a infração ao princípio do contraditório e da ampla defesa, abrigado pelo inciso LV do art. 5º da CF e pelo art. 7º do CPC.

06. Nesse passo, e examinando os autos, especificamente à fl. 239, percebemos que a autoridade monocrática determinou o encaminhamento dos autos ao contador, para atualização do débito, levando em conta "as sentenças de fls. 204/208 (condenação por danos morais e materiais) e 218/219 (condenação em alimentos provisionais)", ressalvando, que, após a prática desse ato, a secretaria deveria providenciar a expedição do mandado de avaliação do bem penhorado.

07. A primeira determinação originou a elaboração dos cálculos de fls. 241/244, resultando na conclusão de que o peticionário seria devedor da quantia de R$ 4.459.561,69 (quatro milhões quatrocentos e cinquenta e nove mil quinhentos e sessenta e um reais e sessenta e nove centavos), muito superior ao valor histórico da execução, estimado em R$ 641.623,00 (seiscentos e quarenta e um mil seiscentos e vinte e três reais).

08. Não obstante o retorno dos autos da contadoria judicial, **as partes não tiveram oportunidade para se manifestar sobre a conta**, o que infringe o princípio do contraditório e da ampla defesa, repita-se, abrigado pelo inciso LV do art. 5º da CF e pelo art. 7º do novo CPC.

09. Não bastasse, e como ressalvado em linhas anteriores, foi expedida carta precatória para a avaliação do bem atingido pela penhora judicial (21 hectares da Fazenda Santa Rita II), resultando na elaboração do laudo de avaliação de fl. 267, no qual o auxiliar do juízo avaliou cada hectare em R$ 160.000,00 (cento e sessenta mil reais).

10. Sem que as partes tivessem oportunidade de se manifestar sobre o laudo de avaliação, inexplicavelmente (PASMEM, **NÃO HOUVE INTIMAÇÃO**), a autoridade monocrática determinou a penhora do restante do imóvel, ou seja, de mais 55,16 hectares, **embora o próprio auto de avaliação informe que a totalidade da propriedade foi estimada em R$ 12.265.600,00 (doze milhões duzentos e sessenta e cinco mil e seiscentos reais)**, ou seja, **quase 3 (três) vezes o valor da dívida**, caracterizando o EXCESSO DE PENHORA e a infração ao princípio da menor onerosidade para o devedor.

11. Com a devida vênia, é imperioso o reconhecimento da nulidade do processo desde o retorno dos autos da contadoria judicial, evitando a infração ao princípio do contraditório e da ampla defesa, e a supressão do patrimônio do executado, sem que tenha sequer oportunidade de se manifestar nos autos.

12. Desde o momento indicado em linhas anteriores, o processo passou a ter **tramitação unilateral, sem que o peticionário tenha sido comunicado dos acontecimentos processuais**, mediante o aperfeiçoamento de intimações.

13. Considerando que o reconhecimento da nulidade processual depende da comprovação do prejuízo, no caso concreto, este é induvidoso, na medida em que o douto Juízo *a quo* determinou o aperfeiçoamento da penhora do restante do bem, ou seja, de mais 55 (cinquenta e cinco) hectares, além dos 21,5 anteriormente penhorados.

14. Em termos financeiros, partindo da premissa de que o hectare foi avaliado em R$ 160.000,00, constatamos que o "reforço de penhora" resultou em constrição de R$ 12.160.000,00 (doze milhões cento e sessenta mil reais), quando o crédito exequendo

seria de R$ 4.500.000,00 (quatro milhões e quinhentos mil reais), segundo os cálculos elaborados pela contadoria judicial, repita-se, **sobre os quais o peticionário não foi intimado para se manifestar**.

15. O não aperfeiçoamento da intimação do agravante para se manifestar sobre cálculos e sobre o novo laudo de avaliação fere frontalmente as disposições do CPC, bastado seja destacado o seu art. 874, que tem a seguinte redação:

"Art. 874. Após a avaliação, o juiz poderá, a requerimento do interessado **e ouvida a parte contrária**, mandar: (...) II – ampliar a penhora ou transferi-la para outros bens mais valiosos, se o valor dos bens penhorados for inferior ao crédito do exequente".

16. Infelizmente, o douto juízo *a quo* não determinou a ouvida do peticionário, nem sobre os cálculos nem sobre a nova avaliação procedida, comprometendo a validade do processo.

17. A manifestação do peticionário sobre os atos processuais é necessária, primeiro porque nos encontramos diante de execução vultosa, que atingiu bem imóvel de grande extensão, segundo porque a avaliação sequer respeitou o art. 872 da lei processual, textual em prever que deve constar de vistoria e de laudo, não confeccionados no caso concreto, não se tendo sequer a certeza de qual foi o hectare avaliado pelo auxiliar do juízo, providência necessária, repita-se, considerando a extensão da terra, parte na beira da pista, de valor muito superior aos tais R$ 160.000,00, parte na sua fração posterior.

18. Embora a execução seja instaurada no proveito do credor, o CPC abriga o **princípio da menor onerosidade para o devedor**, especificamente em seu art. 805, que tem a seguinte redação:

"Art. 805. Quando por vários meios o exequente puder promover a execução, o juiz mandará que se faça pelo modo menos gravoso para o executado. (...)".

19. No caso concreto, e mediante as práticas denunciadas em linhas anteriores, o juízo *a quo* determinou o aperfeiçoamento da penhora de toda a propriedade pertencente ao devedor, quando a constrição inicialmente realizada é suficiente para garantir a satisfação da obrigação, caracterizando, inegavelmente, o EXCESSO DE PENHORA.

20. A manutenção da decisão atacada resultaria em grave infração ao direito de propriedade do ora agravante, constitucionalmente assegurado, e na institucionalização de um processo unilateral, sem que o devedor seja comunicado da prática de atos processuais, e, por consequência, sem que tenha sequer o direito de peticionar. Mas certamente a decisão atacada não será mantida.

DOS PEDIDOS

21. Posta a questão nesses termos, demonstrada a precariedade da decisão atacada, o agravante requer se digne Vossa Excelência a:

(a) ATRIBUIR EFEITO SUSPENSIVO AO RECURSO[58], suspendendo, consequentemente, os efeitos da decisão atacada, evitando a consumação do excesso de penhora, e a prática dos demais atos executivos.

---

58. Quando a decisão atacada é positiva (como a concessão da tutela provisória, a distribuição diversa do ônus da prova, a exclusão de litisconsorte do processo etc.), o recorrente deve requerer a atribuição de efeito suspensivo ao recurso (decisão positiva = atribuição de efeito suspensivo ao recurso), para obstar os efeitos da decisão recorrida. Diferentemente, quando o pronunciamento é negativo, como

(b) Determinar o aperfeiçoamento da intimação da agravada, através da Bela. ADRIANA DA SILVA, inscrita na OAB/PE sob o n° 16.100, com endereço profissional sito na Rua Engenheiro Ubaldo Gomes de Matos, n° 300, sala 608, no bairro de Santo Antônio, Recife/PE, para que, querendo, ofereça impugnação, determinando, ainda, a expedição de ofício ao juiz da causa, para que preste as informações de estilo.

(c) Ao final, **DAR PROVIMENTO** ao recurso, tornando sem efeito a decisão atacada[59], para reconhecer a nulidade do processo a partir dos cálculos anteriormente informados, ou seja, a partir da fl. 245, incluindo, por lógica, a decisão de fl. 272, em que a autoridade monocrática determinou o aperfeiçoamento da penhora do restante do imóvel pertencente ao agravante, infringindo o seu direito de propriedade, permitindo, assim, que as partes sejam intimadas para se manifestar sobre os cálculos elaborados e sobre o auto de avaliação de fl. 267, como determinado pela lei processual.

Nestes termos, com a guia de recolhimento das custas recursais e a cópia integral do processo que tem curso na 1ª instância em anexo[60], na qual constam os documentos obrigatórios, pede deferimento.

Local e data.

Nome do advogado

OAB

---

o indeferimento do pedido de tutela provisória, o recorrente deve requerer a concessão da tutela antecipada recursal (decisão negativa = concessão da tutela antecipada recursal), com fundamento no inciso I do art. 1.019 da lei processual.

59. O pedido formulado no agravo de instrumento é quase sempre o de declaração de nulidade da decisão atacada, com o consequente reconhecimento da nulidade dos atos subsequentes que dela sejam dependentes, em respeito à teoria do fruto da árvore envenenada.

60. Embora o art. 1.017 da lei processual só exija a juntada dos documentos que estão relacionados na norma, recomendamos a juntada da cópia integral do processo (capa a capa), para subsidiar os desembargadores de informações necessárias para a formação do seu convencimento.

2.2.11 Procedimento

Interposição do recurso[61]

↓

Não conhecimento do recurso, por ser inadmissível, prejudicado ou por não ter impugnado especificamente os fundamentos da decisão recorrida[62], improvimento do recurso[63], atribuição ou não do efeito suspensivo ou concessão ou não da tutela recursal

↓

Interposição do recurso de agravo interno ou intimação do agravado[64] e do Ministério Público, quando for o caso de sua intervenção[65]

↓

Solicitação de dia para julgamento do recurso

↓

Publicação da pauta de julgamento[66]

↓

Julgamento[67]

↓

Interposição do recurso seguinte[68]

---

61. Por protocolo realizado diretamente no tribunal competente para julgá-lo, por protocolo realizado na própria comarca, seção ou subseção judiciárias, por postagem, sob registro, por transmissão de dados tipo *fac-simile* ou por outra forma prevista em lei.

62. Decisão que tem fundamento no inciso III do art. 932 e que pode ser atacada pela interposição do recurso de **agravo interno**, no prazo de 15 (quinze) dias úteis e com fundamento no art. 1.021 da lei processual.

63. Improvimento monocrático, com fundamento no inciso IV do art. 932, quando o relator entender que o recurso é contrário a súmula do STF, do STJ ou do próprio tribunal, a acórdão proferido pelo STF ou pelo STJ em julgamento de recursos repetitivos, a entendimento firmado em incidente de resolução de demandas repetitivas ou de assunção de competência. Essa decisão pode ser atacada pelo **agravo interno**, no prazo de 15 (quinze) dias úteis e com fundamento no art. 1.021 da lei processual.

64. A intimação do agravado é pessoal, por carta com aviso de recebimento, quando não tiver procurador constituído nos autos, ou pelo Diário da Justiça ou por carta com aviso de recebimento dirigida ao seu advogado, para que responda no prazo de 15 (quinze) dias, facultando-lhe juntar documentos.

65. O Ministério Público intervém como fiscal da ordem jurídica nos processos que envolvam interesse público ou social, interesse de incapaz ou litígios coletivos pela posse de terra rural ou urbana (art. 178 do CPC).

66. A pauta deve ser publicada no mínimo 5 (cinco) dias antes da data da sessão de julgamento.

67. O inciso VIII do art. 937 do CPC prevê a possibilidade de os advogados das partes sustentarem oralmente na sessão de julgamento quando o agravo de instrumento for interposto contra decisões interlocutórias que versarem sobre tutelas provisórias de urgência ou da evidência.

68. Embargos de declaração, para prequestionar a matéria (Súmula 282 do STF), recurso especial e/ou recurso extraordinário, principalmente.

2.3 AGRAVO INTERNO

O agravo interno está disciplinado pelo art. 1.021 do CPC, que tem a seguinte redação:

"Art. 1.021. Contra decisão proferida pelo relator caberá agravo interno para o respectivo órgão colegiado, observadas, quanto ao processamento, as regras do regimento interno do tribunal. § 1º Na petição de agravo interno, o recorrente impugnará especificadamente os fundamentos da decisão agravada. § 2º O agravo será dirigido ao relator, que intimará o agravado para manifestar-se sobre o recurso no prazo de 15 (quinze) dias, ao final do qual, não havendo retratação, o relator levá-lo-á a julgamento pelo órgão colegiado, com inclusão em pauta. § 3º É vedado ao relator limitar-se à reprodução dos fundamentos da decisão agravada para julgar improcedente o agravo interno. § 4º Quando o agravo interno for declarado manifestamente inadmissível ou improcedente em votação unânime, o órgão colegiado, em decisão fundamentada, condenará o agravante a pagar ao agravado multa fixada entre um e cinco por cento do valor atualizado da causa. § 5º A interposição de qualquer outro recurso está condicionada ao depósito prévio do valor da multa prevista no § 4º, à exceção da Fazenda Pública e do beneficiário de gratuidade da justiça, que farão o pagamento ao final".

Esse recurso é adequado para combater **decisões monocráticas** proferidas pelos relatores (desembargadores e ministros), no âmbito dos tribunais, principalmente as que:

(a) **Não conhecem de recurso inadmissível, prejudicado ou que não tenha impugnado especificamente os fundamentos da decisão recorrida** (inciso III do art. 932), com destaque para as decisões que reconhecem o não preenchimento de requisito de admissibilidade (tempestividade, legitimidade recursal, interesse, preparo etc.). Para compreensão das expressões **recurso inadmissível** e **recurso prejudicado**, recorremos à doutrina: "O recurso será julgado inadmissível quando lhe faltar um ou alguns dos requisitos gerais de admissibilidade do recurso interposto, tais como o não cabimento, deserção, falta de interesse em recorrer etc. O relator poderá então julgar o recurso de forma monocrática, 'negando-lhe seguimento'. A ausência de um dos requisitos de admissibilidade gera óbice para análise de mérito do recurso, sem, todavia, caracterizar o efeito da substitutividade da decisão. É o caso do recurso interposto sem obedecer ao prazo estipulado na lei. **Recurso prejudicado** – Nas palavras de Barbosa Moreira, recurso prejudicado é aquele que perde o objeto 'e, por conseguinte cai no vazio o pedido de reforma ou anulação: *v. g.*, se o juiz *a quo* reforma *in totum* a decisão agravada, prejudicado fica o agravo'" (VIVEIROS, Estefânia. Agravo interno e ampliação dos poderes do relator. In: MAZZEI,

Rodrigo Reis (Coord.). *Dos recursos*. Vitória: Instituto Capixaba de Estudos. 2002. v. 2, p. 200-201).

(b) **Negam provimento a recurso que for contrário a sumula do Supremo Tribunal Federal, do Superior Tribunal de Justiça ou do próprio tribunal, a acórdão proferido pelo Supremo Tribunal Federal ou pelo Superior Tribunal de Justiça em julgamento de recursos repetitivos ou a entendimento firmado em incidente de resolução de demandas repetitivas ou de assunção de competência** (inciso IV do art. 932).

(c) Depois de facultada a apresentação de contrarrazões, **dão provimento ao recurso quando a decisão recorrida for contrária a súmula do Supremo Tribunal Federal, do Superior Tribunal de Justiça ou do próprio tribunal, a acórdão proferido pelo Supremo Tribunal Federal ou pelo Superior Tribunal de Justiça em julgamento de recursos repetitivos ou a entendimento firmado em incidente de resolução de demandas repetitivas ou de assunção de competência** (inciso V do art. 932);

(d) **Decidem o incidente de desconsideração da personalidade jurídica**, quando este for instaurado no tribunal (inciso VI do art. 932);

(e) **Atribuem efeito suspensivo ao recurso de agravo de instrumento ou concedem a tutela antecipada recursal** (inciso I do art. 1.019).

(f) **Concedem ou negam a tutela provisória nos recursos e nos processos de competência originária dos tribunais** (inciso II do art. 932).

Em algumas situações, equivocadamente, advogados interpõem embargos de declaração contra decisões monocráticas, proferidas por relatores no âmbito dos Tribunais, quando a situação reclamava a apresentação do agravo interno. A jurisprudência tem sido flexível quanto a isso, autorizando o recebimento dos embargos de declaração como agravo interno, com fundamento no princípio da fungibilidade.

Vejamos julgado nesse sentido:

"DIREITO PROCESSUAL CIVIL. AGRAVO DE INSTRUMENTO. CUMPRIMENTO DE SENTENÇA. EMBARGOS DE DECLARAÇÃO OPOSTOS EM FACE DE DECISÃO MONOCRÁTICA PROFERIDA PELO RELATOR. RECEBIDOS COMO AGRAVO INTERNO. PRINCÍPIO DA FUNGIBILIDADE RECURSAL. Nos termos do art. 1.021, *caput*, do Código de Processo Civil, contra decisão proferida pelo relator caberá agravo interno para o respectivo órgão colegiado, observadas, quanto ao processamento, as regras do regimento interno do tribunal. **Em observância ao princípio da fungibilidade recursal, os embargos de declaração opostos em face**

da decisão proferida pelo relator que apreciou o pedido de efeito suspensivo devem ser recebidos como agravo interno" (TJDFT, AI 07033781920218070000, 3ª Turma Cível, relatora Desembargadora FÁTIMA RAFAEL, publicado em 1.7.2021, em transcrição parcial).

O recurso de agravo interno não se confunde com o agravo de instrumento. Este combate decisões proferidas pelo juízo que atua no 1º grau de jurisdição, no curso do processo de conhecimento, do processo de execução ou da fase de cumprimento da sentença, enquanto aquele ataca **decisões proferidas pelos relatores**, no âmbito dos tribunais.

Decisão interlocutória proferida:

Pelo magistrado que atua no 1ª grau: —————→ Agravo de Instrumento

Por desembargador ou ministro, monocraticamente: ——→ Agravo Interno

2.3.1 Consequência resultante da não interposição do agravo interno

Se a parte ou outro legitimado (terceiro e Ministério Público) não interpuser o recurso de agravo interno, a decisão do relator prevalece, acarretando a preclusão da matéria.

2.3.2 Prazo para a interposição do agravo interno

O prazo geral para a interposição do recurso de agravo interno é de 15 (quinze) dias **uteis**, observada a regra prevista no art. 224, o que acarreta a exclusão do dia do início e a inclusão do dia do término do prazo recursal, que é contado em dobro, se o recurso for interposto:

(a) Pelo Ministério Público, como parte ou como fiscal da ordem jurídica (art. 180 do CPC).

(b) Pela Advocacia Pública, na defesa dos interesses das pessoas jurídicas de direito público (União, Estados, Distrito Federal, Municípios e suas respectivas autarquias e fundações de direito público) – art. 183 do CPC.

(c) Pela Defensoria Pública, na defesa dos interesses do denominado pobre na forma da lei (art. 186 do CPC).

(d) Por litisconsortes representados por diferentes procuradores, desde que estes integrem escritórios de advocacia distintos e que o processo tenha curso em autos físicos (art. 229 do CPC).

2.3.3 Interposição do agravo interno contra decisão colegiada

Como advertimos anteriormente, o agravo interno é adequado para atacar decisões monocráticas (singulares, unipessoais), proferidas pelos relatores, no âmbito dos Tribunais. Ignorando essa regra, alguns advogados interpõem o recurso contra <u>decisão colegiada (sob a forma de acórdão)</u>, proferida no julgamento da apelação, do agravo de instrumento, dos embargos de declaração, apenas para exemplificar.

A adoção dessa técnica constitui **erro grosseiro**, impedindo o aproveitamento do recurso inadequado e a aplicação do princípio da fungibilidade. Vejamos julgado nesse sentido:

"PROCESSUAL CIVIL. AGRAVO INTERNO INTERPOSTO EM FACE DE DECISÃO COLEGIADA. NÃO CONHECIMENTO. O agravo interno é recurso próprio para combater decisão unipessoal proferida no âmbito dos Tribunais, cujo objetivo principal consiste em transferir ao colegiado o conhecimento da matéria decidida monocraticamente, para nova análise e julgamento. Com o advento do Novo Código de Processo Civil, Lei 13.105/2015, toda decisão unipessoal proferida no âmbito dos Tribunais é suscetível de oposição de agravo interno, de modo a estabelecer um rol não exaustivo de hipóteses de cabimento do referido recurso. O agravo interno interposto em face de decisão colegiada não merece ser conhecido" (TJMG, Agravo Interno 10702100048223004, publicado em 19.5.2022).

2.3.4 Fixação de multa

Como percebemos através da simples leitura do § 4º do art. 1.021, o reconhecimento de que o agravo interno é manifestamente inadmissível ou improcedente (como na situação em que o recorrente não impugna especificamente os fundamentos da decisão agravada, infringindo o princípio da dialeticidade[69]) resulta na aplicação de multa fixada entre um e cinco por cento do valor atualizado da causa, cujo recolhimento é necessário para garantir a interposição de outro recurso na sequência.

Essa multa não é imposta pelo relator, mas pelo órgão colegiado responsável pelo julgamento do agravo interno, e **exige unanimidade de votos**, o que significa dizer que se o recurso for declarado manifestamente inadmissível ou

---

69. "É inviável o agravo interno que deixa de impugnar especificamente os fundamentos da decisão agravada (CPC/2015, art. 1.021, § 1º). O recurso mostra-se manifestamente inadmissível, a ensejar a aplicação da multa prevista no art. 1.021, § 4º, do CPC, no montante equivalente a 1% sobre o valor atualizado da causa, ficando a interposição de qualquer outro recurso condicionada ao depósito da respectiva quantia, nos termos do § 5º do citado artigo de lei" (STJ, AgInt no AREsp 1863755/MG, publicado em 2.12.2021, em transcrição parcial).

improcedente em votação que apresentou o placar de 2 x 1, por exemplo, a multa não pode ser fixada.

O recolhimento da multa é requisito específico de admissibilidade do recurso seguinte. Se não for providenciado pela parte, terá o seu seguimento negado.

2.3.5   Necessidade de impugnação especificada dos fundamentos da decisão agravada

Como requisito formal, o § 1º do art. 1.021 da lei processual exige que o agravante **impugne especificadamente os fundamentos da decisão atacada**, sob pena de não conhecimento do recurso de agravo interno, por infração ao princípio da dialeticidade[70].

Assim, o recorrente não pode ser limitar a repetir as razões do recurso que foi obstado pela decisão monocrática do relator (Ctrl + c/Ctrl + v), contra a qual o agravo interno é interposto. Diferentemente, deve atacá-la, demonstrando o seu desacerto, requerendo que seja modificada.

---

70. "AGRAVO INTERNO. RECURSO INEPTO. PRINCÍPIO DA DIALETICIDADE. OFENSA. RA-ZÕES RECURSAIS DISSOCIADAS DA DECISÃO. À luz do princípio da dialeticidade, as razões recursais devem efetivamente demonstrar o equívoco da decisão agravada hábil a ensejar a sua reforma. Não deve ser conhecido o recurso cujas razões são incompatíveis e dissociadas da decisão impugnada. Recurso não conhecido" (TJMG, Agravo Interno 10000204836480002, publicado em 17.2.2022).

2.3.6 Minuta comentada de agravo interno

Excelentíssimo Senhor Desembargador **JOÃO DA SILVA** – Mui Digno Relator da Ação Rescisória nº 0200505 – 7[71].

CARLOS JOSÉ DOS SANTOS, por seu advogado, nos autos da **Ação Rescisória** proposta contra **ALBANITA DE OLIVEIRA,** processo nº 0200505 – 7, havendo sido intimado do teor da r. decisão em que essa douta relatoria indeferiu o pedido de gratuidade anteriormente formulado pelo autor, vem, por meio desta e no prazo legal de 15 (quinze) dias úteis, com fundamento no art. 1.021 da lei processual, interpor o recurso de **AGRAVO INTERNO,** de acordo com as razões de fato e de direito adiante aduzidas:

01. Conforme percebemos através da simples leitura da decisão de ID 100101102, essa douta relatoria indeferiu o pedido de gratuidade da justiça formulado pelo autor, sob a alegação de que a declaração particular acostada aos autos, subscrita por contador, seria "inservível como meio de prova da alegada insuficiência financeira".

02. Além disso, essa douta relatoria se baseou na alegação da ré, de que o peticionário seria um empresário, pessoa abastada, que teria condições de recolher as custas processuais.

03. Antes de o autor rebater os fundamentos indicados em linhas anteriores, destaca que o valor das custas processuais é de aproximadamente R$ 10.000,00 (dez mil reais), elevado para qualquer cidadão brasileiro.

04. Além das custas processuais, com a modificação do valor da causa para R$ 1.286.585,15 (um milhão duzentos e oitenta e seis mil quinhentos e oitenta e cinco reais e quinze centavos), o ora agravante estaria obrigado a efetuar o depósito exigido para o ajuizamento da ação rescisória (inciso II do art. 968 do CPC), representando o desembolso de mais ou menos R$ 65.000,00 (sessenta e cinco mil reais).

05. No que toca à fundamentação jurídica deste recurso, o autor chama a atenção dessa douta relatoria para os §§ 2º e 3º do art. 99 do CPC, que têm a seguinte redação:

"Art. 99. (...) § 2º O juiz somente poderá indeferir o pedido se houver nos autos elementos que evidenciem a falta dos pressupostos legais para a concessão de gratuidade, devendo, antes de indeferir o pedido, determinar à parte a comprovação do preenchimento dos referidos pressupostos. § 3º Presume-se verdadeira a alegação de insuficiência deduzida exclusivamente por pessoa natural. (...)".

06. Conforme percebemos, a lei processual estabelece a regra de que **a afirmação do estado de pobreza é presumidamente verdadeira,** quando deduzida por pessoa natural, cabendo à parte contrária desconstituir essa presunção, não com base em alegações vazias, mas em provas.

07. No caso concreto, além de a adversa parte não ter produzido qualquer prova que embasasse a alegação de que o peticionário seria empresário abastado, o documento acostado aos autos pelo autor (declaração subscrita por contador) não poderia ter sido considerado "inservível", *data vênia*, por não conter qualquer irregularidade formal e/ou de conteúdo.

---

71. Embora o recurso de agravo interno seja julgado pelo órgão colegiado integrado pelo relator (Câmara Cível, Turma Cível, por exemplo), é endereçado a este, responsável pela realização do juízo de admissibilidade, podendo ainda se retratar, tornando sem efeito a decisão atacada, após a manifestação da parte contrária.

08. O documento em questão foi assinado por profissional capacitado, informando situação de fato (recebimento mensal da quantia de R$ 1.600,00), que não foi rebatida pela adversa parte, a não ser com alegações vazias.

09. No que toca à alegação de que não mais caberia a presunção de miserabilidade, quando o pedido de concessão dos benefícios da justiça gratuita é formulado após o ajuizamento da ação, é importante destacar que o requerimento só foi formulado pelo autor após o ajuizamento da ação em decorrência do acolhimento do incidente de impugnação ao valor da causa oposto pela ré, representando fato superveniente[72].

10. O autor não poderia ter formulado o pedido na petição inicial, pois não era pobre na forma da lei, considerado o valor originariamente atribuído à causa.

11. O estado de pobreza só foi evidenciado após o acolhimento do incidente citado em linhas anteriores, com a consequente modificação do valor da causa, quando então, e somente então, fez-se necessário formular o requerimento.

12. A decisão da lavra desse douto relator deve ser modificada, *data vênia*, sob pena de o autor se ver privado de ter acesso à jurisdição, não se tendo a lembrança de uma única pessoa natural em Pernambuco que tenha se desincumbido do ônus de recolher custas e de realizar o depósito/caução em quantia superior a R$ 75.000,00 (setenta e cinco mil reais).

DO PEDIDO

13. Posta a questão nesses termos, demonstrada a fragilidade da decisão atacada, o autor requer, preferencialmente, digne-se Vossa Excelência a exercer o juízo de retratação[73], tornando sem efeito o pronunciamento e concedendo-lhe os benefícios da gratuidade da justiça ou, secundariamente, encaminhar este recurso ao órgão colegiado, onde confia que será **PROVIDO**, acarretando a modificação do pronunciamento atacado.

Nestes termos, pede deferimento.

Local e data.

Nome do advogado

OAB

---

72. O art. 99 do CPC estabelece que *o pedido de gratuidade da justiça pode ser formulado na petição inicial, na contestação, na petição para ingresso de terceiro no processo ou em recurso.* Contudo, o § 1º da mesma norma ressalva que *se superveniente à primeira manifestação da parte na instância, o pedido poderá ser formulado por petição simples, nos autos do próprio processo, e não suspenderá seu curso.*

73. O juízo de retratação só pode ser exercitado pelo relator depois da apresentação da impugnação pela parte contrária, evitando a denominada "decisão surpresa", que infringe o art. 9º do CPC, com a seguinte redação: "Art. 9º Não se proferirá decisão contra uma das partes sem que ela seja previamente ouvida. Parágrafo único. O disposto no *caput* não se aplica: I – à tutela provisória de urgência; II – às hipóteses de tutela da evidência previstas no art. 311, incisos II e III; III – à decisão prevista no art. 701".

2.3.7 Procedimento

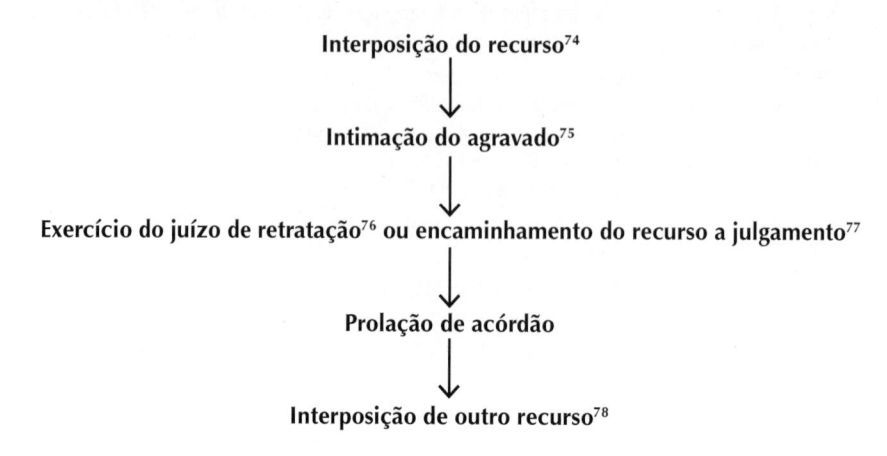

Interposição do recurso[74]

↓

Intimação do agravado[75]

↓

Exercício do juízo de retratação[76] ou encaminhamento do recurso a julgamento[77]

↓

Prolação de acórdão

↓

Interposição de outro recurso[78]

---

74. No prazo de 15 (quinze) dias, contados da intimação da decisão atacada, sendo endereçado ao relator, prevendo o § 1º do art. 1.021 que o recorrente deve impugnar especificamente os fundamentos da decisão agravada. Sugerimos que o advogado da parte consulte o regimento interno do tribunal em que o recurso ou a ação na qual o agravo interno é interposto tem curso, verificando as normas relacionadas ao seu processamento, já que a parte final do *caput* do art. 1.021 ressalva que essas normas podem estabelecer processamento diferente do que foi instituído pela lei processual.

75. Como regra através do advogado que o representa, por meio eletrônico (art. 270) ou pelo Diário da Justiça, para que se manifeste no prazo de 15 (quinze) dias uteis.

76. O juízo de retratação só pode ser exercitado após a manifestação da parte contrária, ou do decurso do prazo de 15 (quinze) dias, sem que a manifestação seja apresentada, evitando a prolação da denominada "decisão surpresa", que afronta o art. 9º do CPC.

77. O julgamento deve ser antecedido da publicação da pauta, no mínimo 5 (cinco) dias antes da sessão, **nela não se admitindo a realização de sustentação oral**, em decorrência do veto ao inciso VII do art. 937 (que tinha a seguinte redação: "Art. 937. Na sessão de julgamento, depois da exposição da causa pelo relator, o presidente dará a palavra, sucessivamente, ao recorrente, ao recorrido e, nos casos de sua intervenção, ao membro do Ministério Público, pelo prazo improrrogável de 15 (quinze) minutos para cada um, a fim de sustentarem suas razões, nas seguintes hipóteses, nos termos da parte final do *caput* do art. 1.021: (...) VII – no agravo interno originário de recurso de apelação, de recurso ordinário, de recurso especial ou de recurso extraordinário; (...)", fundado nas seguintes razões: "A previsão de sustentação oral para todos os casos de agravo interno resultaria em perda de celeridade processual, princípio norteador do novo Código, provocando ainda sobrecarga nos Tribunais".

78. Considerando que a decisão proferida pelo órgão colegiado tem a natureza jurídica de acórdão, pode ser atacada pela interposição dos embargos de declaração (se contiver omissão, obscuridade, contradição e/ou erro material, sendo também utilizado para prequestionar a matéria), do recurso especial e/ou do recurso extraordinário, principalmente, se o caso concreto se amoldar a uma das situações relacionadas no inciso III do art. 102 e/ou no inciso III do art. 105 da CF. Lembramos que, se o órgão que julgou o agravo interno o declarou manifestamente inadmissível ou improcedente, por unanimidade de votos, e por isso fixou multa entre um e cinco por cento do valor atualizado da causa, a interposição do próximo recurso fica condicionada ao recolhimento da multa, constituindo-se em requisito específico de admissibilidade.

2.4 EMBARGOS DE DECLARAÇÃO

O recurso de embargos de declaração é intermediário, situando-se entre:

(a) A decisão interlocutória e o agravo de instrumento (recurso principal).

(b) A sentença e a apelação (recurso principal).

(c) A decisão monocrática proferida pelo relator no âmbito do tribunal e o agravo interno (recurso principal).

(d) O acórdão proferido pelo tribunal e o recurso especial e/ou o recurso extraordinário (recurso principal).

(e) A decisão proferida pelo ministro relator que atua no STJ ou no STF ou pelo órgão colegiado desses tribunais e o recurso principal.

Quando afirmamos que o recurso de embargos de declaração é intermediário, não pretendemos diminuir a sua importância, mas demonstrar que é remédio processual concebido **não para modificar a decisão**, <u>mas aperfeiçoá-la</u>, permitindo o seu ataque pelo recurso principal.

Exemplificativamente, pensando em sentença proferida por juiz que atua no 1º grau de jurisdição, que atribuiu a vitória ao autor, atacada por recurso de embargos de declaração, o seu provimento ou improvimento em princípio não tem o condão de modificar o resultado processual, para que a vitória passe a ser atribuída ao réu.

Diferentemente, o seu julgamento tem a finalidade de melhorar a decisão atacada, de aperfeiçoá-la, para que se torne plena e possa ser atacada pelo recurso principal, cujo julgamento (aí sim) tem força suficiente para modificar o pronunciamento combatido.

Contudo, excepcionalmente, o provimento do recurso de embargos de declaração pode acarretar a modificação do resultado processual, de modo que a vitória, inicialmente atribuída ao autor, passa a ser atribuída ao réu, ou vice-versa, assunto que estudamos em seção seguinte.

2.4.1 Possibilidade de o julgamento dos embargos de declaração modificar a decisão atacada

O julgamento do recurso de embargos de declaração pode modificar a decisão atacada, invertendo a sucumbência, atribuindo a vitória ao autor, quando havia sido atribuída ao réu, ou vice-versa, situação em que o recurso intermediário "faz as vezes" do recurso principal. Isso ocorre, sobretudo, quando o magistrado elimina omissão, com força suficiente para modificar o seu convencimento.

Exemplificativamente, pensemos em autor que propõe ação de indenização por perdas e danos, advinda de acidente de trânsito, afirmando na petição inicial que o réu se encontrava embriagado no momento do acontecimento, alegação provada por teste de bafômetro, que demonstra o uso de bebida alcóolica.

Supreendentemente, o juiz julga a ação pela improcedência dos pedidos, sem enfrentar a alegação de embriaguez do réu, e sem analisar o documento que comprova essa condição. Por conta do resultado processual, o autor interpõe embargos de declaração, solicitando que o magistrado sane a omissão. Em resposta, o juiz dá provimento ao recurso, eliminando a omissão, reconhecendo o estado de embriaguez do réu e o condenando ao pagamento da indenização.

Mesmo quando os embargos de declaração têm efeito modificativo ou infringente, é necessário que a sua fundamentação se enquadre em uma das hipóteses relacionadas no art. 1.022, o que significa dizer que esse recurso não pode apresentar fundamentação genérica, o que é próprio do recurso principal. Vejamos julgado sobre a matéria:

> "EMBARGOS DE DECLARAÇÃO. EFEITO INFRINGENTE DISCUSSÃO. PREQUESTIONAMENTO. **Mesmo que tenham por finalidade superar o óbice do prequestionamento, os embargos de declaração devem se enquadrar em uma das hipóteses do artigo 1.022 do Código de Processo Civil.** Embargos de declaração com efeito infringente somente têm aceitação para emprestar efeito modificativo à decisão em raríssimas exceções, quando é mera decorrência da correção do vício efetivamente existente, ou quando se trata de erro material, não se prestando a uma nova tentativa de rediscutir a questão de mérito decidida no acórdão embargado. EMBARGOS DE DECLARAÇÃO DESACOLHIDOS" (TJRS, Embargos de Declaração nº 70070896634, 11ª Câmara Cível, rel. Des. Bayard Ney de Freitas Barcellos) (grifamos).

2.4.2 Julgamento dos embargos de declaração sem o estabelecimento do contraditório

Como regra, o recurso de embargos de declaração é julgado sem que a parte contrária seja ouvida, já que, em princípio, esse julgamento não tem força suficiente para inverter a sucumbência, papel do recurso principal. Contudo, quando o recorrente requer a atribuição de efeito modificativo ao recurso (ver seção anterior), o juiz deve conceder o prazo de 5 (cinco) dias à parte contrária, para que possa impugnar o recurso (§ 2º do art. 1.023)[79], sob pena de nulidade da decisão, exceto se negar provimento ao remédio processual, sem causar prejuízo ao embargado, condição exigida para o reconhecimento da nulidade de qualquer ato processual.

---

79. "Art. 1.023. O juiz julgará os embargos em cinco dias. (...) § 2º O juiz intimará o embargado para, querendo, manifestar-se, no prazo de 5 (cinco) dias, sobre os embargos opostos, caso seu eventual acolhimento implique em modificação da decisão embargada".

Regra	Julgamento do recurso de embargos de declaração sem que a parte contrária seja ouvida
Exceção	Ouvida da parte contrária quando o recurso tiver pretensão infringente ou modificativa

2.4.3   Objeto do recurso de embargos de declaração

O recurso em exame tem por objeto qualquer pronunciamento judicial, o que significa dizer que pode atacar **decisão interlocutória** proferida pelo juiz que atua no 1º grau de jurisdição, **sentença**, **decisão monocrática proferida pelos relatores**, no âmbito dos tribunais, **acórdão** proferido por órgão fracionário do tribunal (Câmara Cível, Grupo de Câmaras, Corte Especial, Tribunal Pleno etc.), **decisão monocrática proferida por ministro que atua em Tribunal Superior** ou decisão proferida por **órgão fracionário desse mesmo Tribunal**.

2.4.4   Requisitos específicos exigidos para a interposição dos embargos de declaração

A interposição do recurso de embargos de declaração exige a comprovação da existência de **omissão**, de **obscuridade** e/ou de **contradição** na decisão atacada (decisão interlocutória, decisão monocrática proferida pelo relator, no âmbito dos Tribunais, sentença ou acórdão), e por isso se diz que é de <u>**argumentação vinculada**</u>, podendo ser ainda utilizado para **corrigir erro material** (art. 1.022[80]), <u>**não se prestando para rediscutir o mérito da decisão**</u>, papel do recurso principal. Vejamos julgado sobre o tema:

> "EMBARGOS DE DECLARAÇÃO. AUSÊNCIA. REDISCUSSÃO DA MATÉRIA DECIDIDA. IMPOS-SIBILIDADE. Os embargos de declaração se constituem em modalidade de recurso de argumentação vinculada, somente cabíveis quando houver no julgado hostilizado, obscuridade, contradição ou omissão sobre determinada questão. Diante da não ocorrência de quaisquer das hipóteses legais previstas no artigo 1.022 do CPC/15, a rejeição dos presentes embargos à medida que se impõe" (TJMG, Embargos de Declaração nº 10604180009697002, publicado em 17.3.2022).

A **omissão**, que deve ser relevante, consiste no não enfrentamento de alegação suscitada pela parte em qualquer manifestação processual (petição inicial, contestação, principalmente), importante para formar o convencimento do magistrado, como a de que o réu se encontrava embriagado no momento da

---

80. "Art. 1.022. Cabem embargos de declaração contra qualquer decisão judicial para: I – esclarecer obscuridade ou eliminar contradição; II – suprir omissão de ponto ou questão sobre a qual devia se pronunciar o juiz de ofício ou a requerimento; III – corrigir erro material. Parágrafo único. Considera-se omissa a decisão que: I – deixe de se manifestar sobre tese firmada em julgamento de casos repetitivos ou em incidente de assunção de competência aplicável ao caso sob julgamento; II – incorra em qualquer das condutas descritas no art. 489, § 1º".

ocorrência de um acidente de trânsito, que se evadiu do local, que dirigia em excesso de velocidade, apenas para exemplificar.

Não é qualquer omissão que justifica a interposição do recurso de ED, mas **omissão relevante**, marcada pelo não enfrentamento de questão capaz de invalidar (a palavra mais encontrada em julgados sobre essa questão é infirmar) a conclusão adotada na decisão embargada, prevalecendo o entendimento de que o julgador *não está obrigado a se manifestar expressamente sobre todos os dispositivos legais e argumentos* suscitados pela parte[81].

Além da omissão geral (constatada em cada caso concreto), o CPC predefine situações em que considera a ocorrência de omissão, garantindo a interposição do recurso de embargos de declaração para atacar decisões omissas, assim consideradas:

(a) A que deixe de se manifestar sobre tese firmada em julgamento de casos repetitivos ou em incidente de assunção de competência aplicável ao caso sob julgamento (inciso I do parágrafo único do art. 1.022).

(b) A que incorra em qualquer das condutas descritas no § 1º do art. 489 do CPC (inciso II do parágrafo único do art. 1.022).

Quanto à hipótese indicada na letra (b), transcrevemos o parágrafo anteriormente indicado, que integra o art. 489 da lei processual:

"Art. 489. São elementos essenciais da sentença: (...) § 1º Não se considera fundamentada qualquer decisão judicial, seja ela interlocutória, sentença ou acórdão, que: I – se limitar à indicação, à reprodução ou à paráfrase de ato normativo, sem explicar sua relação com a causa ou a questão decidida; II – empregar conceitos jurídicos indeterminados, sem explicar o motivo concreto de sua incidência no caso; III – invocar motivos que se prestariam a justificar qualquer outra decisão; IV – não enfrentar todos os argumentos deduzidos no processo capazes de, em tese, infirmar a conclusão adotada pelo julgador; V – se limitar a invocar precedente ou enunciado de súmula, sem identificar seus fundamentos determinantes nem demonstrar que o caso sob julgamento se ajusta àqueles fundamentos; VI – deixar de seguir enunciado de súmula, jurisprudência ou precedente invocado pela parte, sem demonstrar a existência de distinção no caso em julgamento ou a superação do entendimento. (...)".

---

81. "EMBARGOS DE DECLARAÇÃO. ALEGAÇÃO DE OMISSÃO. NÃO ACOLHIMENTO. JULGADOR QUE NÃO ESTÁ OBRIGADO A SE MANIFESTAR EXPRESSAMENTE SOBRE TODOS OS DISPOSITIVOS LEGAIS E ARGUMENTOS LEVANTADOS PELA PARTE, DEVENDO, NO ENTANTO, ENFRENTAR – COMO NA ESPÉCIE – AS QUESTÕES CAPAZES DE INFIRMAR A CONCLUSÃO ADOTADA NA DECISÃO RECORRIDA. PREQUESTIONAMENTO EXPRESSO. DESNECESSIDADE. INTELIGÊNCIA DO ART. 1.025 DO CPC. EMBARGOS DECLARATÓRIOS CONHECIDOS E NÃO PROVIDOS" (TJPR, ED 00585698720118160001, publicado em 9.5.2022).

Como percebemos, a lei processual estabelece que **a decisão não fundamentada é considerada omissa**, relacionando as situações em que isso ocorre, dando margem à interposição do recurso de embargos de declaração.

Quanto à **obscuridade**, é caracterizada pelo fato de **a decisão não ser plenamente inteligível**, seja porque o magistrado fez uso de palavras ou de expressões inexatas, dúbias, porque não se expressou adequadamente ou ainda porque fez uso de linguagem rebuscada, permitindo interpretações divergentes.

Ironizando o uso do denominado "juridiquês" (entendido como "o uso excessivo do jargão jurídico e de termos técnicos usados pelos operadores de Direito, como expressões complexas, de escrita difícil e o uso do latim"[82]), em entrevista à CBN TOTAL, em que falou sobre o tema "O Judiciário ao alcance de todos", o desembargador Rodrigo Collaço defendeu a simplificação da linguagem jurídica. Vejamos trecho da sua advertência:

> "O vetusto vernáculo manejado no âmbito dos excelsos pretórios, inaugurado a partir da peça *ab ovo*, contaminando as súplicas do petitório, não repercute na cognoscência dos frequentadores do átrio forense. *Ad excepcionem* o instrumento do remédio heróico e o *jus laboralis*, onde o *jus postulandi* sobeja em beneplácito do paciente (impetrante) e do obreiro. Hodiernamente, no mesmo diapasão, elencam-se os empreendimentos *in judicium specialis*, curiosamente primando pelo rebuscamento, ao revés do perseguido em sua prima gênese".

Embora o linguajar jurídico seja naturalmente rebuscado, alguns magistrados exageram ao elaborar as decisões judiciais, que devem ser compreendidas sem qualquer dificuldade, permitindo o cumprimento dos pronunciamentos.

No que toca à **contradição**, é marcada pelo conflito (ou atrito(entre trechos da decisão judicial. Exemplificativamente, pensando numa sentença, imagine que o juiz a prolata afirmando que o réu teria dado causa ao acidente, na parte intermediária do pronunciamento, concluindo-a com a afirmação de que julga a ação pela improcedência dos pedidos, dando razão ao réu.

Finalmente, por **erro material**, entenda-se equívocos na escrita da decisão judicial[83], como na situação em que o juiz julga a ação de indenização por perdas e danos pela procedência dos pedidos, condenando o vencido ao pagamento de indenização por danos morais e por danos materiais, cada qual fixada em

---

82. Conforme LEANDRO BRUNO F. MELLO SANTOS, em ressalva constante em https://analise.com/noticias/fim-do-juridiques-na-pratica-juridica, acesso em 31.5.2022.

83. "O 'erro material' pode ser conceituado como o equívoco ou inexatidão relacionado a aspectos objetivos como um cálculo errado, ausência de palavras, erros de digitação, troca de nome etc. Afasta-se desse conceito, portanto, o entendimento de um magistrado sobre determinada matéria" (FLUMIGNAN, Silvano José Gomes. *Quando a adoção de um posicionamento pelo magistrado configura 'erro material'*. www.conjur.com.br, acesso em 23.10.2016).

R$ 10.000,00 (dez mil reais), ao final condenando o vencido ao pagamento da quantia de R$ 30.000,00 (trinta mil reais).

O recurso de embargos de declaração não pode fazer às vezes do recurso principal, e, por isso, só pode ser interposto quando a parte consegue demonstrar o preenchimento de um dos requisitos específicos, estudados nesta seção, sob pena de não ser conhecido[84], **não se prestando para que o interessado denuncie a alegada injustiça da decisão**, o que deve ser exposto no recurso principal.

Lembre-se:

- **Omissão** = não enfrentamento de questão relevante.

- **Obscuridade** = decisão difícil de ser compreendida.

- **Contradição** = atrito entre partes da decisão embargada.

- **Erro material** = equívoco na escrita da decisão embargada.

2.4.5 Prazo para a interposição do recurso de embargos de declaração

Os embargos de declaração devem ser interpostos no prazo de **5 (cinco) dias uteis**, contado em dobro quando o recurso é apresentado:

(a) Pelo **Ministério Público**, como parte ou como fiscal da ordem jurídica.[85]

(b) Pela **Advocacia Pública**, na defesa dos direitos da União, dos Estados, do Distrito Federal, dos Municípios e das suas respectivas autarquias e fundações de direito público[86].

(c) Pela **Defensoria Pública**, atuando na defesa do denominado pobre na forma da lei.[87]

(d) Por **litisconsortes** com diferentes procuradores, desde que integrem escritórios de advocacia distintos e que o processo não tenha curso em autos eletrônicos.

---

84. "EMBARGOS DE DECLARAÇÃO. INEXISTÊNCIA DE OMISSÃO, OBSCURIDADE OU CONTRADIÇÃO. Não foi indicado qualquer vício a ser sanado pela via dos embargos de declaração. Pretensão de reapreciação de alegações e fatos, com escopo de novo julgamento. Impossibilidade. Embargos rejeitados" (TJSP, Embargos de Declaração nº 10094399620218260320, publicado em 16.5.2022).

85. "Art. 180. O Ministério Público gozará de prazo em dobro para manifestar-se nos autos, que terá início a partir de sua intimação pessoal, nos termos do art. 183, § 1º. (...)".

86. "Art. 183. A União, os Estados, o Distrito Federal, os Municípios e suas respectivas autarquias e fundações de direito público gozarão de prazo em dobro para todas as suas manifestações processuais, cuja contagem terá início a partir da intimação pessoal. (...)".

87. "Art. 186. A Defensoria Pública gozará de prazo em dobro para todas as suas manifestações processuais. (...)".

Os litisconsortes não gozarão da prerrogativa da contagem do prazo em dobro se o processo tiver curso em autos físicos, mesmo que estejam representados por advogados distintos, e mesmo que integrem escritórios de advocacia igualmente distintos.

Situação	Prazo
Interposição dos ED's por pessoa natural ou por pessoa jurídica de direito privado	5 dias úteis
Interposição dos ED's pelo Ministério Público como parte	10 dias úteis
Interposição dos ED's pelo Ministério Público como fiscal da ordem jurídica	10 dias úteis
Interposição dos ED's pela Advocacia Pública	10 dias úteis
Interposição dos ED's pela Defensoria Pública	10 dias úteis
Interposição dos ED's por litisconsortes representados por diferentes procuradores, integrantes de escritórios de advocacia distintos, em processo que tem curso em autos físicos	10 dias úteis
Interposição dos ED's por litisconsortes representados por diferentes procuradores, integrantes de escritórios de advocacia distintos, em processo que tem curso em autos eletrônicos	5 dias úteis
Interposição dos ED's por litisconsortes representados por diferentes procuradores, integrantes de um mesmo escritório de advocacia, em processo que tem curso em autos eletrônicos ou em autos físicos	5 dias úteis

2.4.5.1 Prazo para a interposição dos embargos de declaração no âmbito dos Juizados Especiais Cíveis

Se o processo tem curso pelo rito sumaríssimo, no âmbito dos Juizados Especiais Cíveis, proferida a decisão, o interessado dispõe do prazo de **5 (cinco) dias úteis** para interpor o recurso de embargos de declaração (art. 12-A da Lei nº 9.099/95[88]), como no regime do CPC, com a ressalva de que esse é o prazo mesmo que o processo apresente litisconsortes representados por advogados distintos, integrantes de escritórios de advocacia igualmente distintos, nos termos do **Enunciado 164 do FONAJE**, com a seguinte redação: "O art. 229, *caput*, do CPC/2015 não se aplica ao Sistema de Juizados Especiais".

Vejamos a justificativa do Enunciado:

"Esse enunciado se justifica diante do advento do Novo Código de Processo Civil (Lei 13.105, de 16 de março de 2015), que trouxe várias modificações para o processo civil brasileiro. Entretanto, a Lei 9.099/95 traz procedimento próprio orientado pelos critérios estabelecidos no seu artigo 2º, quais sejam: oralidade, simplicidade, economia processual e celeridade, tratando-se de um procedimento especial, diverso daquele preconizado pelo Código de Processo

---

88. "Art. 12-A. Na contagem de prazo em dias, estabelecido por lei ou pelo juiz, para a prática de qualquer ato processual, inclusive para a interposição de recursos, computar-se-ão somente os dias úteis".

Civil. E assim, apesar do art. 10 da Lei 9.099/95 admitir o litisconsórcio, diante do princípio da celeridade, orientador do sistema dos Juizados Especiais, inaplicável o disposto no art. 229, *caput*, do CPC/2015, pois prolongaria demasiadamente o procedimento, tornando-o mais moroso e violando, portanto, o princípio acima referido".

2.4.5.2 Interrupção do prazo para a interposição do recurso principal

A apresentação dos embargos de declaração **interrompe o prazo para a interposição do recurso principal** (agravo de instrumento, apelação, recurso especial ou recurso extraordinário, principalmente), **em favor de ambas as partes**, não apenas de quem o utilizou. Estamos falando de interrupção, não de suspensão.

Por isso, se a parte interpôs o recurso de embargos de declaração no 5º (quinto) e último dia do prazo, proferida decisão julgando-o, **disporá da totalidade do prazo para a interposição do recurso principal**, <u>sem abater os dias utilizados na interposição daquele remédio processual</u>.

A regra é idêntica, no âmbito dos Juizados Especiais Cíveis, por força dos artigos 50 e 83 da Lei nº 9.099/95, que têm a seguinte redação:

"Art. 50. Os embargos de declaração interrompem o prazo para a interposição de recurso".

"Art. 83. Cabem embargos de declaração quando, em sentença ou acórdão, houver obscuridade, contradição ou omissão. (...) § 2º Os embargos de declaração interrompem o prazo para a interposição de recurso".

Nos casos de sucumbência recíproca, considerando a possibilidade de uma das partes interpor o recurso principal (apelação, por exemplo), sem saber que a outra fez uso dos embargos de declaração (lembre-se: que interrompe o prazo para a apresentação do recurso principal, em favor de ambas as partes), a lei processual contém regras que disciplinam essa situação, nos §§ 4º e 5º do seu art. 1.024:

"Art. 1.024. (...) § 4º Caso o acolhimento dos embargos de declaração implique modificação da decisão embargada, o embargado que já tiver interposto outro recurso contra a decisão originária tem o direito de complementar ou alterar suas razões, nos exatos limites da modificação, no prazo de 15 (quinze) dias, contado da intimação da decisão dos embargos de declaração. § 5º Se os embargos de declaração forem rejeitados ou não alterarem a conclusão do julgamento anterior, o recurso interposto pela outra parte antes da publicação do julgamento dos embargos de declaração será processado e julgado independentemente de ratificação".

Exemplificativamente, pensemos em sentença que condena o réu ao pagamento de indenização, estabelecendo, na sua parte final, que os honorários advocatícios devem ser pagos proporcionalmente pelas partes, à razão de 30% (trinta por cento) pelo autor e de 70% (setenta por cento) pelo réu, sob o fundamento de que aquele não teria logrado êxito total, decaindo em alguns pedidos formulados na petição inicial.

Intimado da sentença, o réu interpõe apelação, enquanto o autor apresenta o recurso de embargos de declaração, fundado na alegação de que todos os pedidos que formulou na petição inicial foram acolhidos, e que, por conta disso, não houve sucumbência recíproca, solicitando a modificação da sentença, apenas na parte em que o juiz deliberou sobre o pagamento dos honorários advocatícios.

Ao julgar o recurso de embargos de declaração, o magistrado reconhece que todos os pedidos formulados na petição inicial foram acolhidos (ou seja, que se equivocou), resultando no provimento do recurso intermediário, modificando parcialmente a sentença, apenas para condenar o réu ao pagamento integral dos honorários advocatícios em favor do advogado do autor.

Publicada essa nova decisão, o réu disporá do prazo de 15 (quinze) dias, não para interpor a apelação, porque já o fez, mas para modificá-la ou alterá-la, apenas na parte referente à sua condenação ao pagamento dos honorários advocatícios, sem adotar a mesma técnica quanto às demais questões.

2.4.6 Possibilidade de execução do pronunciamento atacado pelos embargos de declaração

O *caput* do art. 1.026 do CPC e o seu § 1º têm a seguinte redação:

> "Art. 1.026. Os embargos de declaração não possuem efeito suspensivo e interrompem o prazo para a interposição de recurso. § 1º A eficácia da decisão monocrática ou colegiada poderá ser suspensa pelo respectivo juiz ou relator se demonstrada a probabilidade de provimento do recurso ou, sendo relevante a fundamentação, se houver risco de dano grave ou de difícil reparação. (...)".

A lei processual prevê que **a interposição do recurso de embargos de declaração não suspende a eficácia da decisão**. Assim, pensando em sentença que julga ação de alimentos pela procedência dos pedidos e que condena o réu ao pagamento de determinada soma em dinheiro, em prestações mensais, estas são de logo devidas e podem ser executadas, mesmo que o vencido interponha o recurso de embargos de declaração, e mesmo que este demore meses ou anos para ser julgado.

A atribuição excepcional do efeito suspensivo ao recurso de embargos de declaração, para suspender a eficácia da decisão, depende da comprovação do preenchimento dos requisitos relacionados no § 1º do artigo anteriormente reproduzido, que, por analogia, correspondem ao *fumus boni juris* e ao *periculum in mora*, embora a probabilidade de provimento do recurso seja requisito muito mais rígido, se comparado ao *fumus boni juris*.

Quando o efeito suspensivo é concedido ou negado pelo relator, no âmbito do tribunal, o pronunciamento pode ser atacado pelo recurso de agravo interno, no prazo geral de 15 (quinze) dias e com fundamento no art. 1.021.

2.4.6.1 Minuta comentada de petição que requer a concessão do efeito suspensivo aos embargos de declaração

Excelentíssimo Senhor Desembargador Federal **JOÃO DOS SANTOS** – Mui digno Relator dos Embargos de Declaração na Apelação Cível nº 010020030-57.2022.4.05.8300[89].

FELIPE DE MELO, por seu advogado, nos autos dos **Embargos de Declaração na Apelação Cível** nº 0890319-57.2014.4.05.8300, interpostos contra a **UNIÃO FEDERAL**, vem, por meio desta, com fundamento no § 1º do art. 1.026 do CPC, <u>requerer a concessão excepcional do efeito suspensivo ao recurso intermediário</u>[90], de acordo com as razões de fato e de direito adiante aduzidas:

01. Conforme percebemos através da análise dos autos, a liminar concedida na instância monocrática permitiu que o peticionário fosse admitido no **Curso Preparatório de Cadetes do Ar 2014 (CPCAR 2014)**, oferecido pela Escola Preparatória de Cadetes-do-AR, sob a supervisão do Comando Aeronáutico, que resultou na conclusão do primeiro e do segundo anos do citado curso, nos termos da documentação em anexo.

02. A liminar anteriormente referida foi cassada por ocasião do julgamento do recurso de apelação interposto pela parte contrária contra a sentença proferida pela autoridade de piso, decisão que foi atacada pela interposição do recurso de embargos de declaração, que se encontra pendente de julgamento.

03. Considerando que o recurso intermediário não suspende a eficácia da decisão (art. 1.026 do CPC/2015, *caput*), o pronunciamento judicial da lavra desse Egrégio Pretório foi imediatamente cumprido pela diretoria da Escola Preparatória de Cadetes-do-Ar, acarretando no "desimpedimento" do peticionário, nos termos da ficha que segue em anexo.

04. Com isso, embora o peticionário tenha cursado os nove primeiros meses do ano de 2020, no terceiro ano do curso de formação anteriormente referido, **encontra-se na iminência de ser desligado do mesmo curso nas vésperas da sua conclusão**, como demonstra o calendário em anexo, ficando impedido, até mesmo, de realizar a terceira prova parcial, aprazada para os dias 25.10 a 01.11.

05. A situação reportada em linhas anteriores justifica o protocolo desta manifestação processual, através da qual o peticionário persegue a concessão de efeito excepcional aos embargos de declaração opostos, com fundamento no § 1º do art. 1.026 da lei processual, que tem a seguinte redação:

> "Art. 1.026. Os embargos de declaração não possuem efeito suspensivo e interrompem o prazo para a interposição de recurso. § 1º. <u>A eficácia da decisão monocrática ou colegiada poderá ser suspensa</u> pelo respectivo juiz ou relator se demonstrada a <u>probabilidade de provimento do recurso</u> ou, sendo <u>relevante a fundamentação, se houver risco de dano grave ou de difícil reparação</u>. (...)" (grifos nossos).

06. No caso concreto, a relevância da fundamentação está mais do que evidenciada, além do imenso risco de ocorrência de dano de difícil reparação, pois o peticionário

---

89. O pedido de atribuição do efeito suspensivo ao recurso de embargos de declaração pode ser formulado na petição de interposição desse recurso, como preliminar, ou em petição avulsa, dirigida ao juiz ou ao relator, a depender de o processo em que a decisão foi proferida se encontrar no 1º ou no 2º grau de jurisdição.

90. O embargante deve comprovar o preenchimento dos requisitos exigidos para a concessão do efeito suspensivo aos embargos de declaração, como tais, a **probabilidade de provimento do recurso** ou, sendo relevante a fundamentação, o **risco de dano grave ou de difícil reparação**.

será reprovado no terceiro ano do curso anteriormente indicado, se não prestar as provas marcadas para o final deste mês, perdendo todo o ano letivo.

07. Além dos argumentos expostos na peça que "transportou" o recurso de embargos de declaração, ratificados neste momento processual, o peticionário destaca a necessidade de observância da **Teoria do Fato Consumado**, amplamente aceita pela jurisprudência, baseada, principalmente, nos princípios constitucionais da segurança jurídica, da boa-fé e da dignidade da pessoa humana, conforme demonstram os julgados adiante transcritos:

"ADMINISTRATIVO. MANDADO DE SEGURANÇA. EXAME NACIONAL DE DESEMPENHO DOS ESTUDANTES (ENADE). OBRIGATORIEDADE. COLAÇÃO DE GRAU. SITUAÇÃO FÁTICA CONSOLIDADA. **APLICAÇÃO DA TEORIA DO FATO CONSUMADO**. A jurisprudência desta Corte Superior de Justiça é no sentido de que o Exame Nacional do Desempenho dos Estudantes (ENADE) é obrigatório a todos os estudantes convocados regularmente para a sua realização, não sendo ilegal o condicionamento a colação de grau e, consequentemente, a obtenção do diploma de curso superior, ao comparecimento ao referido exame. **Ocorre que, no presente caso, levando-se em conta que já houve a outorga do grau à impetrante, há que ser considerada consolidada a situação de fato**. Conforme se extrai dos autos, a liminar concedida em primeira instância possibilitou que a recorrida obtivesse o diploma de conclusão do curso de agronomia (fls. 128), há quase dois anos, sendo natural que esteja valendo-se de sua formação para exercer sua profissão e prover o seu sustento. **Há uma solidificação de situações fáticas ocasionada em razão do decurso de tempo entre a colação de grau e os dias atuais, de maneira que, a reversão desse quadro implicaria inexoravelmente em danos desnecessários e irreparáveis ao agravado. Assim, em casos excepcionais, em que a restauração da estrita legalidade ocasionaria mais danos sociais do que a manutenção da situação consolidada pelo decurso do tempo (conclusão do curso e obtenção do diploma), por intermédio do mandado de segurança concedido, a jurisprudência do Superior Tribunal de Justiça tem se firmado no sentido de aplicar a teoria do fato consumado**" (STJ, AgRg no REsp 1409341 PE 2013/0339547-4) (grifamos).

"EMBARGOS DE DIVERGÊNCIA EM RECURSO ESPECIAL - **APLICAÇÃO DA TEORIA DO FATO CONSUMADO EM CONCURSO PÚBLICO** - POSSIBILIDADE - PRECEDENTES - PREVALÊNCIA E RELEVÂNCIA DOS PRINCÍPIOS DA DIGNIDADE DA PESSOA HUMANA, DA BOA-FÉ E DA SEGURANÇA JURÍDICA SOBRE O PRINCÍPIO DA LEGALIDADE ESTRITA - EMBARGOS ACOLHIDOS. A aplicação da 'teoria do fato consumado', em concurso público, é possível, uma vez que corresponde à convalidação de uma situação de fato ilegal, **que se perdurou ao longo do tempo, dada a relevância e a preponderância dos princípios da dignidade da pessoa humana, da boa-fé e da segurança jurídica, sobre o próprio princípio da legalidade estrita. Precedentes. Urge se conceber o princípio da primazia da norma mais favorável ao cidadão, juntamente com a 'teoria do fato consumado', quando o jurisdicionado, de boa-fé, permanece no cargo, ao longo de vários anos, dada a demora da prestação jurisdicional e a inércia da Administração**. Efetividade à garantia prevista no art. 5º, inciso LXXVIII, CR/88, com a redação dada pela Emenda Constitucional nº 45 /2004. Embargos de divergência acolhidos" (STJ, EREsp 446077 DF 2004/0127683-8) (grifamos).

"AGRAVO REGIMENTAL EM RECURSO ESPECIAL. CONCURSO PÚBLICO. EXAME DE ACUIDADE VISUAL. RECONHECIMENTO DA ILEGALIDADE DA EXIGÊNCIA PELAS INSTÂNCIAS ORDINÁRIAS POR AUSÊNCIA DE PREVISÃO LEGAL. DEFICIÊNCIA SUSCETÍVEL DE TRATAMENTO EFICAZ. **TEORIA DO FATO CONSUMADO. APLICAÇÃO PELO TRIBUNAL A QUO**. AGRAVO REGIMENTAL DESPROVIDO. O exame de saúde exigido além dos padrões de normalidade para qualquer concurso público (no caso, teste de acuidade visual), enquadra-se nos requisitos objetivos para ingresso no serviço público e tem sua legalidade subordinada à sua previsão legal em estrita consideração às funções a serem exercidas pelo futuro Servidor, e à objetividade dos critérios utilizados. Forçoso reconhecer que para se chegar à conclusão diversa daquela a que chegaram as instâncias ordinárias, acerca da ilegalidade do exame de acuidade visual por ausência de previsão legal para tanto, bem como por se tratar de deficiência suscetível de tratamento eficaz, necessitar-se-ia proceder ao reexame do acervo fático-probatório dos autos, o que é vedado em Recurso Especial, a teor da Súmula 07/STJ **A teoria do fato consumado, apesar de aplicação excepcional nas relações regidas pelo Direito Administrativo, não pode ser ignorada quando o aprovado em seleção pública demonstra, no desempenho da atividade, a irrelevância da deficiência apontada para o seu exercício, inclusive por não registrar qualquer restrição ao desempenho funcional**. Agravo Regimental desprovido" (STJ, AgRg no REsp 968836 PR 2007/0148919-8) (grifamos).

08. Desse modo, comprovada a situação de urgência, consistente no desligamento do peticionário do curso referido em linhas anteriores, o que impedirá a conclusão do 3º ano, e a relevância da fundamentação, que decorre da relevância dos argumentos expostos na peça de interposição do recurso de embargos de declaração e na pacífica aplicação da teoria do fato consumado, o peticionário requer se digne Vossa Excelência a conceder o efeito suspensivo excepcional ao recurso intermediário, permitindo, com isso, a conclusão do 3º ano do curso em que o embargante se encontra matriculado, evitando que a produção dos efeitos da decisão colegiada que proveu o recurso interposto pela União Federal cause dano irreparável ao estudante, em momento tão importante de sua formação[91].

Nestes termos, pede deferimento.

Local e data.

Nome do advogado

OAB

2.4.7 Prequestionamento implícito

O art. 1.025 do CPC apresenta a seguinte redação:

"Art. 1.025. Consideram-se incluídos no acórdão os elementos que o embargante suscitou, para fins de pré-questionamento, ainda que os embargos de declaração sejam inadmitidos ou rejeitados, caso o tribunal superior considere existentes erro, omissão, contradição ou obscuridade".

Antes da aprovação do CPC/2015, o STJ e o STF divergiam sobre a possibilidade de o Tribunal Superior considerar a matéria prequestionada, para permitir o julgamento do recurso especial e do recurso extraordinário, quando, a despeito da apresentação do recurso de embargos de declaração na origem, o tribunal local o inadmitia ou o rejeitava.

Nesse sentido, a Súmula 211 do STJ (que deve ser considerada superada) apresenta a seguinte redação:

---

91. Quando o pedido de atribuição do efeito suspensivo ao recurso de embargos de declaração é formulado em petição avulsa, o embargante não requer o provimento desse recurso, mas apenas a atribuição do efeito suspensivo, pois o pedido de provimento já foi formulado na petição em que a parte interpôs o recurso.

"Inadmissível recurso especial quanto à questão que, a despeito da oposição de embargos declaratórios, não foi apreciada pelo Tribunal *a quo*".

Diferentemente, apreciando e deliberando sobre questão de ordem suscitada no julgamento do RE 219934/SP, o Tribunal Pleno do STF se contentou com o denominado *prequestionamento ficto*. Assim, seguida a posição do STJ, quando a parte interpõe recurso de embargos de declaração, para forçar o tribunal local a se manifestar expressamente sobre determinada matéria (leia-se: sobre a alegada ofensa à norma infraconstitucional) e o órgão colegiado do tribunal não conhece do recurso ou lhe nega provimento, sem se manifestar sobre a matéria (ou seja, afirmando que inexiste omissão), o recurso especial interposto pela parte deveria se fundar na tese de violação ao inciso II do art. 535 do CPC/73.

O CPC/2015 adotou a posição assumida pelo STF, para considerar incluídos no acórdão os elementos que o embargante suscitou, para fins de prequestionamento da matéria, mesmo que os ED's sejam inadmitidos ou rejeitados, vale dizer, mesmo que o tribunal local tenha afirmado a inexistência de omissão, de obscuridade e/ou de contradição, de forma genérica.

2.4.8 Procedimento

Interposição do recurso[92]

↓

Julgamento ou ouvida da parte contrária[93]

↓

Interposição do recurso principal[94]

---

92. No prazo geral de 5 (cinco) dias úteis, sendo dirigido ao juízo que prolatou a decisão interlocutória ou a sentença ou ao relator do recurso ou da ação que tramita no tribunal.

93. A parte contrária só é intimada para impugnar o recurso de embargos de declaração quando este tem pretensão modificativa ou infringente. Não sendo o caso, o recurso é julgado independentemente do estabelecimento do contraditório.

94. Agravo de instrumento, se a decisão atacada é de natureza interlocutória; apelação, se for sentença; recurso especial e/ou recurso extraordinário, principalmente, se for acórdão, apenas para exemplificar.

2.4.9   Minuta comentada de embargos de declaração

Excelentíssimo Senhor Desembargador **JOÃO DA SILVA** – Mui Digno Relator da Ação Rescisória nº 341010 - 6[95].

JOÃO DA SILVA, por seu advogado, nos autos da **Ação Rescisória** proposta pelo **BANCO ABC S.A.**, processo nº 341010 - 6, havendo sido intimado do teor do v. acórdão em que a 1ª Câmara Cível desse e. Pretório julgou a ação pela improcedência dos pedidos, não obstante isso, fixando a verba honorária em R$ 20.000,00 (vinte mil reais), vem, por meio desta e no prazo legal de 5 (cinco) dias uteis, interpor **EMBARGOS DE DECLARAÇÃO COM PRETENSÃO MODIFICATIVA OU INFRINGENTE**[96], de acordo com as razões de fato e de direito adiante aduzidas:

01. Não obstante o acerto do órgão colegiado desse e. Tribunal, em ter julgado a ação rescisória proposta pela parte contrária pela improcedência dos pedidos, o acórdão que desatou o feito merece mínima modificação, especificamente na sua parte final, na qual o citado órgão fixou os honorários sucumbenciais em R$ 20.000,00 (vinte mil reais), não utilizando o valor da causa como base de cálculo, como estabelece o § 2º do art. 85 da lei processual.

02. Examinando os autos, percebemos que a ação rescisória ajuizada pela adversa parte apresentou discussão processual intensa, tendo sido rebatida pela apresentação de contestação, pela oposição de impugnação ao valor da causa, pela prolação de julgado que acolheu o citado incidente, pela interposição de recurso pela parte autora, rebatido pelo peticionário, sem falar na atuação do subscritor desta manifestação processual na sessão de julgamento, quando realizou sustentação oral.

03. As considerações expostas no parágrafo anterior pretendem demonstrar a esses doutos Julgadores que a tramitação da ação rescisória foi marcada por litigiosidade intensa, reclamando atuação igualmente intensa por parte dos advogados das partes, sendo desproporcional à verba honorária fixada.

04. Assim, o peticionário entende ter sido malferido o § 2º do art. 85 do CPC, adiante reproduzido:

"Art. 85. (...) § 2º Os honorários serão fixados entre o mínimo de dez e o máximo de vinte por cento sobre o valor da condenação, do proveito econômico obtido ou, não sendo possível mensurá-lo, sobre o valor atualizado da causa, atendidos: I) o grau de zelo do profissional; II) o lugar de prestação do serviço; III) a natureza e a importância da causa; IV) o trabalho realizado pelo advogado e o tempo exigido para o seu serviço. (...)".

05. Em casos semelhantes, o Colendo STJ consolidou o entendimento de que o valor da causa deve ser utilizado como base de cálculo na fixação da verba honorária, até mesmo porque a ação não foi extinta sem a resolução do mérito, mas julgada improcedente. Vejamos os precedentes jurisprudenciais:

"A jurisprudência da Terceira Seção firmou entendimento no sentido de que, julgada improcedente a ação rescisória, devem os honorários ser fixados em percentual sobre o valor da causa ou serem arbitrados, nos termos do art. 20, § 4.º, do Código de Processo Civil (correspondendo ao § 2º do art. 85 do novo CPC), na medida em que inexiste conde-

---

95. O recurso de embargos de declaração deve ser endereçado ao relator, quando a decisão é proferida por este ou por órgão colegiado do tribunal, como uma Câmara Cível.

96. A indicação de que o recurso tem pretensão modificativa ou infringente serve para alertar o relator da necessidade de estabelecer o contraditório, através da intimação do embargado, concedendo-lhe a oportunidade de oferecer impugnação (ou contrarrazões) no prazo de 5 (cinco) dias uteis.

nação capaz de servir de base de cálculo (EDcl na AR 1.735/AL, Rel. Ministra Laurita Vaz, Terceira Seção, *DJe* 06/10/2011). Embargos de declaração da União acolhidos. Embargos de Declaração do Sindicato autor acolhidos parcialmente apenas para fixar os honorários advocatícios em 10% sobre o valor atribuído à causa" (STJ, EDcl no REsp 706497/CE, 6ª Turma, rel. Ministro NEFI CORDEIRO).

"PROCESSUAL CIVIL. PREVIDENCIÁRIO. AÇÃO RESCISÓRIA. CUMULAÇÃO DE APO-SENTADORIAS POR TEMPO DE SERVIÇO E ACIDENTÁRIA. INTERPRETAÇÃO CON-TROVERTIDA. SÚMULA 343/STF. HONORÁRIOS ADVOCATÍCIOS. AÇÃO JULGADA IMPROCEDENTE. 'Não cabe ação rescisória por ofensa a literal disposição de lei, quando a decisão rescindenda se tiver baseado em texto legal de interpretação controvertida nos tribunais' (Súmula 343/STF). Honorários advocatícios estabelecidos em 10% sobre o valor da causa. Ação rescisória julgada improcedente" (STJ, AR 1343/SP, 3ª Seção, rel. Ministro ARNALDO ESTEVES LIMA).

"PROCESSO CIVIL. AÇÃO RESCISÓRIA. HONORÁRIOS ADVOCATÍCIOS. ART. 20, § 3º, DO CPC (correspondendo ao § 2º do art. 85 do novo CPC). VIOLAÇÃO NÃO CONFIGURADA. Acórdão rescindendo que inverte o ônus sucumbencial sem alterar critério de fixação de honorários. Réu condenado a pagar honorários sobre o valor da causa. O art. 20, § 3º, do CPC (correspondendo ao § 2º do art. 85 do novo CPC), determina a fixação dos honorários advocatícios entre o mínimo de 10% (dez por cento) e um máximo de 20% (vinte por cento) sobre o valor da condenação. Violação a literal disposição de lei não configurada face a entendimentos divergentes já proferidos por esta Corte. Pedido improcedente" (STJ, AR 1714/PR, 1ª Seção).

06. Desse modo, é induvidosa a necessidade de reforma do julgado atacado, através do provimento deste recurso, com efeito infringente, técnica admitida tanto pela doutrina quanto pela jurisprudência[97].

DO PEDIDO

07. Posta a questão nesses termos, o embargante requer se dignem Vossas Excelência a, preferencialmente, **DAR PROVIMENTO AO RECURSO**, com o fito de modificar em parte a decisão combatida, para fixar os honorários advocatícios em 20% (vinte por cento) do valor da causa, ou, secundariamente, o que é admitido por mero amor ao debate, conhecer deste recurso, como instrumento necessário para preencher o requisito do prequestionamento da matéria.

Nestes termos, pede deferimento.

Local e data.

Nome do advogado

OAB

---

97. No caso concreto, embora inexista omissão, obscuridade ou contradição a ser sanada, a interposição do recurso de embargos de declaração é necessária, para exaurir a instância ordinária (1º e 2º graus de jurisdição), realizando o denominado prequestionamento, evitando que o recurso especial a ser interposto na sequência tenha seguimento negado, por afronta à Súmula 282 do STF ("É inadmissível o recurso extraordinário, quando não ventilada, na decisão recorrida, a questão federal suscitada"). Embora a súmula reproduzida faça referência ao recurso extraordinário, também é aplicável ao recurso especial.

2.5 RECURSO ORDINÁRIO. NORMAS DE REGÊNCIA

O art. 1.027 do CPC apresenta a seguinte redação:

"Art. 1.027. Serão julgados em recurso ordinário: I - pelo Supremo Tribunal Federal, os mandados de segurança, os *habeas data* e os mandados de injunção decididos em única instância pelos tribunais superiores, quando denegatória a decisão; II - pelo Superior Tribunal de Justiça: a) os mandados de segurança decididos em única instância pelos tribunais regionais federais ou pelos tribunais de justiça dos Estados e do Distrito Federal e Territórios, quando denegatória a decisão; b) os processos em que forem partes, de um lado, Estado estrangeiro ou organismo internacional e, de outro, Município ou pessoa residente ou domiciliada no País. § 1º Nos processos referidos no inciso II, alínea "b", contra as decisões interlocutórias caberá agravo de instrumento dirigido ao Superior Tribunal de Justiça, nas hipóteses do art. 1.015. § 2º Aplica-se ao recurso ordinário o disposto nos arts. 1.013, § 3º, e 1.029, § 5º".

Além das normas processuais, no âmbito da CF, destacamos os seguintes dispositivos que versam sobre o recurso ordinário:

"Art. 102. Compete ao Supremo Tribunal Federal, precipuamente, a guarda da Constituição, cabendo-lhe: (...) II – julgar em recurso ordinário: a) o *habeas corpus*, o mandado de segurança, o *habeas data* e o mandado de injunção decididos em única instância pelos Tribunais Superiores, se denegatória a decisão; (...)"

"Art. 105. Compete ao Superior Tribunal de Justiça: (...) II - julgar, em recurso ordinário: a) os habeas corpus decididos em única ou última instância pelos Tribunais Regionais Federais ou pelos tribunais dos Estados, do Distrito Federal e Territórios, quando a decisão for denegatória; b) os mandados de segurança decididos em única instância pelos Tribunais Regionais Federais ou pelos tribunais dos Estados, do Distrito Federal e Territórios, quando denegatória a decisão; c) as causas em que forem partes Estado estrangeiro ou organismo internacional, de um lado, e, do outro, Município ou pessoa residente ou domiciliada no País".

O art. 18 da Lei nº 12.016/09 também se refere ao recurso ordinário, como percebemos através da sua leitura:

"Art. 18. Das decisões em mandado de segurança proferidas em única instância pelos tribunais cabe recurso especial e extraordinário, nos casos legalmente previstos, e recurso ordinário, quando a ordem for denegada."

Sobre o processamento e o julgamento do recurso ordinário em *habeas corpus* e em mandado de segurança, os arts. 244 a 248 do RISTJ apresentam a seguinte redação:

"Art. 244. O recurso ordinário em *habeas corpus* será interposto na forma e no prazo estabelecidos na legislação processual vigente".

"Art. 245. Distribuído o recurso, a Secretaria fará os autos com vista ao Ministério Público pelo prazo de dois dias. Parágrafo único. Conclusos os autos ao relator, este submeterá o feito a julgamento na primeira sessão que se seguir à data da conclusão".

"Art. 246. Será aplicado, no que couber, ao processo e julgamento do recurso, o disposto com relação ao pedido originário de *habeas corpus* (artigos 201 e seguintes)".

"Art. 247. Aplicam-se ao recurso ordinário em mandado de segurança, quanto aos requisitos de admissibilidade e ao procedimento no Tribunal recorrido, as regras do art. 1.028 do Código de Processo Civil".

"Art. 248. Distribuído o recurso, a Secretaria fará os autos com vista ao Ministério Público pelo prazo de cinco dias. Parágrafo único. Conclusos os autos ao relator, este pedirá dia para julgamento".

2.5.1 Objeto do recurso ordinário

O objeto do recurso ordinário é o **acórdão proferido pelo Tribunal Superior, pelo Tribunal Regional Federal ou pelo Tribunal de Justiça Estadual, do Distrito Federal e Territórios**, em mandados de segurança de sua competência originária, sendo a decisão denegatória.

Além disso, o recurso ordinário pode ter por objeto o acórdão proferido no julgamento de *habeas data* ou de mandado de injunção, por Tribunal Superior, no exercício de sua competência originária, ou em processo em que forem partes, de um lado, Estado estrangeiro ou organismo internacional e, de outro, Município ou pessoa residente ou domiciliada no país.

Resultado do julgamento do MS no âmbito dos tribunais relacionados no art. 1.027 do CPC	Recurso adequado ao combate da decisão
Denegação da ordem	Recurso ordinário
Concessão da ordem	Recurso especial e/ou recurso extraordinário

2.5.2 Prazo para a interposição do recurso ordinário

O recurso ordinário deve ser interposto no prazo de 15 (quinze) dias uteis, contado em dobro quando apresentado:

(a) Pelo **Ministério Público**, como parte ou como fiscal da ordem jurídica.[98]

---

98. "Art. 180. O Ministério Público gozará de prazo em dobro para manifestar-se nos autos, que terá início a partir de sua intimação pessoal, nos termos do art. 183, § 1º. (...)".

(b)   Pela **Advocacia Pública**, na defesa dos direitos da União, dos Estados, do Distrito Federal, dos Municípios e das suas respectivas autarquias e fundações de direito público[99].

(c)   Pela **Defensoria Pública**, atuando na defesa do denominado pobre na forma da lei.[100]

(d)   Por **litisconsortes** com diferentes procuradores, desde que integrem escritórios de advocacia distintos e que o processo não tenha curso em autos eletrônicos, o que não é a regra.

Os litisconsortes não gozarão do prazo em dobro se o processo tiver curso em autos eletrônicos, mesmo que estejam representados por advogados distintos, e mesmo que estes integrem diferentes escritórios de advocacia.

Situação	Prazo
Interposição do recurso ordinário por pessoa natural ou por pessoa jurídica de direito privado	15 dias úteis
Interposição do recurso ordinário pelo Ministério Público como parte	30 dias úteis
Interposição do recurso ordinário pelo Ministério Público como fiscal da ordem jurídica	30 dias úteis
Interposição do recurso ordinário pela Advocacia Pública	30 dias úteis
Interposição do recurso ordinário pela Defensoria Pública	30 dias úteis
Interposição do recurso ordinário por litisconsortes representados por diferentes procuradores, integrantes de escritórios de advocacia distintos, em processo que tem curso em autos físicos	30 dias úteis
Interposição do recurso ordinário por litisconsortes representados por diferentes procuradores, integrantes de escritórios de advocacia distintos, em processo que tem curso em autos eletrônicos	15 dias úteis
Interposição do recurso ordinário por litisconsortes representados por diferentes procuradores, integrantes de um mesmo escritório de advocacia, em processo que tem curso em autos eletrônicos ou em autos físicos	15 dias úteis

2.5.3   Efeitos em que o recurso ordinário é recebido

O recurso ordinário (assim como o especial e o extraordinário) é **dotado apenas do efeito devolutivo**. Por isso, a sua interposição não impede a imediata eficácia da decisão (art. 995[101]), o que significa dizer que o vencedor pode instaurar

---

99.   "Art. 183. A União, os Estados, o Distrito Federal, os Municípios e suas respectivas autarquias e fundações de direito público gozarão de prazo em dobro para todas as suas manifestações processuais, cuja contagem terá início a partir da intimação pessoal. (...)".

100. "Art. 186. A Defensoria Pública gozará de prazo em dobro para todas as suas manifestações processuais. (...)".

101. "Art. 995. Os recursos não impedem a eficácia da decisão, salvo disposição legal ou decisão judicial em sentido diverso. Parágrafo único. A eficácia da decisão recorrida poderá ser suspensa por decisão do relator, se da imediata produção de seus efeitos houver risco de dano grave, de difícil ou impossível reparação, e ficar demonstrada a probabilidade de provimento do recurso".

a execução fundada em título provisório, admitindo-se, inclusive, o levantamento de depósito em dinheiro e a prática de atos que importem transferência de posse ou alienação de propriedade ou de outro direito real, desde que o credor preste caução suficiente e idônea, nos próprios autos, arbitrada de plano pelo juiz (inciso IV do art. 520[102]).

O pedido de atribuição excepcional do efeito suspensivo pode ser formulado (§ 5º do art. 1.029[103]):

(a) Ao **tribunal superior respectivo**, no período compreendido entre a publicação da decisão de admissão do recurso e sua distribuição, ficando o relator designado para seu exame prevento para julgá-lo.

(b) Ao **relator**, se já distribuído o recurso.

(c) Ao **presidente ou ao vice-presidente do tribunal recorrido**, no período compreendido entre a interposição do recurso e a publicação da decisão de admissão do recurso, assim como no caso de o recurso ter sido sobrestado, nos termos do art. 1.037.

---

102. "Art. 520. O cumprimento provisório da sentença impugnada por recurso desprovido de efeito suspensivo será realizado da mesma forma que o cumprimento definitivo, sujeitando-se ao seguinte regime: IV – o levantamento de depósito em dinheiro e a prática de atos que importem transferência de posse ou alienação de propriedade ou de outro direito real, ou dos quais possa resultar grave dano ao executado, dependem de caução suficiente e idônea, arbitrada de plano pelo juiz e prestada nos próprios autos. (...)".

103. "Art. 1.029. (...) § 5º. O pedido de concessão de efeito suspensivo a recurso extraordinário ou a recurso especial poderá ser formulado por requerimento dirigido: I – ao tribunal superior respectivo, no período compreendido entre a publicação da decisão de admissão do recurso e sua distribuição, ficando o relator designado para seu exame prevento para julgá-lo; II – ao relator, se já distribuído o recurso; III – ao presidente ou ao vice-presidente do tribunal recorrido, no período compreendido entre a interposição do recurso e a publicação da decisão de admissão do recurso, assim como no caso de o recurso ter sido sobrestado, nos termos do art. 1.037".

2.5.4 Minuta comentada de recurso ordinário

Exmo. Sr. Desembargador **JOÃO DA SILVA** – Mui Digno relator do Mandado de Segurança nº 100200300[104].

JOAQUIM DOS SANTOS, por seu advogado, nos autos do **Mandado de Segurança** impetrado contra o **SECRETÁRIO DE DEFESA SOCIAL DO ESTADO DE PERNAMBUCO**, processo nº 100200300, havendo sido intimado do teor do pronunciamento que negou provimento ao recurso de embargos de declaração utilizado para fins de prequestionamento da matéria, mantendo o acórdão que denegou a ordem, vem, pela presente, com fundamento na alínea a) do inciso II do art. 1.027 da lei processual e nas normas constitucionais aplicáveis à matéria, interpor **RECURSO ORDINÁRIO**, requerendo se digne Vossa Excelência a determinar o seu encaminhamento ao Colendo STJ, onde confia que o remédio processual será provido, acarretando a modificação do julgado atacado.

Nestes termos, com as razões em anexo[105], pede deferimento.

Local e data.

Nome do advogado

OAB/PE

Recorrente: **JOAQUIM DOS SANTOS**

Recorrido: **SECRETÁRIO DE DEFESA SOCIAL DO ESTADO DE PERNAMBUCO**

Mandado de Segurança nº 100200300

RAZÕES DO RECORRENTE

Eminentes Ministros:

01. O v. acórdão da lavra do tribunal local deve ser integralmente modificado, resultando na concessão da ordem, já que diverge do entendimento jurisprudencial aplicável à matéria, uníssono em garantir ao candidato aprovado em concurso público o direito de ser nomeado antes do(s) candidato(s) igualmente aprovado(s), mas posicionados abaixo daquele na ordem de classificação.

02. A matéria suscitada nesta irresignação recursal foi devidamente prequestionada na instância ordinária, através da interposição do recurso de embargos de declaração, que restou improvido, acarretando a manutenção integral do julgado atacado[106].

03. É importante destacar, ainda, que o recurso em exame é interposto contra decisão denegatória proferida no julgamento de mandado de segurança que originariamente tramitou no tribunal local, adequando-se à previsão do art. 1.027 do CPC e das normas legais aplicáveis à matéria.

04. Em termos de fundamentação, o peticionário ressalta que prestou concurso público para provimento do cargo de policial militar, no estado de Pernambuco, submetendo-se a todas as etapas do certame, concluído com a aprovação de 1.572 pessoas, dentre elas o ora recorrente, em 90º lugar na ordem de classificação.

---

104. O recurso ordinário deve ser endereçado ao relator do mandado de segurança, do mandado de injunção ou do *habeas data*, no âmbito do tribunal estadual, do Tribunal Regional Federal ou do Tribunal Superior, a depender do local de tramitação da ação em que a decisão foi proferida.

105. Considerando que o recurso ordinário é julgado pelo STF ou pelo STJ, apresenta uma primeira página, endereçada ao relator do MS, do mandado de injunção ou do *habeas data*, acompanhada das razões recursais.

106. Se o acórdão proferido pelo Tribunal de Justiça estadual, do Distrito Federal e Territórios, pelo Tribunal Regional Federal ou por Tribunal Superior contiver omissão, obscuridade e/ou contradição, deve ser atacado pelo recurso de embargos de declaração, permitindo o esgotamento da instância ordinária.

05. Dentro do prazo de validade do concurso, a autoridade coatora convocou 200 (duzentos) candidatos aprovados, **desrespeitando a ordem de classificação**, sem que o peticionário tenha sido nomeado para o cargo referido em linhas anteriores, o que infringe regras básicas aplicáveis à matéria e agride o princípio da moralidade.

06. Por conta dessa situação, o peticionário impetrou MS no TJPE, requerendo a concessão de liminar que garantisse o seu direito de ser nomeado, tendo sido a ação julgada pela improcedência dos pedidos (denegação da ordem), sob o fundamento de que o ora recorrente teria mera expectativa de direito.

07. Como antecipado, a decisão atacada é contrária ao entendimento jurisprudencial aplicável à matéria, firme no sentido de que o candidato aprovado em concurso público tem o direito de ser nomeado durante o prazo de validade do certame, se houver convocação da autoridade administrativa, respeitada a ordem de classificação.

08. Vejamos o posicionamento da jurisprudência sobre a matéria:

"O Supremo Tribunal Federal, no julgamento, pelo regime da repercussão geral, do RE 873.311/PI, relator o Em. Ministro Luiz Fux, fixou a respeito da temática referente a direito subjetivo à nomeação por candidatos aprovados fora das vagas previstas em edital a seguinte tese: 'O surgimento de novas vagas ou a abertura de novo concurso para o mesmo cargo, durante o prazo de validade do certame anterior, não gera automaticamente o direito à nomeação dos candidatos aprovados fora das vagas previstas no edital, ressalvadas as hipóteses de preterição arbitrária e imotivada por parte da administração, caracterizada por comportamento tácito ou expresso do Poder Público capaz de revelar a inequívoca necessidade de nomeação do aprovado durante o período de validade do certame, a ser demonstrada de forma cabal pelo candidato. **Assim, o direito subjetivo à nomeação do candidato aprovado em concurso público exsurge nas seguintes hipóteses**: 1 - Quando a aprovação ocorrer dentro do número de vagas dentro do edital; 2 - Quando houver preterição na nomeação por não observância da ordem de classificação; 3 - Quando surgirem novas vagas, ou for aberto novo concurso durante a validade do certame anterior, e ocorrer a preterição de candidatos de forma arbitrária e imotivada por parte da administração nos termos acima.' Não comprovada de forma cabal, na forma do item 3 referido, a ocorrência de preterição arbitrária e imotivada, por parte da Administração Pública, caracterizada por comportamento tácito ou expresso do Poder Público, é correta a denegação da ordem mandamental. Recurso ordinário em mandado de segurança não provido" (STJ, ROMS 2016/0234787-3, 2ª Turma, rel. Ministro MAURO CAMPBELL MARQUES) (grifamos).

09. A parte intermediária do julgado transcrito se amolda como uma luva ao caso debatido nos autos, na medida em que o peticionário comprovou que foi aprovado no concurso público, que 200 (duzentos) candidatos aprovados foram empossados no cargo público, em manifesto desrespeito à ordem de classificação, já que o ora recorrente encontra-se na 90ª colocação dessa mesma ordem.

10. Todos os fatos expostos na petição inicial foram provados por documentos que a acompanharam, constituindo o direito líquido e certo, exigido para a impetração do *mandamus*. A decisão atacada deve ser modificada, *data vênia*, por divergir da jurisprudência aplicável à matéria.

DO PEDIDO

11. Posta a questão nesses termos, demonstrado o desacerto da decisão atacada, o peticionário requer se dignem Vossas Excelências a **DAR PROVIMENTO** a este recurso, resultando na inversão da atribuição da vitória processual e, consequentemente, na concessão da ordem, nos termos expostos e requeridos na petição inicial do *mandamus*.

Nestes termos, pede deferimento.

Local e data.

Nome do advogado

OAB

2.5.5 Procedimento

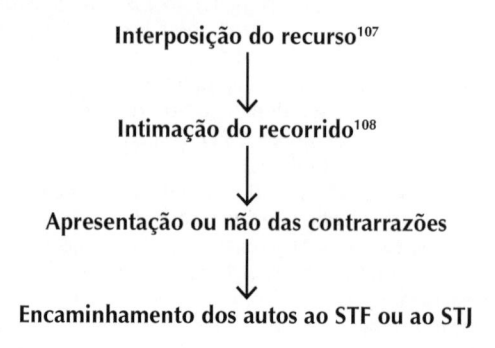

Interposição do recurso[107]

↓

Intimação do recorrido[108]

↓

Apresentação ou não das contrarrazões

↓

Encaminhamento dos autos ao STF ou ao STJ

2.6 RECURSO ESPECIAL

O recurso especial é adequado para combater **decisão proferida em única ou última instância por tribunal** (Tribunal de Justiça Estadual, do Distrito Federal ou de Território ou Tribunal Regional Federal), sendo julgado pelo STJ, exigindo o preenchimento de requisitos específicos e sua adequação a uma das situações dispostas no inciso III do art. 105 da CF, que tem a seguinte redação:

> "Art. 105. Compete ao Superior Tribunal de Justiça: (...) III - julgar, em recurso especial, as causas decididas, em única ou última instância, pelos Tribunais Regionais Federais ou pelos tribunais dos Estados, do Distrito Federal e Territórios, quando a decisão recorrida: a) contrariar tratado ou lei federal, ou negar-lhes vigência; b) julgar válido ato de governo local contestado em face de lei federal; c) der a lei federal interpretação divergente da que lhe haja atribuído outro tribunal. (...)".

Na sequência lógica do processo, julgada a ação em 1ª instância (pela 10ª Vara Cível da Comarca de Porto Alegre, por exemplo), o(a) vencido(a) pode interpor apelação, que é enfrentada pelo tribunal através da prolação de um acórdão, que (em tese) pode ser atacado pelo recurso especial e/ou pelo recurso extraordinário.

Do mesmo modo, pensando em decisão interlocutória que versa sobre tutela provisória, esse pronunciamento pode ser atacado pelo agravo de instrumento, que é julgado pelo tribunal através da prolação de um acórdão, que (em tese) pode ser atacado pelo recurso especial e/ou pelo recurso extraordinário.

Com as considerações expostas, percebemos que o recurso especial (assim como o extraordinário) é praticamente o último recurso interposto na sequência

---

107. Perante o Tribunal de Justiça do Estado, do Distrito Federal e Territórios, o Tribunal Regional Federal ou o Tribunal Superior, a depender de qual órgão julgou o MS, o *habeas data* ou o mandado de injunção no qual a decisão atacada foi proferida.
108. Para apresentar contrarrazões no prazo geral de 15 (quinze) dias uteis.

do processo. Praticamente, pois esse recurso costuma ter seguimento negado, forçando o interessado a interpor o agravo em recurso especial, encaminhado ao STJ, justificando a apresentação de outros recursos na sequência (embargos de declaração ou agravo interno, contra a decisão proferida pelo ministro relator, e embargos de divergência, apenas para exemplificar).

A Emenda Constitucional nº 125, de 2002, criou requisito específico de admissibilidade do recurso especial. Vejamos os §§ 2º e 3º do art. 105 da CF:

> "§ 2º. No recurso especial, o recorrente deve demonstrar a relevância das questões de direito federal infraconstitucional discutidas no caso, nos termos da lei, a fim de que a admissão do recurso seja examinada pelo Tribunal, o qual somente pode dele não conhecer com base nesse motivo pela manifestação de 2/3 (dois terços) dos membros do órgão competente para o julgamento. § 3º Haverá a relevância de que trata o § 2º deste artigo nos seguintes casos: I – ações penais; II – ações de improbidade administrativa; III – ações cujo valor da causa ultrapasse 500 (quinhentos) salários mínimos; IV – ações que possam gerar inelegibilidade; V – hipóteses em que o acórdão recorrido contrariar jurisprudência dominante o Superior Tribunal de Justiça; VI – outras hipóteses previstas em lei".

Muito parecida com a técnica já adotada em relação ao recurso extraordinário, a imposta em relação ao REsp criou o que também podemos chamar de REPERCUSSÃO GERAL, acentuando a ideia de que o julgamento do recurso destinado ao STJ não interessa (tem relevância) apenas ao recorrente, mas a uma coletividade.

A não comprovação do preenchimento do requisito acrescido é causa para o não conhecimento do REsp.

2.6.1 Objeto do recurso especial

O recurso especial tem por objeto **decisão proferida em única ou última instância por tribunal** (repita-se: Tribunal de Justiça estadual, do Distrito Federal ou Território ou Tribunal Regional Federal), como previsto no inciso III do art. 105 da CF. Em decorrência dessa previsão, doutrina e jurisprudência **não admitem a interposição do recurso especial para combater decisões proferidas em única ou última instância por Tribunais Marítimos, pelos Tribunais Administrativos Tributários dos Estados (conhecidos como TATE's) e, principalmente, pelos Colégios Recursais dos Juizados Especiais Cíveis**, por não constarem da relação de órgãos do Poder Judiciário, no art. 92 da CF.

Sobre os acórdãos proferidos pelos Colégios Recursais, embora estes órgãos se constituam na 2ª Instância dos Juizados Especiais Cíveis, o Enunciado 63 do FONAJE veda a interposição do recurso especial para o seu ataque, limitando o combate da decisão através da interposição do recurso de embargos de declaração e do recurso extraordinário, como percebemos através da leitura do verbete:

"ENUNCIADO 63 – Contra decisões das Turmas Recursais são cabíveis somente os embargos declaratórios e o Recurso Extraordinário".

Reforçando a posição, vejamos a Súmula 203/STJ:

"Não cabe recurso especial contra decisão proferida por órgão de segundo grau dos Juizados Especiais".

2.6.2 Prazo para a interposição do recurso especial

O recurso especial pode ser interposto no prazo de 15 (quinze) dias uteis, contado em dobro quando apresentado:

(a) Pelo **Ministério Público**, como parte ou como fiscal da ordem jurídica.[109]

(b) Pela **Advocacia Pública**, na defesa dos direitos da União, dos Estados, do Distrito Federal, dos Municípios e das suas respectivas autarquias e fundações de direito público[110].

(c) Pela **Defensoria Pública**, atuando na defesa do denominado pobre na forma da lei.[111]

(d) Por **litisconsortes** com diferentes procuradores, desde que integrem escritórios de advocacia distintos e que o processo não tenha curso em autos eletrônicos.

Os litisconsortes só gozarão da prerrogativa da contagem do prazo em dobro se o processo tiver curso em autos físicos, e, mesmo assim, desde que estejam representados por advogados distintos, integrantes de escritórios de advocacia igualmente distintos.

---

109. "Art. 180. O Ministério Público gozará de prazo em dobro para manifestar-se nos autos, que terá início a partir de sua intimação pessoal, nos termos do art. 183, § 1º. (...)".

110. "Art. 183. A União, os Estados, o Distrito Federal, os Municípios e suas respectivas autarquias e fundações de direito público gozarão de prazo em dobro para todas as suas manifestações processuais, cuja contagem terá início a partir da intimação pessoal. (...)".

111. "Art. 186. A Defensoria Pública gozará de prazo em dobro para todas as suas manifestações processuais. (...)".

Situação	Prazo
Interposição do recurso especial por pessoa natural ou por pessoa jurídica de direito privado	15 dias úteis
Interposição do recurso especial pelo Ministério Público como parte	30 dias úteis
Interposição do recurso especial pelo Ministério Público como fiscal da ordem jurídica	30 dias úteis
Interposição do recurso especial pela Advocacia Pública	30 dias úteis
Interposição do recurso especial pela Defensoria Pública	30 dias úteis
Interposição do recurso especial por litisconsortes representados por diferentes procuradores, integrantes de escritórios de advocacia distintos, em processo que tem curso em autos físicos	30 dias úteis
Interposição do recurso especial por litisconsortes representados por diferentes procuradores, integrantes de escritórios de advocacia distintos, em processo que tem curso em autos eletrônicos	15 dias úteis
Interposição do recurso especial por litisconsortes representados por diferentes procuradores, integrantes de um mesmo escritório de advocacia, em processo que tem curso em autos eletrônicos ou em autos físicos	15 dias úteis

2.6.3   Necessidade de prequestionamento da matéria

A interposição do recuso especial exige a comprovação do preenchimento de requisitos específicos, dentre eles a demonstração de que a matéria suscitada pelo recorrente foi prequestionada, evitando a aplicação da Súmula 282 do STF ("É inadmissível o recurso extraordinário, quando não ventilada, na decisão recorrida, a questão federal suscitada"), frequentemente utilizada pela vice-presidência dos tribunais locais (estaduais e Regionais Federais) para negar-lhe seguimento.

O prequestionamento da matéria exige que a parte seja diligente durante a tramitação do processo, antevendo a possibilidade de ter de interpor o recurso especial, quase no final dele, não se admitindo que suscite a matéria que se constitui na fundamentação desse recurso apenas quando o apresenta.

Ilustrativamente, pensemos em sentença que julga ação pela procedência dos pedidos, condenando o réu ao pagamento de indenização "lotérica", que, em valor, diverge de indenizações fixadas em outros casos semelhantes, em processos que tiveram tramitação em outros estados da federação.

Ao interpor o recurso de apelação, o vencido deve suscitar a existência de divergência jurisprudencial, transcrevendo julgados proferidos por outros tribunais em casos semelhantes. Além disso, deve garantir que o tribunal local enfrente a alegação de existência de divergência jurisprudencial quando julgar o recurso de apelação, para completar o que podemos chamar de "ciclo do prequestionamento", evitando a negativa de seguimento do recurso especial.

Se o vencido suscitou a matéria (divergência jurisprudencial), mas o tribunal não a enfrentou, ao julgar o recurso de apelação, deve interpor embargos de declaração, arguindo a omissão, forçando o tribunal a se posicionar sobre a questão, evitando o não conhecimento do recurso especial[112].

Com as considerações expostas, pretendemos demonstrar que o interessado não pode suscitar a matéria que fundamenta o recurso especial pela primeira vez, no próprio recurso. Se a divergência jurisprudencial surgiu no âmbito do tribunal, o interessado deve interpor os embargos de declaração, para prequestionar a matéria, permitindo a posterior interposição do recurso especial.

2.6.4 Exaurimento da instância ordinária

Também como requisito específico (pressuposto de admissibilidade do recurso especial)[113], a Súmula 281 do STF ("É inadmissível o recurso extraordinário quando couber, na justiça de origem, recurso ordinário da decisão impugnada") exige o exaurimento da instância ordinária, como condição para a interposição do recurso especial, o que significa dizer que o vencido não pode deixar de atacar a decisão proferida pelo tribunal, em única ou última instância, quando a lei prevê o cabimento de recurso específico para combatê-la.

Essa exigência é bastante contundente em relação ao recurso de embargos de declaração. Se a decisão proferida em única ou última instância contiver omissão, obscuridade e/ou contradição, a parte deve primeiramente interpor embargos de

---

112. "PROCESSUAL CIVIL. AGRAVO INTERNO NO AGRAVO EM RECURSO ESPECIAL. AUSÊNCIA DE PREQUESTIONAMENTO DE DISPOSITIVOS TIDOS POR VIOLADOS E SUAS RESPECTIVAS TESES. SÚMULA N. 211/STJ. FORÇA NACIONAL. MILITAR RESERVISTA. LEI FEDERAL N. 11.473/2007 E RESPECTIVO EDITAL. REMUNERAÇÃO. INTEGRALIDADE. CLÁUSULAS EDITALÍCIAS. FATOS E PROVAS. REEXAME. IMPOSSIBILIDADE. SÚMULAS N. 5 E 7 DO STJ. A falta de prequestionamento da matéria suscitada no recurso especial, a despeito da oposição de embargos de declaração, impede o seu conhecimento, consoante a Súmula 211/STJ. Agravo interno a que se nega provimento" (STJ, AgInt no AREsp 1.875.267/RJ, 2ª Turma, relator Ministro OG FERNANDES, *DJe* de 31.5.2022, em transcrição parcial) (grifamos).

113. "PROCESSUAL CIVIL. AGRAVO INTERNO NO AGRAVO EM RECURSO ESPECIAL. RECURSO MANEJADO SOB A ÉGIDE DO NCPC. RECLAMAÇÃO APRECIADA MONOCRATICAMENTE. EMBARGOS DE DECLARAÇÃO JULGADOS DE FORMA UNIPESSOAL. AUSÊNCIA DE ESGOTAMENTO DAS VIAS ORDINÁRIAS. INCIDÊNCIA DA SÚMULA Nº 281 DO STF. PLEITO DE ANÁLISE DE MATÉRIA CONSTITUCIONAL. DESCABIMENTO. PRECEDENTES. AGRAVO INTERNO NÃO PROVIDO. 1. Aplica-se o NCPC a este julgamento ante os termos do Enunciado Administrativo nº 3, aprovado pelo Plenário do STJ na sessão de 9/3/2016: Aos recursos interpostos com fundamento no CPC/2015 (relativos a decisões publicadas a partir de 18 de março de 2016) serão exigidos os requisitos de admissibilidade recursal na forma do novo CPC. 2. **Não se conhece do recurso especial aviado de reclamação julgada monocraticamente. 3. Inexistência de exaurimento das vias ordinárias obrigatórias. Incidência da Súmula nº 281 do STF**" (STJ, AgInt no AREsp 1.983.693/RS, 3ª Turma, relator Ministro MOURA RIBEIRO, *DJe* de 23.2.2022, em transcrição parcial) (grifamos).

declaração, que é o recurso adequado para a eliminação desses vícios de atuação jurisdicional, para, na sequência, interpor recurso especial contra a decisão que julgar os aclaratórios (sinônimo de embargos de declaração).

Se o vencido não interpuser os embargos de declaração, precipitando-se e interpondo o recurso especial, este sofrerá negativa de seguimento, pelo não esgotamento da instância ordinária (1º e 2º graus de jurisdição).

Do mesmo modo, quando o relator nega seguimento a um recurso (apelação, por exemplo, por ter entendido que o recorrente não teria realizado o preparo), no âmbito do Tribunal em que atua, ou **monocraticamente** pratica qualquer outro ato previsto no art. 932 do CPC, o vencido não pode interpor recurso especial[114], mas agravo interno, para obter decisão colegiada, contra ela, aí sim, fazendo uso daquele remédio processual.

2.6.5 Impossibilidade de reexame do acervo fático-probatório

O STJ **não se constitui numa 3ª instância**, dentro da sequência lógica do processo, que se prestaria para rever decisões proferidas pelos Tribunais de Justiça dos Estados, do Distrito Federal, de Territórios ou pelos Tribunais Regionais Federais.

Diferentemente, é Tribunal Superior que recebeu delegação constitucional de ser **guardião das normas infraconstitucionais**, orientando os demais tribunais da federação (através da prolação de decisões modelo ou paradigmáticas) como devem interpretar a legislação situada abaixo da CF (Código Civil, Código de Processo Civil, Lei do Inquilinato, Lei do Mandado de Segurança, por exemplo).

Exemplificativamente, pensemos em vítima de atropelamento ocorrido na via pública, que propõe ação de indenização por perdas e danos contra o responsável pelo acidente.

A petição inicial dessa ação é extensa, sendo rica em fatos, que devem ser provados na fase de instrução probatória, como a alegação de que o réu se en-

---

114. "Não se pode conhecer do recurso especial interposto contra decisão monocrática, tendo em vista que não houve o necessário esgotamento das instâncias ordinárias. Aplicação, por analogia, da Súmula n. 281/STF. Precedentes. 2. 'Inaplicável o princípio da fungibilidade recursal, pois constitui-se erro grosseiro a utilização de recurso especial contra decisão unipessoal proferida pelo Relator *a quo*' (AgInt no AREsp 1.504.613/SC, Relatora Ministra NANCY ANDRIGHI, TERCEIRA TURMA, julgado em 14/10/2019, *DJe* 16/10/2019). 3. Agravo interno a que se nega provimento" (STJ, AgInt no AREsp 1.798.450/SP, 4ª Turma, relator Ministro ANTÔNIO CARLOS FERREIRA, *DJe* 16.4.2021) (grifamos).

contrava embriagado, de que teria avançado o sinal vermelho e se omitido em prestar socorro à vítima, apenas para exemplificar.

Exatamente por conta da complexidade dos fatos, a ação é marcada pela ampla produção de provas na sua fase intermediária, justificando a realização de perícia, a ouvida das partes e das testemunhas na audiência de instrução e a adoção de várias outras providências relacionadas à prova, por estarmos diante de um processo de conhecimento.

Na sentença, o magistrado se baseia nas provas produzidas, fazendo referência aos depoimentos prestados pelas partes e pelas testemunhas, a trechos do laudo pericial, a documentos juntados aos autos pelas partes etc., o que evidencia a utilização da prova na formação do seu convencimento, respeitando o princípio do livre convencimento racional ou motivado do julgador.

Intimado da sentença, o vencido pode interpor o recurso de apelação, nele voltando a explorar os fatos e a fazer referência às provas, tentando demonstrar que o magistrado teria se equivocado na valoração da prova, o que é possível, por ainda nos encontrarmos na instância ordinária, que compreende o 1º e o 2º graus de jurisdição.

Ao julgar o recurso de apelação, o órgão colegiado do tribunal (Câmara Cível, por exemplo) pode e deve basear a sua decisão nas atas das audiências, nas quais constam os depoimentos das partes e das testemunhas, em documentos, em trechos do laudo pericial, reexaminando todos os fatos que interessam ao processo.

Contudo, a partir desse momento, a valoração da prova e o reexame de fatos não são mais possíveis, pois o que se pretende com a interposição do recurso especial é a tutela do direito objetivo, não do direito subjetivo.

Se o recorrente interpõe o REsp, solicitando que o STJ reexamine fatos, reavalie a prova produzida durante a fase de instrução, o recurso terá o seu seguimento negado, com base na Súmula 07 do mesmo Tribunal, que tem a seguinte redação:

"A pretensão de simples reexame de prova não enseja recurso especial".

2.6.6 Hipóteses que admitem a interposição do recurso especial

O recurso especial pode ser interposto quando a decisão recorrida:

(a) Contrariar tratado ou lei federal, ou negar-lhes vigência.

(b) Julgar válido ato de governo local contestado em face de lei federal.

(c) Der à lei federal interpretação divergente da que lhe haja atribuído outro tribunal.

2.6.6.1 Cabimento do recurso especial quando a decisão recorrida contrariar tratado ou lei federal, ou negar-lhes vigência

Grande parte dos recursos especiais interpostos tem fundamento na alínea *a* do inciso III do art. 105 da CF, nos quais o recorrente afirma que a decisão recorrida contrariou ou negou vigência a tratado ou a lei federal (CPC, CDC, CC etc.), o que anima alguns doutrinadores a afirmarem que este seria o único fundamento do recurso especial.[115]

Por **lei federal**, compreenda-se:

a) **Lei federal em sentido estrito**, versando sobre direito federal, aplicado em todo o território nacional, não em localidade específica, como no Distrito Federal.[116]

b) **Decreto federal.**

c) **Regulamento federal.**

Não são leis federais, por esta razão não autorizando a interposição de recurso especial sob a alegação da sua infração, os seguintes instrumentos normativos, exemplificativamente relacionados:

(a) Portarias ministeriais.

(b) Resoluções, atos normativos, circulares e provimentos de autarquias.[117]

(c) Convênios firmados entre estados, geralmente em matéria tributária, embora possam versar sobre outra, como segurança pública, por exemplo.

(d) Súmula do STF ou de qualquer outro tribunal do país.

(e) Norma constante de regimento interno de tribunal.

(f) Lei estadual e lei municipal, como espécies do gênero lei local.[118]

---

115. "Este, na verdade, é o único fundamento possível do recurso especial. As demais alíneas do dispositivo constitucional ora sob enfoque (art. 105, III) dizem respeito não propriamente a outros possíveis fundamentos, mas a algumas hipóteses de cabimento do recurso que há de ser interposto sempre com fundamento na letra *a* do art. 105, III: contrariedade ou negativa de vigência a lei federal" (WAMBIER, Luiz Rodrigues. Curso avançado de processo civil. 6. ed. São Paulo: RT, 2003, v. 1, p. 636).

116. PINTO, Nelson Luiz. *Manual dos recursos cíveis*. 3. ed. São Paulo: Malheiros, 2002, p. 195.

117. "O manejo do recurso especial reclama violação ao texto infraconstitucional federal, sendo certo que **a resolução não se enquadra no conceito de lei federal a ensejar a interposição do especial**, com base na alínea *a* do permissivo constitucional" (STJ, Agedag 537802 – SP, 5ª Turma) (grifamos).

118. "Não se conhece de recurso especial quando a parte recorrente aponta como infringidos dispositivos de legislação local. A Carta Política de 1988 é expressa e taxativa ao enumerar no art. 105, III, *a*, as

No recurso especial, o recorrente deve indicar o dispositivo de lei federal que entende ter sido violado, de forma *direta e frontal*, não apenas *oblíqua*,[119] para evitar que o recurso tenha o seu seguimento negado em decorrência do reconhecimento de irregularidade formal.

A infração ao dispositivo da lei federal pode decorrer da sua interpretação equivocada, da sua aplicação errônea ou da sua não aplicação, quando seria o caso de aplicá-lo.

2.6.6.2 Cabimento do recurso especial quando a decisão recorrida julgar válido ato de governo local contestado diante de lei federal

No caso de interposição do recurso especial com fundamento na situação estudada nesta seção, a decisão atacada valida ato local, praticado por autoridade estadual ou municipal, em detrimento de lei federal.

Ilustrativamente, pensemos que autoridade de trânsito municipal, exercendo o poder de polícia que lhe é atribuído, apreende veículo que realizava transporte alternativo, sob o fundamento de que determinada norma municipal impediria a prática da atividade naquele local.

O proprietário do veículo propõe ação em que pleiteia a liberação do automóvel e a declaração da ilegalidade do ato de apreensão do bem, permitindo que seja utilizado no exercício da atividade anteriormente desenvolvida. O juiz que atua no 1º grau de jurisdição julga a ação pela procedência dos pedidos.

Não satisfeito, o município interpõe recurso de apelação, que é provido para acarretar a reforma da sentença, decidindo o tribunal local validar o ato do governo local (que proíbe o exercício do transporte alternativo), deixando de aplicar a lei federal que garantia o exercício da atividade, justificando a interposição do recurso especial.

2.6.6.3 Cabimento do recurso especial quando a decisão recorrida der à lei federal interpretação divergente da que lhe haja atribuído outro tribunal

Considerando a extensão do território nacional, e a grande quantidade de órgãos jurisdicionais nele atuando, é possível que os tribunais interpretem as normas infraconstitucionais de forma diferente, bastando pensarmos na situação

---

possibilidades de se apreciar recurso especial. Entre elas não se inclui o exame de contrariedade a normas estaduais ou municipais, mas, unicamente, leis federais" (STJ, AGA 549319 – RJ, 1ª Turma).

119. As expressões foram retiradas do seguinte julgado: "Só há ofensa à lei federal de forma direta e frontal, e não oblíqua" (STJ, AgRg no Agravo 82.517, 1ª Turma).

em que o TJSP entende que o piano encontrado na residência do devedor não pode ser penhorado, enquanto o TJRJ firma o entendimento de que o referido bem pode ser penhorado, por ser considerado adorno suntuoso, enquadrando-se na previsão contida no art. 2º da Lei 8.009/90[120], que dispõe sobre a impenhorabilidade do bem de família.

O STJ é **guardião das normas infraconstitucionais**, como afirmamos anteriormente, prolatando **decisões modelo** em casos concretos, orientando como os dispositivos inseridos em legislação hierarquicamente posicionada abaixo da Constituição Federal devem ser interpretados.

Essa situação representa a grande maioria dos recursos especiais, em que os recorrentes afirmam que a decisão combatida destoaria do entendimento firmado por outros tribunais sobre a mesma matéria, sendo importante destacar que o dissídio (sinônimo de divergência) não pode se apoiar em fatos, mas na interpretação conferida à lei[121].

Para comprovar a divergência jurisprudencial, o recorrente deve transcrever e confrontar julgados sobre a mesma matéria – mas em sentido contrário – proferidos por outros tribunais, **não se admitindo a interposição do REsp quando a divergência é interna**, do mesmo tribunal que prolatou a decisão recorrida, nos termos da Súmula 13 do STJ ("A divergência entre julgados do mesmo Tribunal não enseja recurso especial").

O pedido formulado é o de provimento do recurso para que a ação que envolve o recorrente seja julgada da mesma forma como o foi(ram) a(s) ação(ões) trazida(s) ao conhecimento do STJ, originária(s) de outros tribunais da Federação, exigindo a lei que o recorrente mencione as circunstâncias que identifiquem ou assemelhem os casos confrontados (parte final do § 1º do art. 1.029 do CPC).

A parte deve ser cuidadosa em relação em demonstrar a divergência jurisprudencial, observando o § 1º do art. 255 do Regimento Interno do STJ e o § 1º

---

120. "Art. 2º Excluem-se da impenhorabilidade os veículos de transporte, obras de arte e adornos suntuosos. Parágrafo único. No caso de imóvel locado, a impenhorabilidade aplica-se aos bens móveis quitados que guarneçam a residência e que sejam de propriedade do locatário, observado o disposto neste artigo".

121. "**A jurisprudência desta Corte firmou o entendimento de que não é possível o conhecimento do apelo nobre interposto pela** divergência, na hipótese em que o dissídio é apoiado em fatos, e não na interpretação da lei. Isso porque a Súmula nº 7 do STJ também se aplica aos recursos especiais interpostos pela alínea c do permissivo constitucional. Agravo interno não provido" (STJ, AgInt no AREsp 1.943.170/SP, 3ª Turma, relator Ministro MOURA RIBEIRO, DJe de 1.6.2022, em transcrição parcial).

do art. 1.029 da lei processual, sob pena de não conhecimento do recurso[122], o último dispositivo apresentando a seguinte redação:

> "Art. 1.029. (...) § 1º Quando o recurso fundar-se em dissídio jurisprudencial, o recorrente fará a prova da divergência com a certidão, cópia ou citação do repositório de jurisprudência, oficial ou credenciado, inclusive em mídia eletrônica, em que houver sido publicado o acórdão divergente, ou ainda com a reprodução de julgados disponíveis na rede mundial de computadores, com indicação da respectiva fonte, devendo-se, em qualquer caso, mencionar as circunstâncias que identifiquem ou assemelhem os casos confrontados. (...)".

Sobre a obtenção de repositório oficial ou credenciado, o § 3º do art. 255 do RISTJ dispõe o seguinte:

> "Art. 255. (...) § 3º São repositórios oficiais de jurisprudência, para o fim do § 1º deste artigo, a Revista Trimestral de Jurisprudência do Supremo Tribunal Federal, a Revista do Superior Tribunal de Justiça e a Revista do Tribunal Federal de Recursos e, autorizados ou credenciados, os habilitados na forma do art. 134 e seu parágrafo único deste Regimento".

Em qualquer situação, o recorrente deve indicar a fonte da qual extraiu o(s) acórdão(s) divergente(s), também denominados de acórdãos paradigmas, como o site do TJRS, do TJRJ, do TJBA, por exemplo, transcrevendo-os e fazendo a **comparação analítica** com o julgado proferido no caso concreto (denominado de aresto impugnado), no processo em que o recurso especial é interposto, comprovando a existência da chamada **similitude fático-jurídica** entre os julgados confrontados, e que a **divergência é atual**, sob pena de não conhecimento do recurso[123], prevalecendo o entendimento de que o recurso especial não pode ser

---

122. "PROCESSUAL CIVIL. AGRAVO INTERNO NOS EMBARGOS DE DECLARAÇÃO NO AGRAVO EM RECURSO ESPECIAL. RECURSO MANEJADO SOB A ÉGIDE DO NCPC. AGRAVO DE INSTRUMENTO. EXECUÇÃO. PENHORABILIDADE DE PERCENTUAL DE VENCIMENTOS E PROVENTOS. POSSIBILIDADE DE RELATIVIZAÇÃO DA REGRA DA IMPENHORABILIDADE. PRECEDENTES. REVISÃO. PRETENSÃO RECURSAL QUE ENVOLVE O REEXAME DE PROVAS. INCIDÊNCIA DA SÚMULA Nº 7 DO STJ. DIVERGÊNCIA JURISPRUDENCIAL. NÃO DEMONSTRAÇÃO, NOS MOLDES LEGAIS. AGRAVO INTERNO NÃO PROVIDO. 1. Aplica-se o NCPC a este julgamento ante os termos do Enunciado Administrativo nº 3, aprovado pelo Plenário do STJ na sessão de 9/3/2016: Aos recursos interpostos com fundamento no CPC/2015 (relativos a decisões publicadas a partir de 18 de março de 2016) serão exigidos os requisitos de admissibilidade recursal na forma do novo CPC. 2. A alteração das conclusões do acórdão recorrido exige reapreciação do acervo fático-probatório da demanda, o que faz incidir o óbice da Súmula nº 7 do STJ. 3. **A não observância dos requisitos do art. 255, §§ 1º e 2º, do Regimento Interno do Superior Tribunal de Justiça torna inadmissível o conhecimento do recurso com fundamento na alínea c do permissivo constitucional.** 4. Agravo interno não provido" (STJ, AgInt nos EDcl no AREsp 1.982.985/DF, 3ª Turma, relator Ministro MOURA RIBEIRO, DJe de 1.6.2022) (grifamos).

123. "O conhecimento de Recurso Especial fundado na alínea 'c' do inciso III do art. 105 da CF/1988 requisita, em qualquer caso, a demonstração analítica da divergência jurisprudencial invocada, por intermédio da transcrição dos trechos dos acórdãos que configuram o dissídio e da indicação das circunstâncias que identificam ou assemelham os casos confrontados, não se oferecendo, como bastante, a simples

conhecido, "quando a orientação do Tribunal se firmou no mesmo sentido da decisão recorrida", nos termos da Súmula 83/STJ.

A transcrição dos julgados serve para comprovar a divergência analítica entre eles. Além dessa providência, o recorrente deve indicar a fonte de que foram extraídas as decisões transcritas, na forma disposta no § 1º do art. 1.029.

2.6.7 Efeito em que o recurso especial é recebido

O recurso especial não impede a eficácia da decisão (art. 995[124]), o que significa dizer que é **dotado apenas do efeito devolutivo**, podendo o recorrente requerer lhe seja atribuído efeito suspensivo de forma excepcional, por requerimento dirigido:

(a) **Ao STJ**, no período compreendido entre a publicação da decisão de admissão do recurso e sua distribuição, ficando o relator designado para seu exame prevento para julgá-lo.

(b) **Ao relator**, se já distribuído o recurso.

(c) **Ao presidente ou ao vice-presidente do tribunal recorrido**, no período compreendido entre a interposição do recurso e a publicação da decisão de sua admissão, assim como no caso de o recurso ter sido sobrestado, nos termos do art. 1.037[125].

---

transcrição de ementas ou votos (arts. 1.029, § 1º, do Código de Processo Civil e 255, § 2º, do RISTJ). O desrespeito a esses requisitos legais e regimentais (art. 1.029, § 1º, do CPC e art. 255 do RI/STJ) impede o conhecimento do Recurso Especial com base na alínea 'c' do inciso III do art. 105 da Constituição Federal. Ausente a comprovação da necessidade de retificação a ser promovida na decisão agravada, proferida com fundamentos suficientes e em consonância com entendimento pacífico do STJ, não há prover o Agravo Interno que contra ela se insurge. Agravo Interno não provido" (STJ, AgInt no AREsp 1.970.089/SP, 2ª Turma, relator Ministro HERMAN BENJAMIN, *DJe* de 25.3.2022)

124. " Art. 995. Os recursos não impedem a eficácia da decisão, salvo disposição legal ou decisão judicial em sentido diverso. Parágrafo único. A eficácia da decisão recorrida poderá ser suspensa por decisão do relator, se da imediata produção de seus efeitos houver risco de dano grave, de difícil ou impossível reparação, e ficar demonstrada a probabilidade de provimento do recurso".

125. "Art. 1.037. Selecionados os recursos, o relator, no tribunal superior, constatando a presença do pressuposto do caput do art. 1.036 , proferirá decisão de afetação, na qual: I - identificará com precisão a questão a ser submetida a julgamento; II - determinará a suspensão do processamento de todos os processos pendentes, individuais ou coletivos, que versem sobre a questão e tramitem no território nacional; III - poderá requisitar aos presidentes ou aos vice-presidentes dos tribunais de justiça ou dos tribunais regionais federais a remessa de um recurso representativo da controvérsia. § 1º Se, após receber os recursos selecionados pelo presidente ou pelo vice-presidente de tribunal de justiça ou de tribunal regional federal, não se proceder à afetação, o relator, no tribunal superior, comunicará o fato ao presidente ou ao vice-presidente que os houver enviado, para que seja revogada a decisão de suspensão referida no art. 1.036, § 1º. § 3º Havendo mais de uma afetação, será prevento o relator que primeiro tiver proferido a decisão a que se refere o inciso I do *caput*. § 4º Os recursos afetados deverão ser julgados no prazo de 1 (um) ano e terão preferência sobre os demais feitos, ressalvados os que envolvam réu preso e os pedidos de *habeas corpus*. § 6º

2.6.8 Petição recursal. O que deve conter. Respeito ao princípio da dialeticidade

A petição de interposição do recurso especial deve conter:

(a) A **exposição do fato e do direito**.

(b) A **demonstração do cabimento do recurso interposto**.

(c) As **razões do pedido de reforma ou de invalidação da decisão recorrida**.

Em respeito ao princípio da dialeticidade, **o recorrente não pode se limitar a repetir as razões que fundamentaram o recurso (apelação, agravo de instrumento, por exemplo) que foi julgado pelo Tribunal de Justiça do Estado, do Distrito Federal ou dos Territórios, ou pelo Tribunal Regional Federal** (adotando a "arte" do copiar e colar), sob pena de não conhecimento do recurso especial.

O REsp deve apresentar razões próprias, nas quais o recorrente necessariamente deve comprovar a adequação do caso concreto com uma das situações dispostas no inciso III do art. 105 da CF.

Ocorrendo a hipótese do § 5º, é permitido a outro relator do respectivo tribunal superior afetar 2 (dois) ou mais recursos representativos da controvérsia na forma do art. 1.036. § 7º Quando os recursos requisitados na forma do inciso III do caput contiverem outras questões além daquela que é objeto da afetação, caberá ao tribunal decidir esta em primeiro lugar e depois as demais, em acórdão específico para cada processo. § 8º As partes deverão ser intimadas da decisão de suspensão de seu processo, a ser proferida pelo respectivo juiz ou relator quando informado da decisão a que se refere o inciso II do *caput*. § 9º Demonstrando distinção entre a questão a ser decidida no processo e aquela a ser julgada no recurso especial ou extraordinário afetado, a parte poderá requerer o prosseguimento do seu processo. § 10. O requerimento a que se refere o § 9º será dirigido: I - ao juiz, se o processo sobrestado estiver em primeiro grau; II - ao relator, se o processo sobrestado estiver no tribunal de origem; III - ao relator do acórdão recorrido, se for sobrestado recurso especial ou recurso extraordinário no tribunal de origem; IV - ao relator, no tribunal superior, de recurso especial ou de recurso extraordinário cujo processamento houver sido sobrestado. § 11. A outra parte deverá ser ouvida sobre o requerimento a que se refere o § 9º, no prazo de 5 (cinco) dias. § 12. Reconhecida a distinção no caso: I - dos incisos I, II e IV do § 10, o próprio juiz ou relator dará prosseguimento ao processo; II - do inciso III do § 10, o relator comunicará a decisão ao presidente ou ao vice-presidente que houver determinado o sobrestamento, para que o recurso especial ou o recurso extraordinário seja encaminhado ao respectivo tribunal superior, na forma do art. 1.030, parágrafo único. § 13. Da decisão que resolver o requerimento a que se refere o § 9º caberá: I - agravo de instrumento, se o processo estiver em primeiro grau; II - agravo interno, se a decisão for de relator".

2.6.9   Minuta comentada de recurso especial

Excelentíssimo Senhor Desembargador Presidente do Egrégio Tribunal de Justiça do Estado do Rio Grande do Norte[126].

ESCOLA ABC, por seu advogado, nos autos da **Apelação Cível** interposta contra **MARIA DOS SANTOS e outra**, nº 2022.009345-5-RN, havendo sido intimada do teor do r. despacho em que a peticionária foi instada a oferecer contrarrazões ao recurso especial apresentado pela parte contrária, vem, pela presente, com fundamento na alínea *c* do inciso III do art. 105 da CF e no prazo legal de 15 (quinze) dias úteis, interpor **RECURSO ESPECIAL NO MODO ADESIVO**[127], nos termos do arrazoado em anexo, solicitando que o recurso extremo seja admitido e encaminhado ao Colendo STJ, onde confia que será provido, acarretando a modificação do julgado atacado.

Nestes termos, com as razões e os comprovantes de recolhimento das custas recursais em anexo,[128] pede deferimento.

---

126. Nada impede que a petição de interposição do recurso especial seja endereçada ao relator do recurso ou da ação em que a decisão atacada foi proferida. Na grande maioria dos estados, o juízo de admissibilidade desse recurso é feito pela vice-presidência do tribunal local.
127. **O recurso especial pode ser interposto autonomamente ou no modo adesivo**, neste caso, com fundamento no art. 997 da lei processual, que tem a seguinte redação: "Art. 997. Cada parte interporá o recurso independentemente, no prazo e com observância das exigências legais. § 1º Sendo vencidos autor e réu, ao recurso interposto por qualquer deles poderá aderir o outro. § 2º O recurso adesivo fica subordinado ao recurso independente, sendo-lhe aplicáveis as mesmas regras deste quanto aos requisitos de admissibilidade e julgamento no tribunal, salvo disposição legal diversa, observado, ainda, o seguinte: I – será dirigido ao órgão perante o qual o recurso independente fora interposto, no prazo de que a parte dispõe para responder; II – será admissível na apelação, no recurso extraordinário e no recurso especial; III – não será conhecido, se houver desistência do recurso principal ou se for ele considerado inadmissível".
128. O recurso especial exige o recolhimento de custas, nos termos da Resolução STJ/GP número 3, de 5 de fevereiro de 2015, cujos arts. 1º a 5º apresentam a seguinte redação: "Art. 1º São devidas custas judiciais nos processos de competência originária do Superior Tribunal de Justiça, conforme os valores constantes da Tabela 'A', do Anexo I. § 1º Nas ações originárias, o comprovante do recolhimento das custas judiciais deverá ser apresentado à unidade competente do Superior Tribunal de Justiça no ato do protocolo. § 2º O comprovante do recolhimento das custas deverá ser encaminhado juntamente com a petição, quando ela for remetida ao Superior Tribunal de Justiça por fac-símile ou por meio eletrônico. § 3º As petições encaminhadas pelo correio deverão vir acompanhadas do original do comprovante do recolhimento das custas judiciais. § 4º As petições desacompanhadas do comprovante do recolhimento das custas judiciais serão autuadas, certificadas e submetidas ao presidente do Tribunal. Art. 2º São devidas custas judiciais e porte de remessa e retorno dos autos nos processos de competência recursal do Superior Tribunal de Justiça, segundo os valores constantes das Tabelas 'B' e 'C', do Anexo I. § 1º O recolhimento do preparo, composto de custas judiciais e porte de remessa e retorno, será feito perante o tribunal de origem. § 2º Os comprovantes do recolhimento das custas judiciais e do porte de remessa e retorno dos autos, a que se refere o *caput* deste artigo, deverão ser apresentados no ato da interposição do recurso. § 3º Quando o tribunal de origem arcar com as despesas de porte de remessa e retorno de autos, o recorrente recolherá o valor exigido pela tabela local e na forma lá disciplinada. Art. 3º Haverá isenção do preparo nos seguintes casos: I – nos *habeas data*, *habeas corpus* e recursos em *habeas corpus*; II – nos processos criminais, salvo na ação penal privada e sua revisão criminal; III – nos agravos de instrumento interpostos contra decisões que deixarem de processar o recurso ordinário em mandado de segurança ou a apelação nas hipóteses de que trata o art. 105, *caput*, II, c, da Constituição Federal; IV – nas reclamações destinadas a dirimir divergência

Local e data.

Nome do advogado

OAB

Recorrente: **ESCOLA ABC LTDA.**

Recorridas: **MARIA DOS SANTOS e outra**

Apelação Cível nº 2022.009345-5-RN

RAZÕES DA RECORRENTE

Eminentes Ministros:

01. O julgado combatido por este recurso extremo deve ser integralmente modificado, *data vênia*, uma vez que acarretou a condenação da peticionária ao pagamento de indenização por danos morais, na quantia de R$ 10.000,00 (dez mil reais), divergindo do entendimento jurisprudencial aplicável à matéria[129].

02. Nesse passo, e como percebemos através da simples leitura das peças que integram os autos, a adversa parte propôs ação de indenização por perdas e danos na instância monocrática, solicitando a condenação da ora recorrente ao pagamento de indenização por danos morais, na quantia de R$ 40.000,00 (quarenta mil reais).

---

entre acórdão prolatado por turma recursal estadual e a jurisprudência desta Corte, nos termos da Resolução STJ n. 12 de 14 de dezembro de 2009; V – nos pedidos de uniformização previstos na Lei 12.153, de 22 de dezembro de 2009; VI – nos incidentes de uniformização da jurisprudência dos Juizados Especiais Federais, de que trata a Resolução STJ n. 10 de 21 de novembro de 2007; VII – nos recursos interpostos pelo Ministério Público, pela União, pelos estados e municípios e respectivas autarquias e por outras entidades que também gozem de isenção legal. Art. 4º Não será exigido o porte de remessa e retorno dos autos quando se tratar de recursos oriundos dos tribunais relacionados no Anexo II desta resolução. Art. 5º O recolhimento das custas judiciais e do porte de remessa e retorno dos autos será realizado exclusivamente mediante o sistema de GRU Cobrança, emitida após o preenchimento do formulário eletrônico disponível no sítio do Tribunal: http://www.stj.jus.br. Parágrafo único. No momento do preenchimento da GRU Cobrança, deverão ser indicados obrigatoriamente: I – nome do autor da ação ou do recorrente, acompanhado do respectivo CPF ou CNPJ; II – nome do réu ou do recorrido; III – tipo do pagamento, com especificação de quando se trata de custas ou de porte de remessa e retorno de autos; IV – as demais informações exigidas no formulário eletrônico, de acordo com o tipo de ação ou recurso escolhido".

129. Excepcionalmente, o STJ admite a interposição do recurso especial para revisão do valor da indenização fixada a título de danos morais, com fundamento nos princípios da proporcionalidade e da razoabilidade, quando o valor se mostrar simbólico ou exorbitante, "driblando" a incidência da Súmula 07 do mesmo Tribunal. Vejamos julgado sobre a matéria: "PROCESSUAL CIVIL. AGRAVO INTERNO NO AGRAVO EM RECURSO ESPECIAL. RECURSO MANEJADO SOB A ÉGIDE DO NCPC. AÇÃO ANULATÓRIA CUMULADA COM DANOS MORAIS. QUANTUM INDENIZATÓRIO. VALOR IRRISÓRIO. NÃO CARACTERIZAÇÃO. PECULIARIDADE DO CASO CONCRETO. REEXAME DE FATOS E PROVAS. INVIABILIDADE. SÚMULA Nº 7 DO STJ. AGRAVO INTERNO NÃO PROVIDO. A jurisprudência desta Corte também é firme no sentido de que a redução ou majoração do *quantum* indenizatório é possível **somente em hipóteses excepcionais, quando manifestamente irrisória ou exorbitante a indenização arbitrada**, sob pena de incidência do óbice da Súmula nº 7 do STJ. Proporcionalidade e razoabilidade observadas na hipótese a justificar a manutenção do quantum indenizatório. Agravo interno não provido" (STJ, AgInt no AREsp 2.043.390/MS, 3ª Turma, relator Ministro MOURA RIBEIRO, *DJe* de 11.5.2022) (grifamos).

03. Embora proposta em 2011, a ação só foi sentenciada aproximadamente 10 (dez) anos depois, com a condenação da peticionária ao pagamento de indenização por danos morais, na absurda quantia de R$ 85.000,00 (oitenta e cinco mil reais).

04. Absurda, *data vênia*, pois, além de divergir do entendimento jurisprudencial aplicável à matéria, no julgado em questão, a autoridade monocrática atualizou (ela própria) o valor do pedido referente aos danos morais, da data da citação até a prolação da sentença, infringindo a Súmula 362 desse Colendo Tribunal.

05. Por conta desse desacerto e com fundamento em outras alegações, a peticionária interpôs recurso de apelação na origem, solicitando a reforma da sentença monocrática, para acarretar o julgamento da ação de indenização por perdas e danos pela improcedência dos pedidos, ou, pelo menos, para que o e. TJRN reduzisse o valor da condenação relativa aos danos morais.

06. Em resposta, o tribunal local deu parcial provimento ao recurso, reformando em parte a sentença, reduzindo a condenação por danos morais para R$ 10.000,00 (dez mil reais).

07. Embora tenha agido corretamente, nesse aspecto, o tribunal local fixou a indenização em quantia superior à arbitrada em casos semelhantes, divergindo da jurisprudência, dando azo à interposição deste recurso extremo, no modo adesivo.

08. Nesse passo, para comprovar a divergência jurisprudencial, adequando o recurso à hipótese de cabimento prevista na alínea *c* do inciso III do art. 105 da CF, a peticionária pede vênia para transcrever julgados proferidos por outros tribunais, em casos semelhantes:

"REPARAÇÃO DE DANOS MATERIAIS E MORAIS. QUEDA DE CRIANÇA EM BRINQUEDO INSTALADO NA ESCOLA. DANOS MATERIAIS E MORAIS. INVIABILIDADE DO INCAPAZ PARA COMPOR O POLO ATIVO DE ACORDO COM A LEI 9.099/95. LEGITIMIDADE DOS PAIS. RESPONSABILIDADE OBJETIVA DA ESCOLA INFANTIL RÉ. FALHA NA PRESTAÇÃO DOS SERVIÇOS. FALTA DE CAUTELA PARA EVITAR ACIDENTES E PRESTAR SOCORRO IMEDIATO. Queda da criança, aluna da escola, em brinquedo instalado nas dependências desta. Inviabilidade de a criança figurar no polo ativo da ação, devido à vedação imposta pelo art. 8º da Lei 9.099/95. Danos morais fixados em R$ 14.961,05 e reduzidos para **R$ 7.000,00 (também de ofício)**, pois excluída a vítima direta do dano a quem competia tal parcela da indenização. Consideração dos danos suportados pelos pais e das condições econômicas das partes. RECURSO IMPROVIDO" (TJRS, Recurso Cível nº 71002365740, 1ª Turma Recursal Cível, rel. Des. HELENO TREGNAGO SARAIVA, em transcrição parcial) (grifamos).

"Apelação cível - Responsabilidade civil - Ação de reparação de danos - Queda de aluno no interior de escola municipal - Lesão na cabeça que se agravou com a formação de um abscesso, exigindo a internação hospitalar do menor durante cinco dias. Omissão no dever de guarda e vigilância, máxime quando existem registros de antecedentes de comportamento excessivo do menor - Responsabilidade objetiva da instituição municipal de ensino Inteligência do artigo 37, § 6º da CRFB. **Indenização arbitrada com moderação em R$ 5.000,00**. Correção monetária e juros moratórios a partir da sentença, na forma da nova redação dada ao artigo 1º-F da Lei nº 9.494/1997 pela Lei nº 11.960/2009. Desprovimento do recurso" (TJRJ, Apelação Cível nº 0007633-40.2012.8.19.0001, 7ª Câmara Cível, rel. Des. LUCIANO RINALDI, em transcrição parcial) (grifamos).

09. Por exigência do art. 105, inciso III, alínea *c* da CF e do § 1º do art. 1.029 do CPC, a peticionária informa que os julgados reproduzidos foram extraídos dos sites www.tjrs.jus.br e www.tjrj.jus.br, acessados no dia 09.7.2022.

10. Como percebemos, em casos praticamente idênticos, os tribunais estaduais fixaram a indenização por danos morais na quantia de R$ 5.000,00 (cinco mil reais), que representa a metade do valor indenizatório arbitrado no caso concreto.

11. Seria desnecessário dizer que esse Colendo Tribunal Superior exerce papel fundamental na pacificação do entendimento jurisprudencial, *afinando* a interpretação que deve ser dada às normas infraconstitucionais, evitando que tenhamos entendimentos divergentes sobre a mesma matéria.

12. Com as vênias devidas, a pacificação citada em linhas anteriores deve pender para a adoção do entendimento firmado nos julgados anteriormente reproduzidos, já que nos encontramos diante de dano mínimo, evitando a proliferação da denominada *indústria da responsabilidade civil*.

DO PEDIDO

13. Pelo exposto, demonstrado o desacerto do julgado atacado, a peticionária requer se dignem Vossas Excelências a **DAR PROVIMENTO** a este recurso, resultando na modificação da decisão combatida, nos termos dos julgados paradigmas, com a consequente redução da condenação para no máximo R$ 5.000,00 (cinco mil reais).

Nestes termos, pede deferimento.

Local e data.

Nome do advogado

OAB

2.6.10 Procedimento

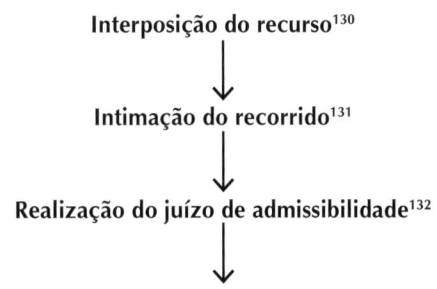

Interposição do recurso[130]

↓

Intimação do recorrido[131]

↓

Realização do juízo de admissibilidade[132]

↓

Encaminhamento do recurso especial ao STJ ou interposição do recurso de agravo em recurso especial[133]

2.7 RECURSO EXTRAORDINÁRIO

O recurso extraordinário tem âmbito de interposição limitado, prestando-se à **uniformização da matéria constitucional**, atuando o STF como **guardião**

---

130. Perante o presidente ou o vice-presidente do tribunal recorrido, por petição, que deve conter as informações e o conteúdo previsto no art. 1.029 do CPC.
131. Para que apresente contrarrazões no prazo geral de 15 (quinze) dias úteis.
132. Com fundamento no art. 1.030 do CPC, que tem a seguinte redação: "Art. 1.030. Recebida a petição do recurso pela secretaria do tribunal, o recorrido será intimado para apresentar contrarrazões no prazo de 15 (quinze) dias, findo o qual os autos serão conclusos ao presidente ou ao vice-presidente do tribunal recorrido, que deverá: I – negar seguimento: a) a recurso extraordinário que discuta questão constitucional à qual o Supremo Tribunal Federal não tenha reconhecido a existência de repercussão geral ou a recurso extraordinário interposto contra acórdão que esteja em conformidade com entendimento do Supremo Tribunal Federal exarado no regime de repercussão geral; b) a recurso extraordinário ou a recurso especial interposto contra acórdão que esteja em conformidade com entendimento do Supremo Tribunal Federal ou do Superior Tribunal de Justiça, respectivamente, exarado no regime de julgamento de recursos repetitivos; II – encaminhar o processo ao órgão julgador para realização do juízo de retratação, se o acórdão recorrido divergir do entendimento do Supremo Tribunal Federal ou do Superior Tribunal de Justiça exarado, conforme o caso, nos regimes de repercussão geral ou de recursos repetitivos; III – sobrestar o recurso que versar sobre controvérsia de caráter repetitivo ainda não decidida pelo Supremo Tribunal Federal ou pelo Superior Tribunal de Justiça, conforme se trate de matéria constitucional ou infraconstitucional; IV – selecionar o recurso como representativo de controvérsia constitucional ou infraconstitucional, nos termos do § 6º do art. 1.036; V – realizar o juízo de admissibilidade e, se positivo, remeter o feito ao Supremo Tribunal Federal ou ao Superior Tribunal de Justiça, desde que: a) o recurso ainda não tenha sido submetido ao regime de repercussão geral ou de julgamento de recursos repetitivos; b) o recurso tenha sido selecionado como representativo da controvérsia; ou c) o tribunal recorrido tenha refutado o juízo de retratação. § 1º Da decisão de inadmissibilidade proferida com fundamento no inciso V caberá agravo ao tribunal superior, nos termos do art. 1.042. § 2º Da decisão proferida com fundamento nos incisos I e III caberá agravo interno, nos termos do art. 1.021".
133. Com fundamento no art. 1.042 do CPC, recurso que estudamos na seção 2.8 desta obra, e nas suas subseções.

da Constituição Federal, num sistema de *contra freios* da atuação da instância ordinária na aplicação da CF.

Como vimos em relação ao recurso especial, o extraordinário **exige o prequestionamento da matéria, o exaurimento da instância ordinária e não permite o reexame do acervo fático-probatório** (ver seções 2.6.3, 2.6.4 e 2.6.5), preocupando-se o STF com a manutenção da higidez dos dispositivos que integram a CF, definindo como devem ser interpretados, proferindo decisões que espera sejam seguidas por todos os demais tribunais da Federação.

No exercício da função que lhe foi constitucionalmente atribuída, o STF prolata **decisões modelo** sobre questões constitucionais, servindo de orientação aos tribunais e aos magistrados que atuam no 1º grau de jurisdição.

A decisão proferida pelo STF no julgamento do recurso extraordinário não tem força *vinculante,* necessariamente, para obrigar os demais órgãos do Poder Judiciário a aplicarem o entendimento firmado em outros casos semelhantes, exceto quando tenha sido sumulado, demonstrando o seu "amadurecimento" no âmbito do Tribunal.

Diferentemente do recurso especial, o extraordinário **pode combater decisão proferida por órgão jurisdicional que não seja, necessariamente, um tribunal**, como os Colégios Recursais dos Juizados Especiais Cíveis, em decorrência da interpretação do inciso III do art. 102 da CF.

Esse dispositivo admite a interposição do recurso extraordinário contra decisões proferidas em "causas decididas em única ou última instância", sem exigir que sejam provenientes de tribunal.

A jurisprudência admite a interposição de recurso extraordinário contra decisão proferida por Colégio Recursal[134] e mesmo por Juiz de Direito, de forma isolada,[135] desde que a lei não preveja recurso ordinário para o seu ataque (como a apelação, o agravo de instrumento, os embargos de declaração, por exemplo).

---

134. Nesse sentido: "Constitucional. Juizado Especial de Pequenas Causas. Recurso extraordinário. Cabimento. **Cabimento de recurso extraordinário de decisão proferida pelo colegiado recursal dos Juizados Especiais de Pequenas Causas, desde que ocorrentes os pressupostos constitucionais**. Precedentes do STF. Reclamações 438, 459, 470 e 461. Reclamação julgada procedente para o fim de determinar o processamento do agravo de instrumento" (Reclamação 525 – 9 – SP, Pleno do STF) (grifamos).

135. Sobre o tema, reproduzimos o seguinte julgado: "Independentemente de a decisão ter, ou não, sido proferida por tribunal, **cabendo, portanto, recurso extraordinário de decisão de Juízo de 1º grau, nas causas de alçada, desde que a decisão não esteja sujeita a nenhum recurso ordinário**" (RE 140.362 – 4, 2ª Turma do STF) (grifamos).

2.7.1 Objeto do recurso extraordinário

O objeto do recurso extraordinário é o **pronunciamento proferido em causa decidida em única ou última instância**, quando:

(a) Contrariar dispositivo da Constituição Federal (alínea *a* do inciso III do art. 102 da CF).

(b) Declarar a inconstitucionalidade de tratado ou de lei federal (alínea *b* do inciso III do art. 102 da CF).

(c) Julgar válida lei ou ato de governo local contestado em face da Constituição Federal (alínea *c* do inciso III do art. 102 da CF).

(d) Julgar válida lei local contestada em face de lei federal (alínea *d* do inciso III do art. 102 da CF).

2.7.2 Prazo para a interposição do recurso extraordinário

O recurso extraordinário pode ser interposto no prazo de **15 (quinze) dias uteis**, contado em dobro quando apresentado:

(a) Pelo **Ministério Público**, como parte ou como fiscal da ordem jurídica.[136]

(b) Pela **Advocacia Pública**, na defesa dos direitos da União, dos Estados, do Distrito Federal, dos Municípios e das suas respectivas autarquias e fundações de direito público[137].

(c) Pela **Defensoria Pública**, atuando na defesa do denominado pobre na forma da lei.[138]

(d) Por **litisconsortes** com diferentes procuradores, desde que estejam representados por diferentes procuradores, integrantes de escritórios de advocacia distintos e desde que o processo não tenha curso em autos eletrônicos.

Os litisconsortes só gozarão da prerrogativa da contagem do prazo em dobro se o processo tiver curso em autos físicos, desde que integrem escritórios de advocacia distintos.

---

136. "Art. 180. O Ministério Público gozará de prazo em dobro para manifestar-se nos autos, que terá início a partir de sua intimação pessoal, nos termos do art. 183, § 1º. (...)".

137. "Art. 183. A União, os Estados, o Distrito Federal, os Municípios e suas respectivas autarquias e fundações de direito público gozarão de prazo em dobro para todas as suas manifestações processuais, cuja contagem terá início a partir da intimação pessoal. (...)".

138. "Art. 186. A Defensoria Pública gozará de prazo em dobro para todas as suas manifestações processuais. (...)".

Situação	Prazo
Interposição do recurso extraordinário por pessoa natural ou por pessoa jurídica de direito privado	15 dias úteis
Interposição do recurso extraordinário pelo Ministério Público como parte	30 dias úteis
Interposição do recurso extraordinário pelo Ministério Público como fiscal da ordem jurídica	30 dias úteis
Interposição do recurso extraordinário pela Advocacia Pública	30 dias úteis
Interposição do recurso extraordinário pela Defensoria Pública	30 dias úteis
Interposição do recurso extraordinário por litisconsortes representados por diferentes procuradores, integrantes de escritórios de advocacia distintos, em processo que tem curso em autos físicos	30 dias úteis
Interposição do recurso extraordinário por litisconsortes representados por diferentes procuradores, integrantes de escritórios de advocacia distintos, em processo que tem curso em autos eletrônicos	15 dias úteis
Interposição do recurso extraordinário por litisconsortes representados por diferentes procuradores, integrantes de um mesmo escritório de advocacia, em processo que tem curso em autos eletrônicos ou em autos físicos	15 dias úteis

2.7.3 Hipóteses que admitem a interposição do recurso extraordinário

2.7.3.1 Cabimento quando a decisão recorrida contrariar dispositivo da Constituição Federal

Quando interposto nessa hipótese, o recorrente deve demonstrar que a norma constitucional foi frontalmente violada, restringindo o STF em admitir recurso extraordinário fundado em alegada ofensa indireta ou reflexa à CF.[139]

2.7.3.2 Cabimento quando a decisão recorrida declarar a inconstitucionalidade de tratado ou de lei federal

O art. 97 da CF[140] confere aos tribunais a prerrogativa de declararem a inconstitucionalidade de lei ou de ato normativo do Poder Público, declaração que exige **quórum qualificado**, devendo ser proferida através do voto da maioria absoluta dos membros do tribunal ou do respectivo órgão especial.

---

139. Nesse sentido: "AGRAVO REGIMENTAL NO RECURSO EXTRAORDINÁRIO COM AGRAVO. DIREITO ADMINISTRATIVO. AÇÃO CIVIL PÚBLICA. CONSELHO REGIONAL DE FISCALIZAÇÃO PROFISSIONAL. LIMITES DOS PODERES DISCIPLINAR E FISCALIZATÓRIO. LEGISLAÇÃO REGULAMENTADORA. ANÁLISE. IMPOSSIBILIDADE. OFENSA REFLEXA. PRECEDENTES. **Não se presta o recurso extraordinário para a análise de legislação infraconstitucional ou de ofensa reflexa à Constituição da República.** Agravo regimental não provido" (STF, ARE 126262, Tribunal Pleno, relator Ministro DIAS TOFFOLI, publicado em 14.7.2020) (grifamos).

140. "Art. 97. Somente pelo voto da maioria absoluta de seus membros ou dos membros do respectivo órgão especial poderão os tribunais declarar a inconstitucionalidade de lei ou ato normativo do Poder Público".

A inconstitucionalidade pode ser arguida pelas partes de qualquer ação ou de recurso em tramitação no tribunal local, ou pelo Ministério Público, exigindo pronunciamento do relator, que submete a questão ao órgão colegiado do tribunal a quem competir o julgamento do recurso (agravo de instrumento, apelação etc.) ou da ação (mandado de segurança, ação rescisória etc.), antes disso determinando a ouvida do Ministério Público, na condição de fiscal da ordem jurídica, sob pena de nulidade da questão incidental.[141] O órgão do tribunal local pode:

(a) Rejeitar a alegação, dando ensejo à continuidade do julgamento do recurso ou da ação que por ele tramita.

(b) Acolher a alegação (salvo se já houver pronunciamento do órgão especial do tribunal local ou do STF, hipótese que determina a simples invocação do precedente da Corte ou do STF, ficando vinculado a essa orientação), gerando a lavratura de acórdão e o posterior encaminhamento da questão ao tribunal pleno, que, repita-se, tem competência constitucional para declarar a inconstitucionalidade de lei ou de ato normativo do Poder Público. O órgão colegiado não pode declarar a inconstitucionalidade,[142] limitando-se a sua função no incidente ao acolhimento da alegação para fins de encaminhamento ao tribunal pleno ou à Corte Especial, se o tribunal apresentar esse órgão na sua composição interna.

Na situação estudada na letra (b), o julgamento proferido pelo tribunal pleno, na forma de acórdão, quando reconhece a inconstitucionalidade de lei ou de ato normativo do Poder Público, pode ser atacado pelo recurso extraordinário, com fundamento na alínea *b* do inciso III do art. 102 da CF.

A declaração de inconstitucionalidade que emana do tribunal local não produz efeitos *erga omnes*, a ponto de impedir a aplicação da lei ou do ato normativo relativamente a processos que envolvam qualquer pessoa física ou jurídica, **sendo limitada às partes da ação ou do processo afeto à competência do tribunal local** (declaração *incidenter tantum*, ou análise incidental da questão, em tradução livre), no qual a inconstitucionalidade foi arguida.

---

141. "**Evidente o interesse público, arguida incidentalmente a inconstitucionalidade de lei ou de ato normativo do Poder Público, impõe-se a prévia participação do Ministério Público, sob pena de nulidade do julgado.** A falta não é suprível por subsequente manifestação da Procuradoria da Fazenda, representante da entidade integrada na relação processual estabelecida para o deslinde do litígio ensejador da ação. Precedentes jurisprudenciais. Recurso provido" (STJ, REsp 107733 – SP, 1ª Turma) (grifamos).

142. "**Na linha de precedente da Corte, o órgão fracionário não tem competência para declarar a inconstitucionalidade de lei federal, competência privativa do tribunal pleno ou do órgão especial, onde houver.** Recurso especial conhecido e provido" (STJ, REsp 97870 – MG, 3ª Turma) (grifamos).

O controle realizado pelos tribunais é denominado **controle difuso de constitucionalidade ou pela via indireta**, não se confundindo com o **controle abstrato de constitucionalidade ou pela via direta** (porque não ocorre numa situação concreta),[143] originariamente realizado pelo STF por meio da *ação direta de inconstitucionalidade de lei ou ato normativo federal ou estadual* (alínea *a* do inciso I do art. 102 da CF).

2.7.3.3 *Cabimento quando a decisão recorrida julgar válida lei ou ato de governo local contestado em face da Constituição Federal e quando a decisão recorrida julgar válida lei local contestada em face de lei federal*

As hipóteses estudadas nesta seção são semelhantes à prevista na alínea *b* do inciso III do art. 105 da CF, analisada na seção 2.6.6.2, em que examinamos o cabimento do recurso especial quando a decisão recorrida julgar válido ato de governo local contestado em face de lei federal.

No caso agora examinado, temos duas normas hierarquicamente distintas em confronto:

(a)   De um lado, lei ou ato de governo local (estadual ou municipal); do outro, norma constitucional;

(b)   ou de um lado, lei local, do outro, lei federal.

Apenas para exemplificar, perceba que o § 3º do art. 40 da CF dispunha, antes da reforma da Previdência:

"Os proventos de aposentadoria, por ocasião da sua concessão, serão calculados com base na remuneração do servidor no cargo efetivo em que se der a aposentadoria e, na forma da lei, corresponderão à totalidade da remuneração".

O dispositivo constitucional previa que, ao pleitearem a concessão de aposentadoria, os servidores recebiam remuneração no mesmo valor pago aos ativos, sem qualquer discriminação. Imagine que determinada lei estadual estabelece diferença entre a remuneração do servidor aposentado e o pessoal da ativa, con-

---

143.   Preciso o ensinamento doutrinário: "Esse controle é exercido nos moldes preconizados por Hans Kelsen para o Tribunal Constitucional austríaco e adotados, posteriormente, pelo Tribunal Constitucional alemão, espanhol, italiano e português, competindo ao Supremo Tribunal Federal processar e julgar, originariamente, ação direta de inconstitucionalidade de lei ou ato normativo federal ou estadual. Por meio desse controle, procura-se obter a declaração de inconstitucionalidade da lei ou do ato normativo em tese, independentemente da existência de um caso concreto, visando à obtenção da invalidação da lei, a fim de garantir-se a segurança das relações jurídicas, que não podem ser baseadas em normas inconstitucionais" (MORAES, Alexandre de. *Direito constitucional*. 13. ed. São Paulo: Atlas, 2003, p. 606).

siderando que o dispositivo da CF não seria autoaplicável. Determinado servidor público exercita o direito de ação, pleiteando a aplicação da CF na situação específica, não da lei estadual.

O magistrado que atua no 1º grau de jurisdição aplica a lei estadual, deixando de utilizar a norma constitucional, posicionamento que é reiterado pelo tribunal local no julgamento do recurso de apelação. Nesse caso, é admitida a interposição do recurso extraordinário, fundado na alínea *c* do inciso III do art. 102 da CF, demonstrando o recorrente que a decisão combatida deu preferência à aplicação de norma estadual, preterindo a aplicação do dispositivo da CF.

O recorrente deve confrontar o dispositivo da lei estadual com a norma da CF, demonstrando o desacerto na aplicação do primeiro, formulando, como pedido, a modificação da decisão judicial para a correta aplicação do dispositivo constitucional, afastando a incidência da outra norma.

2.7.4 Comprovação da repercussão geral. Requisito específico de admissibilidade do recurso extraordinário

O § 3º do art. 102 da CF prevê que, ao interpor o recurso extraordinário, o recorrente deve demonstrar a **repercussão geral das questões constitucionais discutidas no caso**, para que o tribunal examine a admissão do recurso, podendo recusá-lo pela manifestação de dois terços de seus membros, representando oito ministros.

A repercussão geral é **requisito específico de admissibilidade do recurso extraordinário**, somando-se à exigência do prequestionamento, à demonstração do interesse, da legitimidade, da tempestividade etc.

O requisito da repercussão geral exige do recorrente a demonstração de que a questão que discute no processo tem repercussão ampla, evitando que o STF se envolva com questões menos importantes, com repercussão meramente individual, servindo apenas para tumultuar o seu funcionamento.

Comentando o requisito que estudamos nesta seção, a doutrina nos fornece a seguinte lição:

"Sob certo aspecto, o parágrafo ressuscita a relevância da questão federal como pressuposto de admissibilidade do recurso extraordinário, tal como aconteceu na ordem constitucional anterior (art. 119, § 1º, da Constituição de 1967, com a redação da Emenda nº 7, de 13.04.1977). A relevância da matéria constitucional versada no recurso extraordinário será medida não em função do modo como o julgado recorrido e o que vier a ser proferido pelo STF repercutirem na esfera do interesse do litigante, porém da sua repercussão na sociedade. À luz do § 3º, a admissibilidade do recurso extraordinário dependerá da verificação de que, efetivamente, o quanto nele se decidir alcançará outras situações semelhantes, ou contribuirá para a solução uniforme da questão constitucional em causa. O § 3º entrelaça-se com o art. 103-A, também produto da Emenda Constitucional"(BERMUDES, Sérgio. *A reforma do Judiciário pela emenda constitucional nº 45*. Rio de Janeiro: Forense, 2005, p. 55).

Assim, podemos conceituar a *repercussão geral* como a exigência de demonstração (a cargo do recorrente) de que a matéria discutida no recurso extraordinário transpassa os interesses das partes, sendo relevante do ponto de vista **econômico, político, social ou jurídico**, interessando à sociedade de modo geral. Dizendo de outro modo, a repercussão geral evidencia um interesse coletivo de que a questão seja examinada pelo STF.

A lei processual disciplina o requisito em seu art. 1.035, que tem a seguinte redação:

"Art. 1.035. O Supremo Tribunal Federal, em decisão irrecorrível, não conhecerá do recurso extraordinário quando a questão constitucional nele versada não tiver repercussão geral, nos termos deste artigo. § 1º Para efeito de repercussão geral, será considerada a existência ou não de questões relevantes do ponto de vista econômico, político, social ou jurídico que ultrapassem os interesses subjetivos do processo. § 2º O recorrente deverá demonstrar a existência de repercussão geral para apreciação exclusiva pelo Supremo Tribunal Federal. § 3º Haverá repercussão geral sempre que o recurso impugnar acórdão que: I - contrarie súmula ou jurisprudência dominante do Supremo Tribunal Federal; II – Revogado; III - tenha reconhecido a inconstitucionalidade de tratado ou de lei federal, nos termos do art. 97 da Constituição Federal. § 4º O relator poderá admitir, na análise da repercussão geral, a manifestação de terceiros, subscrita por procurador habilitado, nos termos do Regimento Interno do Supremo Tribunal Federal. § 5º Reconhecida a repercussão geral, o relator no Supremo Tribunal Federal determinará a suspensão do processamento de todos os processos pendentes, individuais ou coletivos, que versem sobre a questão e tramitem no território nacional. § 6º O interessado pode requerer, ao presidente ou ao vice-presidente do tribunal de origem, que exclua da decisão de sobrestamento e inadmita o recurso extraordinário que tenha sido interposto intempestivamente, tendo o recorrente o prazo de 5 (cinco) dias para manifestar-se sobre esse requerimento. § 7º Da decisão que indeferir o requerimento referido no § 6º ou que aplicar entendimento firmado em regime de repercussão geral ou em julgamento de recursos repetitivos caberá agravo interno. § 8º Negada a repercussão geral, o presidente ou o vice-presidente do tribunal de origem negará seguimento aos recursos extraordinários sobrestados na origem que versem sobre matéria idêntica. § 9º O recurso que tiver a repercussão geral reconhecida deverá ser julgado no prazo de 1 (um) ano e terá preferência sobre os demais feitos, ressalvados os que envolvam réu preso e os pedidos de *habeas corpus*. § 10. Revogado. § 11. A súmula da decisão sobre a repercussão geral constará de ata, que será publicada no diário oficial e valerá como acórdão".

O CPC **não exige que a repercussão geral seja suscitada como preliminar do recurso**, de modo que o recorrente pode demonstrá-la em qualquer trecho da peça recursal, potencializando a possibilidade de seu conhecimento, permitindo o enfrentamento das questões de mérito.

2.7.5 Efeito em que o recurso extraordinário é recebido

O recurso extraordinário não impede a eficácia da decisão (art. 995), por ser **dotado apenas do efeito devolutivo**, podendo o recorrente requerer lhe seja atribuído efeito suspensivo de forma excepcional, por requerimento dirigido:

(a) **Ao STF**, no período compreendido entre a publicação da decisão de admissão do recurso e sua distribuição, ficando o relator designado para seu exame prevento para julgá-lo.

(b) **Ao relator**, se já distribuído o recurso.

(c) **Ao presidente ou ao vice-presidente do tribunal recorrido**, no período compreendido entre a interposição do recurso e a publicação da decisão de admissão do recurso, assim como no caso de o recurso ter sido sobrestado, nos termos do art. 1.037.

2.7.6 Minuta comentada de recurso extraordinário

Excelentíssimo Senhor Desembargador Vice-Presidente do Egrégio Tribunal de Justiça do Estado de Pernambuco[144].

EMPRESA ABC, MARIA DA SILVA e JOÃO DOS SANTOS, por seu advogado, nos autos da **Apelação Cível** interposta contra **EMPREENDIMENTOS IMOBILIÁRIOS CDE LTDA.**, nº 0001002 – 75.2022.8.17.0001 (450000 – 1), havendo sido intimados do v. acórdão em que esse e. Tribunal Estadual negou provimento ao recurso de embargos de declaração anteriormente aforado pelos peticionários, mantendo o acórdão atacado pelo citado remédio processual, vêm, por meio desta, com fundamento na alínea (a) do inciso III do art. 102 da CF e no prazo legal de 15 (quinze) dias úteis, interpor **RECURSO EXTRAORDINÁRIO**, de acordo com as razões em anexo, confiando que a espécie recursal será provida, acarretando a modificação do pronunciamento combatido.

Nestes termos, com as razões recursais e as guias concernentes ao preparo em anexo[145], pedem deferimento.

Local e data.

Nome do advogado

OAB

Recorrentes: **EMPRESA ABC, MARIA DA SILVA e JOÃO DOS SANTOS**

Recorrida: **EMPREENDIMENTOS IMOBILIÁRIOS CDE LTDA.**

Apelação Cível nº 0001002 – 75.2022.8.17.0001 (450000 – 1)

RAZÕES DOS RECORRENTES

Eminentes Ministros:

01. O v. acórdão da lavra do Tribunal Estadual deve ser integralmente modificado, *data vênia*, por ter infringido NORMA CONSTITUCIONAL, com a ressalva de que esta espécie recursal tem fundamento na alínea (a) do inciso III do art. 102 da CF.

02. A interposição deste recurso foi antecedida da oposição de embargos de declaração, utilizado para fins de prequestionamento da matéria, evitando a incidência da Súmula 282 do Colendo STF[146].

03. Além disso, é importante destacar que os peticionários interpuseram todos os recursos na sequência lógica do processo, o que significa dizer que exauriram a jurisdição ordinária, afastando a aplicação da Súmula 281 do STF.

04. Finalmente, antes de exporem as razões recursais, os peticionários destacam que o presente recurso é fundado na alegação de infração do direito objetivo, não versando

---

144. O recurso extraordinário deve ser interposto por petição, com a observância dos requisitos listados no art. 1.029 do CPC, sendo endereçado ao presidente ou o vice-presidente do tribunal local.

145. No STJ, o recolhimento das custas é disciplinado pela Resolução nº 606, de 23 de janeiro de 2018, cujo art. 1º apresenta a seguinte redação: "Art. 1º As Tabelas de Custas do Supremo Tribunal Federal passam a vigorar com os seguintes valores: TABELA A – RECURSOS INTERPOSTOS EM INSTÂNCIA INFERIOR: (...) II – Recurso Extraordinário – R$ 198,95". Além das custas, o recorrente deve recolher o valor relacionado ao porte de remessa e de retorno, observando as variações constantes da tabela inserida no art. 2º da mesma Resolução, disponível em www.stf.jus.br.

146. O art. 1.025 do CPC prevê que *consideram-se incluídos no acórdão os elementos que o embargante suscitou, para fins de pré-questionamento, ainda que os embargos de declaração sejam inadmitidos ou rejeitados, caso o tribunal superior considere existentes erro, omissão, contradição ou obscuridade*, o que significa dizer que a lei processual adotou o prequestionamento implícito.

sobre fatos, cônscios da vedação imposta pela Súmula 07 desse Colendo Tribunal Superior, o qual recebeu a atribuição de ser guardião das normas constitucionais.

05. Embora a fundamentação jurídica do recurso seja exclusivamente de direito, apenas para situar a infração à norma constitucional, os peticionários pedem vênia para destacar alguns acontecimentos processuais[147].

06. Nesse passo, como percebemos através do simples exame dos autos, encontramo-nos diante de ação de despejo, ajuizada ainda no ano de 2018, fundada na alegação de que os peticionários (a primeira na condição de locatária, os dois últimos na de fiadores) teriam permanecido por mais de 30 (trinta) meses sem efetuar o pagamento de aluguéis, o que daria azo à pretensão desalijatória.

07. Ainda da inicial, extraímos a informação de que a locação teve por objeto o galpão D1, situado na Estrada do Caminho, s/n, Quadra C, Conjunto Industrial Multifabril (CIMJ – Condomínio Industrial Multifabril de Jaboatão dos Guararapes), no bairro de Santo Aleixo, município do Jaboatão dos Guararapes, estado de Pernambuco, bem que teria sido inicialmente locado à primeira recorrente pela empresa TUBOS E CONEXÕES LTDA., supostamente sucedida pela adversa parte.

08. Ao contestar a ação, os peticionários demonstraram que haviam proposto ação renovatória antes do ajuizamento da ação de despejo, tombada sob o nº 001.2018.150000 – 8, conexa ao feito no qual o acórdão combatido foi proferido, em cujos autos a autoridade de piso proferiu decisão no início do procedimento, reconhecendo o preenchimento dos requisitos listados no art. 71 da Lei do Inquilinato, dentre eles, que a parte autora havia adimplido todas as obrigações contratuais, incluindo o pagamento dos aluguéis, o que significa dizer que não havia (como de fato não há) o que se falar em mora.

09. Na fase de instrução probatória, os peticionários protestaram pela produção de prova pericial, não genericamente, mas com a intenção de comprovarem a duplicidade de pagamentos, o que resultaria no reconhecimento da inexistência da dívida espalhafatosamente alardeada pela adversa parte, e, consequentemente, no julgamento da ação de despejo pela improcedência dos pedidos.

10. Quando os peticionários afirmam que o protesto pela produção da prova indicada em linhas anteriores não foi genérico, é porque comprovaram pagamentos nos autos da ação renovatória conexa à ação de despejo, representados por recibos que não foram impugnados pela adversa parte, tornando o fato incontroverso (pagamento).

11. Apenas como ilustração, examinando o documento de ID 100200300, constatamos que estamos diante de recibo no valor de R$ 39.000,00 (trinta e nove mil reais), que comprovaria o pagamento de 13 (treze) meses de aluguéis, quando o valor devido no mesmo período era de apenas R$ 16.900,00 (dezesseis mil e novecentos reais).

12. A admissão da alegação como verdadeira comprovaria não apenas a inexistência de dívida, como também creditaria os peticionários no direito de compensarem o crédito com aluguéis vincendos ou de proporem ação de repetição de indébito contra a parte contrária.

13. Contudo, surpreendentemente, embora a matéria fosse de máxima relevância, a autoridade monocrática não permitiu a produção da prova pericial, o que foi objeto de ataque oportuno, por recurso que restou improvido no âmbito do Tribunal local.

14. Com isso, é patente a infração ao inciso LV do art. 5º da CF, justificando a interposição deste recurso extraordinário, por alegada ofensa à norma constitucional.

15. Os peticionários lembram que, ao suscitar fato extintivo do direito do autor (pagamento), passam a ter o direito de produzir provas para comprovar a veracidade da

---

147. O recorrente deve ser bastante cauteloso ao se referir aos fatos (acontecimentos processuais), evitando a conclusão de que o julgamento do recurso extraordinário exigiria o reexame do conjunto fático-probatório, o que não é admitido nos recursos extremos (REsp e RExtr).

alegação, não apenas documental, já que a lei não predefine essa modalidade de prova como a única capaz de esclarecer o fato.

16. Nosso sistema processual não tarifa as provas, nem estabelece hierarquia entre elas, de modo que a documental vale tanto quanto a pericial que vale tanto quanto a inspeção judicial, e assim sucessivamente.

17. As considerações expostas em linhas anteriores servem para demonstrar a necessidade da produção da prova pericial, já que havia divergência das partes quanto a valores de créditos e de débitos, evidenciando a necessidade de produção de prova técnica.

18. Ao indeferir a produção da citada prova, primeiro o magistrado de piso, depois o e. Tribunal local infringiram o inciso LV do art. 5º da CF, por não terem permitido que os peticionários provassem a ocorrência do fato extintivo do direito do autor (pagamento).

19. Considerando a exigência específica constante do CPC, de que o recorrente deve comprovar a existência da denominada repercussão geral, sob pena de não conhecimento do recurso extremo, os peticionários estendem essa peça recursal para demonstrar que o conhecimento deste recurso é do interesse geral, por garantir a prevalência e a primazia do princípio do contraditório e da ampla defesa[148].

20. Nesse passo, o CPC/2015 realçou a necessidade de fundamentação dos pronunciamentos judiciais (§ 1º do art. 489), sobretudo para forçar os julgadores a observarem os princípios constitucionais aplicáveis ao processo civil, com destaque para o princípio do contraditório e da ampla defesa.

21. Além disso, há um interesse geral de que o direito ao contraditório e à ampla defesa seja assegurado de forma absoluta, ínsito na ideia de que prestar a jurisdição não é julgar a causa de qualquer modo, mas concedendo o efetivo direito de defesa às partes da relação processual.

22. O julgamento de uma ação sem conceder às partes o direito à produção da prova produz efeitos não apenas no processo isoladamente visto, mas em todo o sistema jurídico, na medida em que a adoção dessa técnica restritiva em escala prejudicará outras pessoas em outras relações processuais, tornando o princípio do contraditório e da ampla defesa uma norma idealista ou pragmática.

23. Por essas razões, comprovando o preenchimento do requisito alusivo à repercussão geral, os peticionários destacam que o conhecimento deste recurso é providência necessária, já que o seu julgamento tem força suficiente para propagar a justiça efetiva, não uma justiça formal, apenas existente nos textos legais.

DO PEDIDO

24. Posta a questão nesses termos, comprovada a afronta à norma constitucional indicada no decorrer desta manifestação processual, e o consequente desacerto do acórdão impugnado, os peticionários requerem se dignem Vossas Excelências a **DAR PROVIMENTO** a este recurso, para reconhecer a nulidade do processo a partir da audiência de instrução e julgamento, em decorrência do cerceamento do direito de defesa sofrido pelos recorrentes naquele ato, resultando na nulidade de todos os atos subsequentes, em respeito à teoria do fruto da árvore envenenada, adotada em nosso sistema processual.

Nestes termos, pedem deferimento.

Local e data.

Nome do advogado

OAB

---

148. A comprovação da repercussão geral pode ser feita em qualquer trecho da petição de interposição do recurso extraordinário, não necessariamente como preliminar.

2.7.7 Procedimento

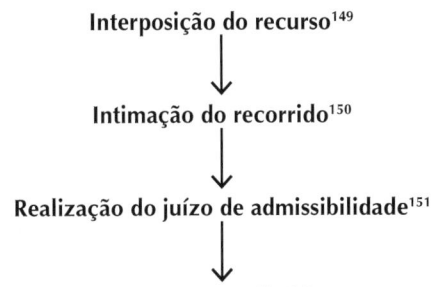

Interposição do recurso[149]

↓

Intimação do recorrido[150]

↓

Realização do juízo de admissibilidade[151]

↓

Encaminhamento do recurso extraordinário ao STF ou interposição
do recurso de agravo em recurso extraordinário[152]

2.8 AGRAVO EM RECURSO ESPECIAL OU EM RECURSO EXTRAORDINÁRIO

O agravo que estudamos nesta seção ataca **decisão monocrática proferida pelo presidente ou pelo vice-presidente do tribunal local, que nega seguimento ao recurso especial e/ou ao recurso extraordinário**, salvo quando o pronunciamento é fundado na aplicação de entendimento firmado em regime de repercussão geral ou em julgamento de recursos repetitivos.

---

149. Perante o presidente ou o vice-presidente do tribunal recorrido, por petição, que deve conter as informações e o conteúdo previsto no art. 1.029 do CPC.
150. Para que apresente contrarrazões no prazo geral de 15 (quinze) dias úteis.
151. Com fundamento no art. 1.030 do CPC que tem a seguinte redação: "Art. 1.030. Recebida a petição do recurso pela secretaria do tribunal, o recorrido será intimado para apresentar contrarrazões no prazo de 15 (quinze) dias, findo o qual os autos serão conclusos ao presidente ou ao vice-presidente do tribunal recorrido, que deverá: I – negar seguimento: a) a recurso extraordinário que discuta questão constitucional à qual o Supremo Tribunal Federal não tenha reconhecido a existência de repercussão geral ou a recurso extraordinário interposto contra acórdão que esteja em conformidade com entendimento do Supremo Tribunal Federal exarado no regime de repercussão geral; b) a recurso extraordinário ou a recurso especial interposto contra acórdão que esteja em conformidade com entendimento do Supremo Tribunal Federal ou do Superior Tribunal de Justiça, respectivamente, exarado no regime de julgamento de recursos repetitivos; II – encaminhar o processo ao órgão julgador para realização do juízo de retratação, se o acórdão recorrido divergir do entendimento do Supremo Tribunal Federal ou do Superior Tribunal de Justiça exarado, conforme o caso, nos regimes de repercussão geral ou de recursos repetitivos; III – sobrestar o recurso que versar sobre controvérsia de caráter repetitivo ainda não decidida pelo Supremo Tribunal Federal ou pelo Superior Tribunal de Justiça, conforme se trate de matéria constitucional ou infraconstitucional; IV – selecionar o recurso como representativo de controvérsia constitucional ou infraconstitucional, nos termos do § 6º do art. 1.036; V – realizar o juízo de admissibilidade e, se positivo, remeter o feito ao Supremo Tribunal Federal ou ao Superior Tribunal de Justiça, desde que: a) o recurso ainda não tenha sido submetido ao regime de repercussão geral ou de julgamento de recursos repetitivos; b) o recurso tenha sido selecionado como representativo da controvérsia; ou c) o tribunal recorrido tenha refutado o juízo de retratação. § 1º Da decisão de inadmissibilidade proferida com fundamento no inciso V caberá agravo ao tribunal superior, nos termos do art. 1.042. § 2º Da decisão proferida com fundamento nos incisos I e III caberá agravo interno, nos termos do art. 1.021".
152. Com fundamento no art. 1.042 do CPC, recurso que estudamos na seção 2.8 desta obra, e nas suas subseções.

Vejamos o art. 1.042 do CPC:

"Art. 1.042. Cabe agravo contra decisão do presidente ou do vice-presidente do tribunal recorrido que inadmitir recurso extraordinário ou recurso especial, salvo quando fundada na aplicação de entendimento firmado em regime de repercussão geral ou em julgamento de recursos repetitivos. I – Revogado. II – Revogado. III – Revogado. § 1º Revogado. I – Revogado. II – Revogado. a) Revogada. b) Revogada. § 2º A petição de agravo será dirigida ao presidente ou ao vice-presidente do tribunal de origem e independe do pagamento de custas e despesas postais, aplicando-se a ela o regime de repercussão geral e de recursos repetitivos, inclusive quanto à possibilidade de sobrestamento e do juízo de retratação. § 3º O agravado será intimado, de imediato, para oferecer resposta no prazo de 15 (quinze) dias. § 4º Após o prazo de resposta, não havendo retratação, o agravo será remetido ao tribunal superior competente. § 5º O agravo poderá ser julgado, conforme o caso, conjuntamente com o recurso especial ou extraordinário, assegurada, neste caso, sustentação oral, observando-se, ainda, o disposto no regimento interno do tribunal respectivo. § 6º Na hipótese de interposição conjunta de recursos extraordinário e especial, o agravante deverá interpor um agravo para cada recurso não admitido. § 7º Havendo apenas um agravo, o recurso será remetido ao tribunal competente, e, havendo interposição conjunta, os autos serão remetidos ao Superior Tribunal de Justiça. § 8º Concluído o julgamento do agravo pelo Superior Tribunal de Justiça e, se for o caso, do recurso especial, independentemente de pedido, os autos serão remetidos ao Supremo Tribunal Federal para apreciação do agravo a ele dirigido, salvo se estiver prejudicado".

Alguns advogados se limitam a copiar e colar as razões que fundamentaram o REsp ou o RExtr, no agravo disciplinado pelo dispositivo transcrito, técnica que **infringe o princípio da dialeticidade**, impedindo o conhecimento do remédio processual.

A jurisprudência dos Tribunais Superiores é pacífica sobre essa questão, como observamos através da leitura do seguinte julgado, que sintetiza a posição:

"AGRAVO INTERNO NO AGRAVO EM RECURSO ESPECIAL. AUSÊNCIA DE IMPUGNAÇÃO ESPECÍFICA AOS FUNDAMENTOS DA DECISÃO PROFERIDA PELO TRIBUNAL DE ORIGEM. PRINCÍPIO DA DIALETICIDADE. ART. 932, III, DO CPC DE 2015. NÃO CABIMENTO. AGRAVO INTERNO NÃO PROVIDO. À luz do princípio da dialeticidade, que norteia os recursos, compete à parte agravante, sob pena de não conhecimento do agravo em recurso especial, infirmar especificamente os fundamentos adotados pelo Tribunal de origem para negar seguimento ao reclamo. O agravo que objetiva conferir trânsito ao recurso especial obstado na origem reclama, como requisito objetivo de admissibilidade, a impugnação específica a todos os fundamentos utilizados para a negativa de seguimento do apelo extremo, consoante expressa previsão contida no art. 932, III, do CPC de 2015 e art. 253, I, do RISTJ, ônus do qual não se desincumbiu a parte insurgente, sendo insuficientes alegações genéricas de não aplicabilidade dos óbices invocados. Para afastar o fundamento da decisão agravada, de incidência do óbice da Súmula 83/STJ não basta apenas deduzir alegação genérica de presença dos requisitos de admissibilidade, ou de inaplicabilidade do referido óbice, devendo a parte recorrente demonstrar que outra é a positivação do direito na jurisprudência desta Corte, com a indicação de precedentes contemporâneos ou supervenientes aos referidos na decisão agravada, ou deixar claro que os julgados apontados como precedentes não se aplicam ao caso concreto em análise. Do mesmo modo, para afastar o fundamento da decisão do Tribunal de origem, de incidência do óbice da Súmula 7/STJ, não basta apenas deduzir que a tese defensiva não demanda reexame de provas. Deve o recorrente demonstrar como seria possível modificar o entendimento firmado pelas instâncias ordinárias sem nova análise do conjunto fático-probatório, deixando claro que os fatos foram devidamente consignados no acórdão objurgado, ônus do qual, contudo, não se desobrigou. Agravo interno não provido" (STJ, AgInt no Agravo em REsp 1948650/PR, 4ª Turma, relator Ministro LUIS FELIPE SALOMÃO, julgado em 21.3.2022).

Ao interpor o agravo em REsp ou em RExtr, o recorrente não ataca o acórdão que ensejou a interposição do recurso especial e/ou do recurso extraordinário (que julgou a apelação anteriormente apresentada, por exemplo), mas **a decisão proferida pelo presidente ou pelo vice-presidente do Tribunal local**, que negou seguimento a este ou a aquele, por exemplo, sob a alegação de que seria intempestivo, de que a parte não deteria legitimidade ou interesse, e, principalmente, de que a matéria não teria sido prequestionada (Súmula 282 do STF); de que o julgamento do recurso extremo exigiria o reexame do contexto fático-probatório (Súmula 7 do STJ); de que a instância ordinária não teria sido exaurida (Súmula 281 do STF); de que os paradigmas de entendimento (julgados proferidos por outros Tribunais) já foram superados pela jurisprudência consolidada no âmbito do STJ (Súmula 83 do STJ) etc.

Exemplificativamente (é apenas um exemplo, que retrata uma ficção, não necessariamente retratando a jurisprudência sobre a matéria), pensemos em ação indenizatória, em que patrão, amo ou comitente da pessoa que causou determinado acidente é condenado ao pagamento de indenização, por sentença confirmada por órgão colegiado do Tribunal de Justiça do Estado de São Paulo.

Ao interpor o REsp, o vencido transcreve julgados proferidos em casos semelhantes, por outros Tribunais, que, segundo ele, convergiriam no entendimento de que o patrão não pode ser obrigado ao pagamento de indenização, exceto quando o causador do acidente for condenado em ação penal.

O vice-presidente do Tribunal local nega seguimento ao recurso especial, com fundamento na Súmula 83 do STJ, transcrevendo julgados proferidos no âmbito deste Tribunal, em sentido contrário aos pronunciamentos que demonstrariam a divergência.

Ao interpor o agravo em recurso especial, o que o recorrente deve demonstrar é que a Súmula 83 do STJ não se aplicaria ao caso concreto, seja porque o entendimento então firmado no âmbito do STJ já foi superado, seja porque não retrata o entendimento majoritário, seja porque os julgados reproduzidos (que demonstrariam a superação da divergência) não se aplicam ao caso dos autos etc.

O ataque à decisão proferida pela presidência ou pela vice-presidência do Tribunal local deve ser **direta, frontal e objetiva**, repita-se, sob pena de não conhecimento do agravo em recurso especial ou em recurso extraordinário.

2.8.1 Prazo para a interposição do agravo em recurso especial

O agravo em recurso especial ou em recurso extraordinário pode ser interposto no prazo de **15 (quinze) dias uteis**, contado em dobro quando apresentado:

(i) Pelo **Ministério Público**, como parte ou como fiscal da ordem jurídica.[153]

(j) Pela **Advocacia Pública**, na defesa dos direitos da União, dos Estados, do Distrito Federal, dos Municípios e das suas respectivas autarquias e fundações de direito público[154].

(k) Pela **Defensoria Pública**, atuando na defesa do denominado pobre na forma da lei.[155]

(l) Por **litisconsortes** com diferentes procuradores, desde que estejam representados por diferentes procuradores, integrantes de escritórios de advocacia distintos e desde que o processo não tenha curso em autos eletrônicos.

Os litisconsortes só gozarão da prerrogativa da contagem do prazo em dobro se o processo tiver curso em autos físicos, desde que integrem escritórios de advocacia distintos.

Situação	Prazo
Interposição do agravo em recurso especial ou em recurso extraordinário por pessoa natural ou por pessoa jurídica de direito privado	15 dias úteis
Interposição do agravo em recurso especial ou em recurso extraordinário pelo Ministério Público como parte	30 dias úteis
Interposição do agravo em recurso especial ou em recurso extraordinário pelo Ministério Público como fiscal da ordem jurídica	30 dias úteis
Interposição do agravo em recurso especial ou em recurso extraordinário pela Advocacia Pública	30 dias úteis
Interposição do agravo em recurso especial ou em recurso extraordinário pela Defensoria Pública	30 dias úteis
Interposição do agravo em recurso especial ou em recurso extraordinário por litisconsortes representados por diferentes procuradores, integrantes de escritórios de advocacia distintos, em processo que tem curso em autos físicos	30 dias úteis
Interposição do agravo em recurso especial ou em recurso extraordinário por litisconsortes representados por diferentes procuradores, integrantes de escritórios de advocacia distintos, em processo que tem curso em autos eletrônicos	15 dias úteis
Interposição do agravo em recurso especial ou em recurso extraordinário por litisconsortes representados por diferentes procuradores, integrantes de um mesmo escritório de advocacia, em processo que tem curso em autos eletrônicos ou em autos físicos	15 dias úteis

---

153. "Art. 180. O Ministério Público gozará de prazo em dobro para manifestar-se nos autos, que terá início a partir de sua intimação pessoal, nos termos do art. 183, § 1º. (...)".
154. "Art. 183. A União, os Estados, o Distrito Federal, os Municípios e suas respectivas autarquias e fundações de direito público gozarão de prazo em dobro para todas as suas manifestações processuais, cuja contagem terá início a partir da intimação pessoal. (...)".
155. "Art. 186. A Defensoria Pública gozará de prazo em dobro para todas as suas manifestações processuais. (...)".

2.8.2   Minuta de agravo em recurso especial

Excelentíssimo Senhor Vice-Presidente do Egrégio Tribunal de Justiça do Estado de Pernambuco.

BANCO ABC S.A., por seu advogado, nos autos da **Apelação Cível** interposta contra **JOSÉ DOS SANTOS**, número 001.002.003 – 00, havendo sido intimado do teor do r. pronunciamento em que Vossa Excelência negou seguimento ao recurso especial anteriormente aforado, vem, por meio desta, com fundamento no art. 1.042 do CPC e no prazo legal de 15 (quinze) dias uteis, interpor **AGRAVO EM RECURSO ESPECIAL** contra a mencionada decisão judicial, de acordo com as razões em anexo, confiando, *concessa vênia*, que será modificada, resultando no conhecimento do recurso extremo pelo Colendo STJ, e no seu provimento.

Nestes termos, pede deferimento.

Local e data.

Nome do advogado

OAB

Agravante: **BANCO ABC S.A.**

Agravado: **JOSÉ DOS SANTOS**

Apelação Cível 001.002.003 – 00

RAZÕES DO AGRAVANTE

Eminentes Ministros:

01. A r. decisão proferida pela vice-presidência do Tribunal local deve ser modificada, por ter se equivocado na conclusão de que o ora agravante não teria prequestionado a matéria, quando fez uso do recurso especial que restou trancado na origem.

02. Nesse passo, analisando os autos eletrônicos, percebemos que o REsp anteriormente aforado se alicerçou na alegação de que a instância ordinária fixou a indenização por supostos danos morais sofridos pela parte contrária em quantia bem superior à arbitrada em casos semelhantes, caracterizando a denominada divergência jurisprudencial.

03. Ao apresentar o REsp, e para comprovar a divergência, o peticionário transcreveu julgados proferidos em casos semelhantes, por outros Tribunais, demonstrando que a indenização para o tipo de dano alegadamente sofrido pelo ora recorrido vem sendo fixada em R$ 10.000,00 (dez mil reais), muito inferior aos R$ 50.000,00 (cinquenta mil reais) arbitrados no caso concreto.

04. No juízo de admissibilidade diferido ou provisório, a vice-presidência do Tribunal local afirmou que o peticionário não teria apontado a divergência, em petições anteriormente protocoladas, com destaque para a apelação, que restou improvida.

05. A decisão não se sustenta, com todas as vênias devidas, pois **a divergência jurisprudencial surgiu exatamente no julgamento da apelação,** quando o órgão colegiado do Tribunal local elevou a condenação por danos morais, fixando-a em R$ 50.000,00 (cinquenta mil reais).

06. Ciente de que deveria comprovar o prequestionamento da matéria, como condição para o conhecimento do REsp nesse Colendo Tribunal, o peticionário fez uso dos embargos de declaração, ocasião em que alegou e demonstrou a divergência jurisprudencial, transcrevendo vários julgados proferidos em casos semelhantes, em que órgãos de outros Tribunais fixaram a indenização em R$ 10.000,00 (dez mil reais), ou valor inferior a esse.

07. Não há dúvida, portanto, de que o peticionário não poderia ter alegado a ocorrência de divergência jurisprudencial na apelação, pois, repita-se, esta só foi caracterizada no julgamento desse mesmo recurso.

08. É inequívoco o erro cometido pela vice-presidência do Tribunal local, com todas as vênias devidas, sendo induvidosa a necessidade de remessa do REsp a esse Colendo Tribunal Superior, como consequência da modificação da decisão atacada.

DO PEDIDO

09. Pelo exposto, demonstrada a fragilidade do pronunciamento combatido, o peticionário requer se dignem Vossas Excelência a **DAR PROVIMENTO** a este recurso, resultando na modificação da decisão e no consequente conhecimento do REsp trancado na instância *a quo.*

Nestes termos, pede deferimento.

Local e data.

Nome do advogado

OAB

2.8.3   Procedimento

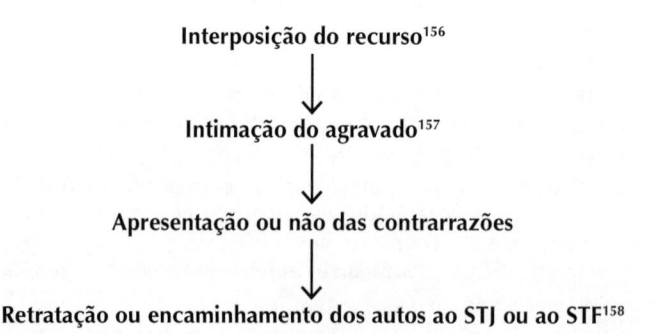

Interposição do recurso[156]

↓

Intimação do agravado[157]

↓

Apresentação ou não das contrarrazões

↓

Retratação ou encaminhamento dos autos ao STJ ou ao STF[158]

2.9   EMBARGOS DE DIVERGÊNCIA

O art. 1.043 do CPC tem a seguinte redação:

"Art. 1.043. É embargável o acórdão de órgão fracionário que: I - em recurso extraordinário ou em recurso especial, divergir do julgamento de qualquer outro órgão do mesmo tribunal, sendo os acórdãos, embargado e paradigma, de mérito; II - em recurso extraordinário ou em recurso especial, divergir do julgamento de qualquer outro órgão do mesmo tribunal, sendo

---

156.   O recurso é interposto **junto ao próprio Tribunal em que a decisão atacada foi proferida, no prazo geral de 15 (quinze) dias uteis, não exigindo o recolhimento de custas processuais**.

157.   Para que apresente as contrarrazões, no prazo geral de 15 (quinze) dias uteis.

158.   Se o vice-presidente do Tribunal local se negar a encaminhar o agravo ao STJ ou ao STF, a sua decisão pode ser objeto de **reclamação**, apresentada diretamente no Tribunal Superior, com fundamento no art. 988 do CPC.

os acórdãos, embargado e paradigma, relativos ao juízo de admissibilidade; III - em recurso extraordinário ou em recurso especial, divergir do julgamento de qualquer outro órgão do mesmo tribunal, sendo um acórdão de mérito e outro que não tenha conhecido do recurso, embora tenha apreciado a controvérsia; IV - nos processos de competência originária, divergir do julgamento de qualquer outro órgão do mesmo tribunal. § 1º Poderão ser confrontadas teses jurídicas contidas em julgamentos de recursos e de ações de competência originária. § 2º A divergência que autoriza a interposição de embargos de divergência pode verificar-se na aplicação do direito material ou do direito processual. § 3º Cabem embargos de divergência quando o acórdão paradigma for da mesma turma que proferiu a decisão embargada, desde que sua composição tenha sofrido alteração em mais da metade de seus membros. § 4º O recorrente provará a divergência com certidão, cópia ou citação de repositório oficial ou credenciado de jurisprudência, inclusive em mídia eletrônica, onde foi publicado o acórdão divergente, ou com a reprodução de julgado disponível na rede mundial de computadores, indicando a respectiva fonte, e mencionará as circunstâncias que identificam ou assemelham os casos confrontados. § 5º É vedado ao tribunal inadmitir o recurso com base em fundamento genérico de que as circunstâncias fáticas são diferentes, sem demonstrar a existência da distinção".

A interposição do recurso de embargos de divergência é extremamente pontual e específica, voltando-se ao ataque de decisão proferida no julgamento do recurso especial e do recurso extraordinário, em processo de competência originária do STJ ou do STF, objetivando pacificar a jurisprudência interna do tribunal sobre determinada matéria jurídica, que não vem recebendo o mesmo tratamento por turmas distintas, por seção ou pelo órgão especial (Corte Especial), na situação que envolve o recurso especial, ou por turma ou pelo plenário, na situação que envolve o recurso extraordinário.

O recurso que estudamos nesta seção tem por objeto o acórdão proferido no âmbito do STF ou do STJ que julga o recurso especial e o recurso extraordinário ou o processo de competência originária desses tribunais, e por objetivo a reforma ou a invalidação do pronunciamento atacado, para que se adote o entendimento consolidado no julgamento de outro recurso ou de outra ação fundada na mesma discussão jurídica, advindo(a) de outra turma, seção ou órgão especial, na situação que envolve o recurso especial; de outra turma ou do plenário, no caso do recurso extraordinário.

O julgamento monocrático do recurso especial ou do recurso extraordinário **não dá cabimento à interposição do recurso de embargos de divergência contra o pronunciamento da relatoria**, pois este recurso ataca **acórdão** prolatado por órgão fracionário do STJ ou do STF.

A fundamentação do recurso que analisamos é a **divergência jurisprudencial** existente (segundo o recorrente) no âmbito do STJ ou do STF, provada através da comparação analítica entre o acórdão proferido no caso que envolve o recorrente e o(s) julgado(s) prolatado(s) por *outra* turma, seção, Corte Especial ou plenário do mesmo tribunal, ou pelo mesmo órgão fracionário, na situação identificada no § 3º da norma que transcrevemos.

O recurso de embargos de divergência não é cabível se o recorrente fundamenta a suposta divergência em julgado de outro órgão, que foi reformado por entendimentos recentes, em vista da completa ausência de interesse recursal e ainda pelo não preenchimento de requisito específico (a divergência).

Enunciados do FPPC:

Enunciado n.º 230: Cabem embargos de divergência contra acórdão que, em agravo interno ou agravo extraordinário, decide recurso especial ou extraordinário.

Enunciado n.º 231: Fica superado o enunciado 315 da súmula do STJ após a entrada em vigor do NCPC ("Não cabem embargos de divergência no âmbito do agravo de instrumento que não admite recurso especial").

Enunciado n.º 232: Fica superado o enunciado 353 da súmula do STF após a entrada em vigor do NCPC ("São incabíveis os embargos da Lei 623, de 19.02.49, com fundamento em divergência entre decisões da mesma turma do Supremo Tribunal Federal").

2.9.1 Prazo para a interposição dos embargos de divergência

O recurso de embargos de divergência pode ser interposto no prazo de **15 (quinze) dias uteis**, contado em dobro quando apresentado:

(m) Pelo **Ministério Público**, como parte ou como fiscal da ordem jurídica.[159]

(n) Pela **Advocacia Pública**, na defesa dos direitos da União, dos Estados, do Distrito Federal, dos Municípios e das suas respectivas autarquias e fundações de direito público[160].

(o) Pela **Defensoria Pública**, atuando na defesa do denominado pobre na forma da lei.[161]

(p) Por **litisconsortes** com diferentes procuradores, desde que estejam representados por diferentes procuradores, integrantes de escritórios de advocacia distintos e desde que o processo não tenha curso em autos eletrônicos.

---

159. "Art. 180. O Ministério Público gozará de prazo em dobro para manifestar-se nos autos, que terá início a partir de sua intimação pessoal, nos termos do art. 183, § 1º. (...)".

160. "Art. 183. A União, os Estados, o Distrito Federal, os Municípios e suas respectivas autarquias e fundações de direito público gozarão de prazo em dobro para todas as suas manifestações processuais, cuja contagem terá início a partir da intimação pessoal. (...)".

161. "Art. 186. A Defensoria Pública gozará de prazo em dobro para todas as suas manifestações processuais. (...)".

Os litisconsortes só gozarão da prerrogativa da contagem do prazo em dobro se o processo tiver curso em autos físicos, desde que integrem escritórios de advocacia distintos.

Situação	Prazo
Interposição dos embargos de divergência por pessoa natural ou por pessoa jurídica de direito privado	15 dias úteis
Interposição dos embargos de divergência pelo Ministério Público como parte	30 dias úteis
Interposição dos embargos de divergência pelo Ministério Público como fiscal da ordem jurídica	30 dias úteis
Interposição dos embargos de divergência pela Advocacia Pública	30 dias úteis
Interposição dos embargos de divergência pela Defensoria Pública	30 dias úteis
Interposição dos embargos de divergência por litisconsortes representados por diferentes procuradores, integrantes de escritórios de advocacia distintos, em processo que tem curso em autos físicos	30 dias úteis
Interposição dos embargos de divergência por litisconsortes representados por diferentes procuradores, integrantes de escritórios de advocacia distintos, em processo que tem curso em autos eletrônicos	15 dias úteis
Interposição dos embargos de divergência por litisconsortes representados por diferentes procuradores, integrantes de um mesmo escritório de advocacia, em processo que tem curso em autos eletrônicos ou em autos físicos	15 dias úteis

2.9.2 Minuta de embargos de divergência

Excelentíssima Senhora Ministra **MARIA DOS SANTOS** – Mui Digna Relatora dos Embargos de Declaração no Agravo Regimental nos Embargos de Declaração no Recurso Especial nº **1.500.400 – PE.**

O ESPÓLIO DE JOÃO DA SILVA, por seu advogado, nos autos dos **Embargos de declaração no Agravo Regimental nos Embargos de declaração no Recurso Especial** nº 1.500.400 – PE, interpostos contra a **FAZENDA NACIONAL**, havendo sido intimado do teor do v. acórdão proferido pela 2ª Turma desse Colendo Tribunal Superior, em que o órgão fracionário rejeitou os embargos de declaração, vem, por meio desta, no prazo legal de 15 (quinze) dias uteis, com fundamento nos dispositivos legais aplicáveis à matéria, interpor **EMBARGOS DE DIVER-GÊNCIA** contra o *decisum*, de acordo com as razões de fato e de direito adiante aduzidas:

01. Conforme é do conhecimento dessa ínclita relatora, o peticionário interpôs recurso especial na origem, <u>que foi expressamente admitido pela vice-presidência do Tribunal local</u>, por decisão que confirmou o preenchimento dos seus requisitos extrínsecos e intrínsecos, dentre eles a regularidade do preparo, incluindo o porte de remessa e de retorno dos autos.

02. Como os autos eram físicos, <u>os servidores do Tribunal local realizaram a sua digitalização</u>, encaminhando-o a esse Colendo Tribunal Superior, no qual o recurso foi distribuído, ato seguido do exame definitivo de admissibilidade.

03.Nessa etapa, o peticionário foi surpreendido com a decisão de negativa de seguimento do recurso extremo, sob a alegação de que a guia que comprovava o recolhimento das custas estaria ilegível, e que o peticionário teria recolhido o valor correspondente ao porte de remessa e de retorno através de guia em separado, o que infringiria a Resolução de nº 1/2014.

04. Contra essa decisão, o peticionário interpôs o recurso de agravo interno, que restou improvido, e, na sequência, embargos de declaração, que foi rejeitado pela 2ª Turma desse Colendo Tribunal Superior.

05. Na última espécie recursal, o peticionário solicitou o seu provimento, com efeito modificativo ou infringente, basicamente apontando duas omissões, consistentes: a) no não enfrentamento da alegação de que a digitalização foi realizada pelos servidores do Tribunal local, sem qualquer participação de sua parte, após a realização do juízo de admissibilidade positivo, o que parte da premissa de que todos os requisitos de admissibilidade haviam sido preenchidos, inclusive o preparo; b) no não enfrentamento da alegação de que a Resolução que vigorava no momento em que o recurso especial foi distribuído no âmbito desse Tribunal não era a 1/2014, mas a STJ/GP nº 3, de 5 de fevereiro de 2015 (que no seu artigo 11 revogou a resolução anterior), que se se afina em absoluto com o procedimento adotado pelo recorrente.

06. O fato é que o peticionário está sendo punido por erro cometido por servidores do Tribunal local, repita-se, por ocasião da digitalização dos autos do processo, embora o preparo tenha sido regularmente realizado, e por equívoco cometido pela douta relatoria, *data vênia*, no que concerne à Resolução aplicável à matéria.

07. Além de o julgado atacado divergir do entendimento das Turmas desse Colendo Tribunal Superior, como demonstrado adiante, é contrário às normas do CPC.

08. Nesse sentido, o **§ 7º do art. 1.007 do Código de Processo Civil** prevê que *o equívoco no preenchimento da guia de custas não implicará a aplicação da pena de deserção, cabendo ao relator, na hipótese de dúvida quanto ao recolhimento, intimar o recorrente*

para sanar o vício no prazo de 5 (cinco) dias, enquanto que o § 3º do seu art. 1.029 estabelece que *o Supremo Tribunal Federal ou o Superior Tribunal de Justiça poderá desconsiderar vício formal de recurso tempestivo ou determinar sua correção, desde que não o repute grave.*

09. No caso concreto, restou demonstrado que houve erro na qualidade da digitalização dos autos do processo, tornando ilegível a guia recursal que acompanhou o recurso especial, que foi devidamente anexada no momento da sua interposição.

10. Destarte, desde a sua origem o processo é físico, sendo da responsabilidade do Tribunal Regional Federal a sua digitalização para encaminhamento dos autos ao Superior Tribunal de Justiça.

11. Nesse sentido, no âmbito desse Tribunal Superior, foi firmado o entendimento de que é possível a regularização da guia ilegível com a apresentação da cópia do documento extraído dos autos físicos, conforme percebemos através da leitura do seguinte julgado relacionado à matéria, proferido por órgão distinto do que o que julgou o recurso de embargos de declaração, evidenciando a divergência entre Turmas de um mesmo Tribunal:

> "AGRAVO REGIMENTAL NO AGRAVO DE INSTRUMENTO. PROCESSO CIVIL. **PORTE DE REMESSA E RETORNO ILEGÍVEL. FALHA NO PROCESSO DE DIGITALIZAÇÃO.** NÃO DEMONSTRAÇÃO. RECURSO IMPROVIDO. O entendimento assente nesta Corte é o de que documento ilegível acostado aos autos é tido por inexistente, até porque é responsabilidade da parte agravante diligenciar no sentido de aferir a idoneidade e prestabilidade das peças com que forma seu instrumento de agravo. **Somente com a apresentação de documento extraído dos mesmos autos, ou seja, da cópia das guias do porte de remessa e retorno, supostamente, legíveis no processo físico do agravo de instrumento, é que se poderia cogitar dúvidas quanto à qualidade do processo de digitalização.** Agravo regimental a que se nega provimento" (STJ, AgRg no Ag 1360617/PR 2010/0182316-2, 3ª Turma, Rel. Ministro VASCO DELLA GIUSTINA (DESEMBARGADOR CONVOCADO DO TJ/RS), j. 15.2.2011) (grifo nosso).

12. Além do julgamento proferido pela 3ª Turma, o peticionário pede vênia para transcrever decisão da lavra da Presidência desse Tribunal Superior, assim assentada:

> "Trata-se de embargos de declaração opostos por DEUTSCHE BANK SA BANCO ALEMAO em face da decisão de fl. 689, que negou seguimento ao recurso especial em razão da deserção. Em suas razões, alega o embargante, em síntese, que o 'o preparo foi recolhido e a respectiva guia de recolhimento, devidamente quitada, foi apresentada quando da interposição do Recurso Especial, estando acostada às fls. 621 dos autos de origem' (fl. 695). Requer o acolhimento dos embargos para que seja sanado o apontado vício. **Por meio do despacho de fl. 740 determinei o encaminhamento dos autos à Coordenadoria de Recebimento e Virtualização de Processos Recursais para que verifique a existência de eventual deficiência na digitalização do processo, considerando que falta a fl. 621 da numeração original, certificando acerca da existência de comprovante de recolhimento do preparo referente ao recurso especial** de fls. 596/617 e-STJ. **Agora, retornam os autos conclusos, com certidão da Coordenadoria de Recebimento e Virtualização de Processos Recursais contendo o seguinte teor: 'Certifico, em cumprimento ao respeitável despacho de fl. e-STJ 740, que o documento de fl. e-STJ 745 foi enviado via Redmine-iSTJ pelo Tribunal de Justiça do Estado do Paraná, incluído nos presentes autos eletrônicos e devidamente indexado (Preparo do Recurso Especial)'.** Relatados. Decido. Estes embargos de declaração têm manifesto caráter infringente, motivo pelo qual os recebo como agravo regimental. Assiste razão ao agravante. **Conforme certificado à fl. 746, houve falha na digitalização dos autos, que resultou no não encaminhamento a esta Corte Superior da guia e respectivo comprovante de pagamento das custas devidas ao STJ, o que foi sanado, conforme se depreende do documento juntado à fl. 745.** Assim, com fundamento no art. 557, § 1º, do Código de Processo Civil, reconsidero a decisão agravada e determino a distribuição dos

autos. Publique-se. Intimem-se. Brasília (DF), 09 de junho de 2015" (Decisão monocrática proferida nos EDcl no AREsp 589430/PR 2014/0246127-2, Rel. Ministro FRANCISCO FALCÃO, *DJ* 17.06.2015) (grifo nosso).

13. Como visto, as Turmas do STJ adotam um procedimento que torna possível o encaminhamento dos autos à Coordenadoria de Recebimento e Virtualização de Processos Recursais, conforme dispõe o despacho proferido pelo Ministro Presidente do STJ no ARESP nº 629986:

"Proferido despacho de mero expediente determinando providências, nos seguintes termos: 'Encaminhem-se os autos à coordenadoria de recebimento e virtualização de processos recursais para que verifique a existência de eventual deficiência na digitalização do processo, considerando as alegações dos embargos de declaração de fls. 501 a 512, de que houve uma falha na digitalização dos autos, certificando acerca da existência de comprovante de recolhimento do preparo referente ao recurso especial de fls. 386/400 (e-STJ)'. Após, retornem-me os autos conclusos".

14. Em casos semelhantes, a Coordenadoria de Recebimento e Virtualização de Processos Recursais realiza a regularização das inadequações dos processos em fase recursal, o que igualmente deveria ter sido feito no caso concreto, repita-se, porque a digitalização não foi realizada pelo peticionário, mas pelos servidores que atuam no Tribunal local.

15. No caso concreto, embora não tenha ocorrido sequer equívoco no reenchimento da guia de recolhimento das custas (mas, muito menos do que isso, má qualidade da digitalização realizada no âmbito do Tribunal local), **é importante destacar que a guia legível já se encontra nos autos, evidenciando a regularidade do preparo**, que foi comprovado no ato da interposição do recurso, denotando que a finalidade foi alcançada.

16. O recurso submetido à apreciação de Vossa Excelência, responsável pela sua admissão, preenche todos os requisitos formais, na medida em que é interposto no prazo legal, tendo fundamento na lei adjetiva.

DO PEDIDO

17. Posta a questão nesses termos, identificada a divergência interna, o peticionário requer se dignem Vossas Excelências a **DAR PROVIMENTO** a este recurso, nos termos da decisão proferida pela 3ª Turma desse Colendo Tribunal Superior, permitindo o julgamento do mérito do recurso especial, que sofreu diversos obstáculos nessa Corte.

Nestes termos, pede deferimento.

Local e data.

Nome do advogado

OAB

2.9.3 Procedimento

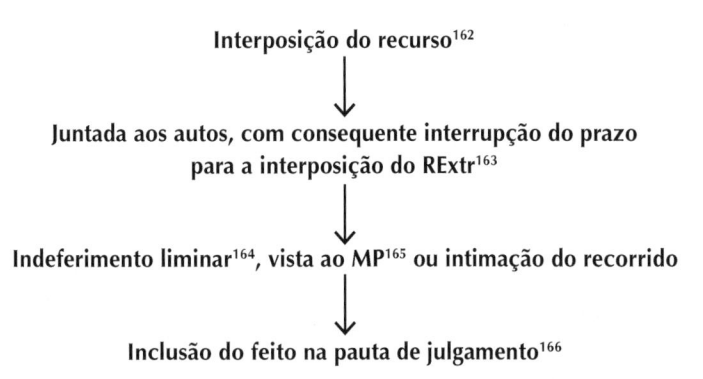

Interposição do recurso[162]

↓

Juntada aos autos, com consequente interrupção do prazo
para a interposição do RExtr[163]

↓

Indeferimento liminar[164], vista ao MP[165] ou intimação do recorrido

↓

Inclusão do feito na pauta de julgamento[166]

2.10 RECURSO ADESIVO

O recurso adesivo não é recurso (não obstante a nomenclatura), mas **modo de interposição da apelação, do recurso especial e do recurso extraordinário**, tendo fundamento no art. 997 do CPC, com a seguinte redação:

> "Art. 997. Cada parte interporá o recurso, independentemente, no prazo e em observância às exigências legais. § 1º Sendo vencidos autor e réu, ao recurso interposto por qualquer deles poderá aderir o outro. § 2º O recurso adesivo fica subordinado ao recurso independente, sendo-lhe aplicáveis as mesmas regras deste quanto aos requisitos de admissibilidade e julgamento no tribunal, salvo disposição legal diversa, observado, ainda, o seguinte: I – será dirigido ao órgão perante o qual o recurso independente fora interposto, no prazo de que

---

162. Com a observância das normas do regimento interno do STJ ou do STF, como dispõe o art. 1.044 do CPC ("Art. 1.044. No recurso de embargos de divergência, será observado o procedimento estabelecido no regimento interno do respectivo tribunal superior. § 1º A interposição de embargos de divergência no Superior Tribunal de Justiça interrompe o prazo para interposição de recurso extraordinário por qualquer das partes. § 2º Se os embargos de divergência forem desprovidos ou não alterarem a conclusão do julgamento anterior, o recurso extraordinário interposto pela outra parte antes da publicação do julgamento dos embargos de divergência será processado e julgado independentemente de ratificação".

163. Nos termos do art. 266-A do RISTJ: "Art. 266-A. Os embargos de divergência serão juntados aos autos independentemente de despacho, e sua oposição interrompe o prazo para interposição de recurso extraordinário por qualquer das partes".

164. Art. 266-C do RISTJ: "Art. 266-C. Sorteado o relator, ele poderá indeferir os embargos de divergência liminarmente se intempestivos ou se não comprovada ou não configurada a divergência jurisprudencial atual, ou negar-lhes provimento caso a tese deduzida no recurso seja contrária a fixada em julgamento de recurso repetitivo ou de repercussão geral, a entendimento firmado em incidente de assunção de competência, a súmula do Supremo Tribunal Federal ou do Superior Tribunal de Justiça ou, ainda, a jurisprudência dominante acerca do tema".

165. Art. 266-D do RISTJ: "Art. 266-D. O Ministério Público, quando necessário seu pronunciamento sobre os embargos de divergência, terá vista dos autos por vinte dias".

166. Nos termos do parágrafo único do art. 267 do RISTJ: "Art. 267. (...) Parágrafo único. Impugnados ou não os embargos, serão os autos conclusos ao relator, que pedirá a inclusão do feito na pauta de julgamento".

a parte dispõe para responder; II – será admissível na apelação, no recurso extraordinário e no recurso especial; III – não será conhecido, se houver desistência do recurso principal ou se for ele considerado inadmissível".

A afirmação de que não se trata de recurso autônomo e diferenciado se fundamenta no art. 994, que, ao listar os recursos, não incluiu o adesivo em seu texto.

2.10.1 Prazo para a interposição do recurso no modo adesivo

O prazo para a interposição do recurso no modo adesivo é em regra de quinze dias, contando do momento em que a parte é intimada para contrarrazoar o recurso (apelação, recurso especial ou recurso extraordinário) interposto pelo seu adversário processual, sendo possível a ampliação do prazo, quando apresentado pela Fazenda Pública, pelo Ministério Público, pela Defensoria Pública ou por litisconsortes com diferentes procuradores, desde que representados por diferentes procuradores, de escritórios de advocacia distintos, e que o processo tenha curso em autos físicos (arts. 180, 183, 186 e 229 do CPC).

2.10.2 Exigência da apresentação de petições distintas

No prazo de quinze dias (ou em prazo ampliado), a parte deve protocolar petições distintas (contrarrazões ao recurso interposto pelo seu adversário processual e petição de interposição do recurso), não podendo protocolar petição única, nela incluindo o recurso e as contrarrazões.

2.10.3 Dependência do conhecimento do recurso principal

A apreciação do recurso adesivo **depende do conhecimento do recurso principal**. Se este não for conhecido, em decorrência do reconhecimento do não preenchimento de determinado requisito de admissibilidade ou pelo fato de o recorrente desistir do recurso, aquele não será conhecido, independentemente de ter ou não preenchido os requisitos gerais e específicos, o que nos permite concluir que o **recurso adesivo (como acessório) segue a sorte do principal**.

2.10.4 Necessidade de preenchimento dos requisitos de admissibilidade do recurso adesivo

O recurso adesivo exige o preenchimento de todos os requisitos gerais (tempestividade, preparo, interesse, legitimidade, adequação formal etc.) e específicos (prequestionamento da matéria, para os recursos especiais e os extraordinários etc.).

A ausência de qualquer requisito geral ou específico acarreta a negativa de seguimento do recurso interposto no modo adesivo, sem prejudicar a tramitação do recurso principal, permitindo a conclusão de que a dependência é *de uma mão só* (do adesivo em relação ao principal).

2.11 PODERES CONFERIDOS AO RELATOR

O art. 932 do CPC confere poderes ao relator, quais sejam:

(a) **Dirigir e ordenar o processo no tribunal**, inclusive em relação à produção de prova, bem como homologar autocomposição das partes.

(b) **Apreciar o pedido de tutela provisória** nos recursos e nos processos de competência originária do tribunal.

(c) **Não conhecer de recurso inadmissível, prejudicado ou que não tenha impugnado especificamente os fundamentos da decisão recorrida**.

(d) **Negar provimento a recurso** que for contrário a:

    I) súmula do Supremo Tribunal Federal, do Superior Tribunal de Justiça ou do próprio tribunal;

    II) acórdão proferido pelo Supremo Tribunal Federal ou pelo Superior Tribunal de Justiça em julgamento de recursos repetitivos;

    III) entendimento firmado em incidente de resolução de demandas repetitivas ou de assunção de competência.

(e) **Depois de facultada, quando for o caso, a apresentação de contrarrazões, dar provimento ao recurso se a decisão recorrida for contrária a:**

    I) súmula do Supremo Tribunal Federal, do Superior Tribunal de Justiça ou do próprio tribunal;

    II) acórdão proferido pelo Supremo Tribunal Federal ou pelo Superior Tribunal de Justiça em julgamento de recursos repetitivos;

    III) entendimento firmado em incidente de resolução de demandas repetitivas ou de assunção de competência.

(f) **Decidir o incidente de desconsideração da personalidade jurídica**, quando este for instaurado originariamente perante o tribunal.

(g) **Determinar a intimação do Ministério Público**, quando for o caso.

(h) Exercer outras atribuições estabelecidas no regimento interno do tribunal.

Em qualquer das situações, a decisão monocrática proferida pelo relator, pode ser atacada pelo recurso de **agravo interno**, no prazo geral de 15 (quinze) dias (art. 1.021 do CPC).

2.12 JULGAMENTO DOS RECURSOS

Não sendo o caso de julgamento monocrático ou de negativa de seguimento ao recurso (ver seção anterior), os autos são apresentados ao presidente, que designa dia e hora para julgamento, ato antecedido da publicação da pauta no órgão oficial, pelo menos 5 (cinco) dias antes da sessão.

2.12.1 Ordem de julgamento na sessão designada

Ressalvadas as preferências legais e regimentais, os recursos, a remessa necessária e as ações de competência originária do tribunal (como o mandado de segurança e a ação rescisória) são julgadas na seguinte ordem:

(a) Primeiramente, **os processos em que houver pedido de sustentação oral**, na ordem dos requerimentos.

(b) Depois, **os processos em que a(s) parte(s) formulou(aram) requerimento de preferência**, apresentado até o início da sessão.

(c) Na sequência, **os processos cujo julgamento tenha iniciado em sessão anterior**.

(d) Por fim, **os demais processos**.

2.12.2 Sustentação oral

Na sessão de julgamento, após a leitura do relatório, o presidente concede a palavra ao recorrente, ao recorrido e ao representante do Ministério Público, se for o caso de sua intervenção, para que sustentem as suas razões pelo prazo improrrogável de 15 (quinze) minutos (ver ressalva feita quanto ao incidente de resolução de demandas repetitivas), nos seguintes recursos e ações:

(a) Na apelação.

(b) No recurso ordinário.

(c) No recurso especial.

(d) No recurso extraordinário.

(e) Nos embargos de divergência.

(f) Na ação rescisória.

(g)   No mandado de segurança.

(h)   Na reclamação.

(i)   No agravo de instrumento, quando interposto contra decisões inter-locutórias que versem sobre as tutelas provisórias de urgência ou da evidência.

(j)   No incidente de resolução de demandas repetitivas, neste caso, **pelo prazo de 30 (trinta) minutos para cada uma das partes do processo originário, para o Ministério Público e para os demais interessados**, sendo exigida inscrição com 2 (dois) dias de antecedência.

(k)   No agravo interno interposto contra decisão de relator que extinga a ação rescisória, no mandado de segurança e na reclamação.

(l)   Em outras hipóteses previstas em lei ou no regimento interno do tribunal.

A sustentação oral não é sempre admitida no julgamento do agravo de instrumento, mas apenas no interposto contra decisão que concede, nega, modifica ou revoga a tutela provisória de urgência ou da evidência.

Quando a ação de competência originária do tribunal ou o recurso não admitir sustentação oral, a critério do julgador, **o seu julgamento poderá ser realizado por meio eletrônico**, sendo as partes cientificadas pelo Diário da Justiça de que essa técnica será adotada, podendo qualquer delas, no prazo de cinco dias, apresentar memoriais ou discordância do julgamento por meio eletrônico.

2.12.2.1 Sustentação oral por videoconferência

O advogado pode realizar sustentação oral por videoconferência ou outro recurso tecnológico de transmissão de sons e imagens em tempo real, desde que o requeira até o dia anterior ao da sessão.

Vejamos as regras/orientações que constam no site do STJ sobre o assunto, por exemplo:

• As sessões por videoconferência são realizadas, atualmente, por meio do aplicativo Zoom.

• É imprescindível que sejam informados o telefone (com DDD) e endereço de e-mail do(a) advogado(a) inscrito(a). O link de acesso à sessão e as orientações para participação serão enviados na véspera da sessão para o e-mail fornecido.

- O(a) advogado(a) inscrito deve renomear previamente o dispositivo a ser utilizado na videoconferência, fazendo constar o número do processo e seu nome, a fim de possibilitar sua identificação.

- Ao acessar o link, o(a) advogado(a) aguardará numa sala de espera virtual até que seu processo seja apregoado.

- Recomenda-se que o link fornecido seja acessado com antecedência mínima de 20 minutos, o que permitirá confirmar a participação do(a) advogado(a) inscrito e promover eventuais ajustes técnicos.

- O uso da capa para proferir sustentação oral por videoconferência é facultativo, devendo o(a) advogado(a) manter a dignidade e o decoro no traje utilizado, quando da prática do ato processual.

- É possível acompanhar o julgamento pelo <u>canal do STJ no YouTube</u>.

- Ao entrar na sala de sessões por videoconferência, sugerimos que o(a) advogado(a) ative a opção "mudo" nas configurações de áudio de seu dispositivo ao acompanhar a sessão pelo YouTube.

2.12.3 Pedido de vista durante o julgamento

O art. 940 do CPC tem a seguinte redação:

"Art. 940. O relator ou outro juiz que não se considerar habilitado a proferir imediatamente seu voto poderá solicitar vista pelo prazo máximo de 10 (dez) dias, após o qual o recurso será reincluído em pauta para julgamento na sessão seguinte à data da devolução. § 1º Se os autos não forem devolvidos tempestivamente ou se não for solicitada pelo juiz prorrogação de prazo de no máximo mais 10 (dez) dias, o presidente do órgão fracionário os requisitará para julgamento do recurso na sessão ordinária subsequente, com publicação da pauta em que for incluído. § 2º Quando requisitar os autos na forma do § 1º, se aquele que fez o pedido de vista ainda não se sentir habilitado a votar, o presidente convocará substituto para proferir voto, na forma estabelecida no regimento interno do tribunal".

A norma em exame:

(a) Fixa o prazo de dez dias para que o magistrado leve o processo à sessão de julgamento, contado da data do correspondente recebimento.

(b) Prevê que, se os autos não forem devolvidos pelo magistrado no referido prazo, e não havendo solicitação de sua prorrogação por no máximo mais dez dias, o presidente do órgão julgador (Câmara Cível, Turma etc.) deverá requisitá-los, permitindo a continuação do julgamento.

O fato de o processo ser ou não levado a julgamento nos dez dias seguintes ao recebimento dos autos pelo magistrado que solicitou a vista acarreta consequência relevante no aspecto da comunicação processual que se destina às partes. Nesse particular:

(a) Se o magistrado leva o processo a julgamento nos dez dias, não há necessidade de nova publicação da pauta.

(b) Se o processo não é devolvido no prazo de dez dias, após a requisição procedida pelo presidente, é necessária nova publicação da pauta de julgamento, comunicando às partes o dia e a hora da sessão em que o processo terá o seu julgamento concluído.

2.12.4 Proclamação do resultado do julgamento e lavratura do acórdão

Proferidos os votos, o presidente anuncia (proclama) o resultado do julgamento e designa o relator para redigir o acórdão, exceto quando este for vencido, quando o acórdão será lavrado pelo autor do primeiro voto vencedor, sendo o vencido declarado e considerado parte integrante do acórdão para todos os fins legais, inclusive de prequestionamento.

Todo acórdão contém uma ementa (resumo do julgamento), que deve ser publicada no órgão oficial no prazo de 10 (dez) dias.

2.12.5 Julgamento não unânime

Embora o legislador infraconstitucional tenha suprimido o recurso de embargos infringentes, manteve a exigência de que o julgamento não unânime não pode ser imediatamente seguido da interposição do recurso especial ou do recurso extraordinário, criando técnica, para exaurir o julgamento:

(a) Da apelação.

(b) Da ação rescisória (quando o resultado for a rescisão da sentença).

(c) Do agravo de instrumento (quando houver reforma da decisão que julgar parcialmente o mérito).

A técnica não é adotada no julgamento do incidente de assunção de competência, de resolução de demandas repetitivas, na remessa necessária e no julgamento não unânime proferido, nos tribunais, pelo plenário ou pela corte especial.

A técnica processual não exige que o acórdão não unânime tenha reformado sentença de mérito, o que significa dizer que deve ser adotada ainda que o órgão colegiado tenha reformado sentença terminativa.

A regra consta do art. 942 da lei processual, prevendo que o julgamento terá prosseguimento em sessão designada com a presença de outros julgadores (denominado nos tribunais de "julgamento estendido"), que serão convocados nos termos previamente definidos no regimento interno, em número suficiente para garantir a possibilidade de inversão do resultado inicial, assegurado às partes e a eventuais terceiros o direito de sustentar oralmente suas razões perante os novos julgadores.

2.12.6 Registro eletrônico

O art. 943 do CPC/2015 prevê que *os votos, os acórdãos e os demais atos processuais podem ser registrados em documento eletrônico inviolável e assinados eletronicamente, na forma da lei, devendo ser impressos para juntada aos autos do processo quando este não foi eletrônico.*

2.12.7 Julgamento do agravo de instrumento antes da apelação

O agravo de instrumento deve ser julgado antes da apelação interposta no mesmo processo, pois aquele é prejudicial em relação a esta, já que o seu provimento pode acarretar o reconhecimento da nulidade do pronunciamento interlocutório (que foi atacado pelo agravo de instrumento) e de todos os atos subsequentes, incluindo a sentença, tornando a apelação *sem objeto.*

Exemplificativamente, pensando em agravo de instrumento interposto contra a decisão do magistrado que redistribui o ônus da prova de modo diverso, se o recurso for provido, o tribunal pode declarar a nulidade do pronunciamento e de todos os atos subsequentes, determinando o encaminhamento dos autos ao juízo do 1º grau, a fim de que a prova seja novamente produzida, desta feita sob o ônus da outra parte.

2.12.8 Memoriais

Os memoriais retratam criação da praxe forense (do que os advogados fazem no dia a dia da sua atuação), consistindo em manifestação escrita (petição) apresentada aos desembargadores e aos ministros, no âmbito de qualquer tribunal, integrantes de órgão colegiado (Câmara Cível, por exemplo), que julgará determinado recurso ou ação da competência originária do Tribunal (como uma ação rescisória ou um mandado de segurança).

Nessa manifestação, apresentada poucos dias antes do julgamento, o advogado reforça os argumentos expostos no recurso, nas contrarrazões, na petição inicial (nas ações de competência originária dos Tribunais) ou na contestação, ratificando o pedido de provimento, de improvimento, de procedência ou de improcedência da ação.

2.12.8.1 Minuta de memoriais

MEMORIAL DO RECORRIDO

Recurso Especial nº 141111/PE

Recorrente: **BANCO ABC S.A.**

Recorrido: **JOÃO DA SILVA**

Eminente Ministro **LUIZ FELIPE SALOMÃO**:

09. O recorrido comparece à presença de Vossa Excelência para reiterar algumas razões expostas na peça que impugnou o recurso aforado pela adversa parte, **que pretende transformar o Colendo STJ em órgão de revisão**, como se fosse um Tribunal Estadual.

10. Nesse passo, e em termos formais, é importante destacar que o agravo interposto pela adversa parte, convertido em recurso especial, limitou-se a repetir a fundamentação do recurso especial trancado na origem, **infringindo o princípio da dialeticidade**.

11. Além disso, é importante destacar que a adversa parte **NÃO PREQUESTIONOU A MATÉRIA**, já que só suscitou a alegada infração a normas infraconstitucionais pela primeira vez no recurso especial não admitido pela vice-presidência do Tribunal local, infringindo a Súmula 282 do STF, **não fazendo uso do recurso de embargos de declaração com essa finalidade**.

12. Em verdade, a adversa parte **persegue o reexame de fatos**, o que é incompatível com a Súmula 07 desse Colendo Pretório Superior.

13. No mérito, em poucas linhas, é importante destacar que o peticionário ajuizou ação de indenização por perdas e danos contra a adversa parte, na qual foi produzida prova pericial, resultando na elaboração de laudo, aproveitado pelo magistrado de piso na formação do seu convencimento.

14. A sentença que julgou a ação pela procedência dos pedidos **NÃO FOI ATACADA PELO RECURSO DE APELAÇÃO**, acarretando o trânsito em julgado do pronunciamento.

15. Na fase de cumprimento da sentença, disfarçadamente, a adversa parte suscitou o excesso de execução, afirmando que o crédito exequendo não poderia ter incluído parcelas constantes do laudo pericial apresentado na fase de conhecimento.

16. Em outras palavras, a adversa parte tentou atacar o laudo pericial na fase de cumprimento da sentença, após o trânsito em julgado do pronunciamento monocrático, com a pretensão de transformar a impugnação na apelação não interposta na origem.

17. O que a autoridade judicial fez foi simplesmente rejeitar a impugnação oposta, fundamentando sua decisão em norma processual, textual em estabelecer que a impugnação fundada em excesso de execução não pode ser subjetiva, exigindo a lei que o devedor informe o valor que entende devido, o que não foi feito pela adversa parte.

18. Ao decidir dessa forma, a autoridade monocrática reconheceu que a apuração do *quantum debeatur* não exigia a instauração da liquidação por artigos ou por arbitramento, sendo suficiente a mera atualização do valor encontrado pelo Sr. Perito no laudo pericial que antecedeu a prolação da sentença.

19. Prover o recurso especial interposto pela adversa parte seria o mesmo que rasgar o laudo pericial que teve as suas conclusões ratificadas pela sentença transitada em

julgado; seria o mesmo que rasgar a mesma sentença; seria o mesmo que transformar o recurso especial numa espécie de super apelação, o que certamente não irá ocorrer.

20. Posta na questão nesses termos, evidenciada precariedade do recurso combatido, o peticionário reitera os pedidos formulados na peça que conduziu as suas contrarrazões, solicitando o não conhecimento da espécie extrema, ou o seu improvimento, se o mérito houver de ser apreciado.

ITA SPERATUR !!!

Local e data.

Nome do advogado

OAB

Anexo I
ENUNCIADOS DO FPPC
SOBRE OS RECURSOS

21. (art. 190) São admissíveis os seguintes negócios, dentre outros: **acordo para realização de sustentação oral, acordo para ampliação do tempo de sustentação oral**, julgamento antecipado do mérito convencional, convenção sobre prova, redução de prazos processuais.

22. (art. 218, § 4º; art. 1.003) O Tribunal não poderá julgar extemporâneo ou intempestivo recurso, na instância ordinária ou na extraordinária, interposto antes da abertura do prazo.

23. (art. 218, § 4º; art. 1.024, § 5º) Fica superado o enunciado 418 da súmula do STJ após a entrada em vigor do CPC ("É inadmissível o recurso especial interposto antes da publicação do acórdão dos embargos de declaração, sem posterior ratificação").

29. (art. 298, art. 1.015, I) É agravável o pronunciamento judicial que postergar a análise do pedido de tutela provisória ou condicionar sua apreciação ao pagamento de custas ou a qualquer outra exigência.

30. (art. 298) O juiz deve justificar a postergação da análise liminar da tutela provisória sempre que estabelecer a necessidade de contraditório prévio.

81. (art. 932, V) Por não haver prejuízo ao contraditório, é dispensável a oitiva do recorrido antes do provimento monocrático do recurso, quando a decisão recorrida: (a) indeferir a inicial; (b) indeferir liminarmente a justiça gratuita; ou (c) alterar liminarmente o valor da causa.

82. (art. 932, parágrafo único; art. 938, § 1º) É dever do relator, e não faculdade, conceder o prazo ao recorrente para sanar o vício ou complementar a documentação exigível, antes de inadmitir qualquer recurso, inclusive os excepcionais.

83. (art. 932, parágrafo único; art. 76, § 2º; art. 104, § 2º; art. 1.029, § 3º) Fica superado o enunciado 115 da súmula do STJ após a entrada em vigor do CPC ("Na instância especial é inexistente recurso interposto por advogado sem procuração nos autos").

84. (art. 935) A ausência de publicação da pauta gera nulidade do acórdão que decidiu o recurso, ainda que não haja previsão de sustentação oral, ressalvada, apenas, a hipótese do §1º do art. 1.024, na qual a publicação da pauta é dispensável.

96. (art. 1.003, § 4º) Fica superado o enunciado 216 da súmula do STJ após a entrada em vigor do CPC ("A tempestividade de recurso interposto no Superior Tribunal de Justiça é aferida pelo registro no protocolo da Secretaria e não pela data da entrega na agência do correio").

97. (art. 1.007, § 4º) É de cinco dias o prazo para efetuar o preparo.

98. (art. 1.007, §§ 2º e 4º) O disposto nestes dispositivos aplica-se aos Juizados Especiais.

99. (art. 1.010, § 3º) O órgão *a quo* não fará juízo de admissibilidade da apelação.

100. (art. 1.013, § 1º, parte final) Não é dado ao tribunal conhecer de matérias vinculadas ao pedido transitado em julgado pela ausência de impugnação.

102. (arts. 1.013, § 1º, e 326) O pedido subsidiário (art. 326) não apreciado pelo juiz – que acolheu o pedido principal – é devolvido ao tribunal com a apelação interposta pelo réu.

103. (arts. 1.015, II, 203, § 2º, 354, parágrafo único, 356, § 5º) A decisão parcial proferida no curso do processo com fundamento no art. 487, I, sujeita-se a recurso de agravo de instrumento.

104. (art. 1.024, § 3º) O princípio da fungibilidade recursal é compatível com o CPC e alcança todos os recursos, sendo aplicável de ofício.

106. (arts. 6º, 8º, 1.007, § 2º) Não se pode reconhecer a deserção do recurso, em processo trabalhista, quando houver recolhimento insuficiente das custas e do depósito recursal, ainda que ínfima a diferença, cabendo ao juiz determinar a sua complementação.

142. (art. 298; art. 1.021) Da decisão monocrática do relator que concede ou nega o efeito suspensivo ao agravo de instrumento ou que concede, nega, modifica ou revoga, no todo ou em parte, a tutela jurisdicional nos casos de competência originária ou recursal, cabe o recurso de agravo interno nos termos do art. 1.021 do CPC.

207. (arts. 988, I, 1.010, § 3º, 1.027, II, "b") Cabe reclamação, por usurpação da competência do tribunal de justiça ou tribunal regional federal, contra a decisão de juiz de 1º grau que inadmitir recurso de apelação.

209. (arts. 988, I, 1.027, II, 1.028, § 2º) Cabe reclamação, por usurpação da competência do Superior Tribunal de Justiça, contra a decisão de presidente ou vice-presidente do tribunal de 2º grau que inadmitir recurso ordinário interposto com fundamento no art. 1.027, II, "a".

210. (arts. 988, I, 1.027, I, 1.028, § 2º) Cabe reclamação, por usurpação da competência do Supremo Tribunal Federal, contra a decisão de presidente ou vice-presidente de tribunal superior que inadmitir recurso ordinário interposto com fundamento no art. 1.027, I.

213. (art. 998, parágrafo único) No caso do art. 998, parágrafo único, o resultado do julgamento não se aplica ao recurso de que se desistiu.

214. (art. 1.007, § 2º; art. 15) Diante do §2º do art. 1.007, fica prejudicada a OJ nº 140 da SDI-I do TST ("Ocorre deserção do recurso pelo recolhimento insuficiente das custas e do depósito recursal, ainda que a diferença em relação ao "quantum" devido seja ínfima, referente a centavos").

215. (art. 1.007, §§ 2º e 4º). Fica superado o enunciado 187 da súmula do STJ ("É deserto o recurso interposto para o Superior Tribunal de Justiça, quando o recorrente não recolhe, na origem, a importância das despesas de remessa e retorno dos autos").

217. (arts. 1.012, § 1º, V, 311) A apelação contra o capítulo da sentença que concede, confirma ou revoga a tutela antecipada da evidência ou de urgência não terá efeito suspensivo automático.

218. (art. 1.026) A inexistência de efeito suspensivo dos embargos de declaração não autoriza o cumprimento provisório da sentença nos casos em que a apelação tenha efeito suspensivo.

219. (art. 1.029, § 3º) O relator ou o órgão colegiado poderá desconsiderar o vício formal de recurso tempestivo ou determinar sua correção, desde que não o repute grave. (Grupo: Recursos Extraordinários)

220. (art. 1.029, § 3º) O Supremo Tribunal Federal ou o Superior Tribunal de Justiça inadmitirá o recurso extraordinário ou o recurso especial quando o recorrente não sanar o vício formal de cuja falta foi intimado para corrigir. (Grupo: Recursos Extraordinários)

224. (art. 1.035, § 2º) A existência de repercussão geral terá de ser demonstrada de forma fundamentada, sendo dispensável sua alegação em preliminar ou em tópico específico.

228. (art. 1.042, § 4º) Fica superado o enunciado 639 da súmula do STF após a entrada em vigor do CPC ("Aplica-se a súmula 288 quando não constarem do traslado do agravo de instrumento as cópias das peças necessárias à verificação da tempestividade do recurso extraordinário não admitido pela decisão agravada").

229. (art. 1.042, § 4º) Fica superado o enunciado 288 da súmula do STF após a entrada em vigor do CPC ("Nega-se provimento a agravo para subida de recurso extraordinário, quando faltar no traslado o despacho agravado, a decisão recorrida, a petição de recurso extraordinário ou qualquer peça essencial à compreensão da controvérsia").

230. (art. 1.043) Cabem embargos de divergência contra acórdão que, em agravo interno ou agravo em recurso especial ou extraordinário, decide recurso especial ou extraordinário.

232. (art. 1.043, § 3º) Fica superado o enunciado 353 da súmula do STF após a entrada em vigor do CPC ("São incabíveis os embargos da Lei 623, de 19.02.49, com fundamento em divergência entre decisões da mesma turma do Supremo Tribunal Federal").

241. (art. 85, *caput* e § 11). Os honorários de sucumbência recursal serão somados aos honorários pela sucumbência em primeiro grau, observados os limites legais.

242. (art. 85, § 11). Os honorários de sucumbência recursal são devidos em decisão unipessoal ou colegiada.

243. (art. 85, § 11). No caso de provimento do recurso de apelação, o tribunal redistribuirá os honorários fixados em primeiro grau e arbitrará os honorários de sucumbência recursal.

244. (art. 85, § 14) Ficam superados o enunciado 306 da súmula do STJ ("Os honorários advocatícios devem ser compensados quando houver sucumbência recíproca, assegurado o direito autônomo do advogado à execução do saldo sem excluir a legitimidade da própria parte") e a tese firmada no REsp Repetitivo n. 963.528/PR, após a entrada em vigor do CPC, pela expressa impossibilidade de compensação.

275. (arts. 229, § 2º, 1.046). Nos processos que tramitam eletronicamente, a regra do art. 229, §2º, não se aplica aos prazos já iniciados no regime anterior.

353. (arts. 1.007, § 7º, e 15) No processo do trabalho, o equívoco no preenchimento da guia de custas ou de depósito recursal não implicará a aplicação da pena de deserção, cabendo ao relator, na hipótese de dúvida quanto ao recolhimento, intimar o recorrente para sanar o vício no prazo de cinco dias.

354. (arts. 1.009, § 1º, 1.046) O art. 1009, § 1º, não se aplica às decisões publicadas em cartório ou disponibilizadas nos autos eletrônicos antes da entrada em vigor do CPC.

355. (arts. 1.009, § 1º, e 1.046) Se, no mesmo processo, houver questões resolvidas na fase de conhecimento em relação às quais foi interposto agravo retido na vigência do CPC/1973, e questões resolvidas na fase de conhecimento em relação às quais não se operou a preclusão por força do art. 1.009, § 1º, do CPC, aplicar-

-se-á ao recurso de apelação o art. 523, § 1º, do CPC/1973 em relação àquelas, e o art. 1.009, § 1º, do CPC em relação a estas.

356. (arts. 1.010, § 3º, e 1.046) Aplica-se a regra do art. 1.010, § 3º, às apelações pendentes de admissibilidade ao tempo da entrada em vigor do CPC, de modo que o exame da admissibilidade destes recursos competirá ao Tribunal de 2º grau.

357. (arts. 1.013, 1.014, 1.027, § 2º) Aplicam-se ao recurso ordinário os arts. 1.013 e 1.014.

358. (art. 1.021, § 4º) A aplicação da multa prevista no art. 1.021, § 4º, exige manifesta inadmissibilidade ou manifesta improcedência.

359. (art. 1.021, § 4º) A aplicação da multa prevista no art. 1.021, § 4º, exige que a manifesta inadmissibilidade seja declarada por unanimidade.

360. (art. 1.022) A não oposição de embargos de declaração em caso de erro material na decisão não impede sua correção a qualquer tempo.

361. (art. 1.026, § 4º) Na hipótese do art. 1.026, § 4º, não cabem embargos de declaração e, caso opostos, não produzirão qualquer efeito.

363. (arts. 1.036-1.040). O procedimento dos recursos extraordinários e especiais repetitivos aplica-se por analogia às causas repetitivas de competência originária dos tribunais superiores, como a reclamação e o conflito de competência.

372. (art. 4º) O art. 4º tem aplicação em todas as fases e em todos os tipos de procedimento, inclusive em incidentes processuais e na instância recursal, impondo ao órgão jurisdicional viabilizar o saneamento de vícios para examinar o mérito, sempre que seja possível a sua correção.

390. (arts. 136, *caput*, 1.015, IV, 1.009, § 3º) Resolvida a desconsideração da personalidade jurídica na sentença, caberá apelação.

391. (art. 138, §3º) O *amicus curiae* pode recorrer da decisão que julgar recursos repetitivos.

394. (art. 138, § 1º; art. 489, § 1º, IV; art. 1022, II; art. 10) As partes podem opor embargos de declaração para corrigir vício da decisão relativo aos argumentos trazidos pelo *amicus curiae*.

416. (art. 219) A contagem do prazo processual em dias úteis prevista no art. 219 aplica-se aos Juizados Especiais Cíveis, Federais e da Fazenda Pública.

435. (arts. 485, VII, 1015, III) Cabe agravo de instrumento contra a decisão do juiz que, diante do reconhecimento de competência pelo juízo arbitral, se recusar a extinguir o processo judicial sem resolução de mérito.

462. (arts. 932, 489, § 1º, V e VI) É nula, por usurpação de competência funcional do órgão colegiado, a decisão do relator que julgar monocraticamente o mérito do recurso, sem demonstrar o alinhamento de seu pronunciamento judicial com um dos padrões decisórios descritos no art. 932.

463. (arts. 932, parágrafo único, 933 e 9º, 10) O parágrafo único do art. 932 e o art. 933 devem ser aplicados aos recursos interpostos antes da entrada em vigor do CPC/2015 e ainda pendentes de julgamento.

464. (arts. 932 e 1.021; Lei 9.099/1995; Lei 10.259/2001; Lei 12.153/2009) A decisão unipessoal (monocrática) do relator em Turma Recursal é impugnável por agravo interno.

465. (arts. 995, parágrafo único; 1.012, § 3º; Lei 9.099/1995, Lei 10.259/2001, Lei 12.153/2009) A concessão do efeito suspensivo ao recurso inominado cabe exclusivamente ao relator na turma recursal.

466. (art. 942) A técnica do art. 942 não se aplica aos embargos infringentes pendentes ao tempo do início da vigência do CPC, cujo julgamento deverá ocorrer nos termos dos arts. 530 e seguintes do CPC de 1973.

475. (arts. 1.022 e 1.064; art. 48 da Lei 9.099/1995) Cabem embargos de declaração contra decisão interlocutória no âmbito dos juizados especiais.

476. (arts. 1046 e 14) Independentemente da data de intimação, o direito ao recurso contra as decisões unipessoais nasce com a publicação em cartório, secretaria do juízo ou inserção nos autos eletrônicos da decisão a ser impugnada, o que primeiro 60 ocorrer, ou, ainda, nas decisões proferidas em primeira instância, será da prolação de decisão em audiência.

477. (arts. 1.026 e 219) Publicada em cartório ou inserida nos autos eletrônicos a decisão que julga embargos de declaração sob a vigência do CPC de 2015, computar-se-ão apenas os dias úteis no prazo para o recurso subsequente, ainda que a decisão embargada tenha sido proferida ao tempo do CPC de 1973, tendo em vista a interrupção do prazo prevista no art. 1.026.

480. (arts. 1.037, II, 928 e 985, I) Aplica-se no âmbito dos juizados especiais a suspensão dos processos em trâmite no território nacional, que versem sobre a questão submetida ao regime de julgamento de recursos especiais e extraordinários repetitivos, determinada com base no art. 1.037, II.

481. (art. 1037, §§ 9º a 13) O disposto nos §§ 9º a 13 do art. 1.037 aplica-se, no que couber, ao incidente de resolução de demandas repetitivas.

482. (art. 1.040, I) Aplica-se o art. 1.040, I, aos recursos extraordinários interpostos nas turmas ou colégios recursais dos juizados especiais cíveis, federais e da fazenda pública.

508. (art. 332, § 3º; Lei 9.099/1995; Lei 10.259/2001; Lei 12.153/2009) Interposto recurso inominado contra sentença que julga liminarmente improcedente o pedido, o juiz pode retratar-se em cinco dias.

516. (art. 371; art. 369; art. 489, § 1º) Para que se considere fundamentada a decisão sobre os fatos, o juiz deverá analisar todas as provas capazes, em tese, de infirmar a conclusão adotada.

517. (art. 375; art. 489, § 1º) A decisão judicial que empregar regras de experiência comum, sem indicar os motivos pelos quais a conclusão adotada decorre daquilo que ordinariamente acontece, considera-se não fundamentada.

520. (art. 485, § 7º; Lei 9.099/1995; Lei 12.153/2009) Interposto recurso inominado contra sentença sem resolução de mérito, o juiz pode se retratar em cinco dias.

522. (art. 489, inc. I; arts. 931 e 933): O relatório nos julgamentos colegiados tem função preparatória e deverá indicar as questões de fato e de direito relevantes para o julgamento e já submetidas ao contraditório.

523. (art. 489, § 1º, inc. IV) O juiz é obrigado a enfrentar todas as alegações deduzidas pelas partes capazes, em tese, de infirmar a decisão, não sendo suficiente apresentar apenas os fundamentos que a sustentam.

524. (art. 489, § 1º, IV; art. 985, I) O art. 489, § 1º, IV, não obriga o órgão julgador a enfrentar os fundamentos jurídicos deduzidos no processo e já enfrentados na formação da decisão paradigma, sendo necessário demonstrar a correlação fática e jurídica entre o caso concreto e aquele já apreciado.

551. (art. 932, parágrafo único; art. 6º; art. 10; art. 1.003, § 6º) Cabe ao relator, antes de não conhecer do recurso por intempestividade, conceder o prazo de cinco dias úteis para que o recorrente prove qualquer causa de prorrogação, suspensão ou interrupção do prazo recursal a justificar a tempestividade do recurso.

552. (art. 942; Lei n.º 9.099/1995) Não se aplica a técnica de ampliação do colegiado em caso de julgamento não unânime no âmbito dos Juizados Especiais.

556. (art. 981) - É irrecorrível a decisão do órgão colegiado que, em sede de juízo de admissibilidade, rejeita a instauração do incidente de resolução de demandas repetitivas, salvo o cabimento dos embargos de declaração.

557. (art. 982, I; art. 1.037, § 13, I) O agravo de instrumento previsto no art. 1.037, § 13, I, também é cabível contra a decisão prevista no art. 982, inc. I.

558. (art. 988, IV, § 1º; art. 927, III; art. 947, § 3º) Caberá reclamação contra decisão que contrarie acórdão proferido no julgamento dos incidentes de resolução de demandas repetitivas ou de assunção de competência para o tribunal cujo precedente foi desrespeitado, ainda que este não possua competência para julgar o recurso contra a decisão impugnada.

559. (art. 995; art. 1.009, § 1º; art. 1.012) O efeito suspensivo *ope legis* do recurso de apelação não obsta a eficácia das decisões interlocutórias nele impugnadas.

560. (art. 1.015, inc. I; arts. 22-24 da Lei Maria da Penha) As decisões de que tratam os arts. 22, 23 e 24 da Lei 11.340/2006 (Lei Maria da Penha), quando enquadradas 70 nas hipóteses do inciso I, do art. 1.015, podem desafiar agravo de instrumento.

561. (art. 1.022; art. 12 da Lei n. 9.882/1999) A decisão que julgar procedente ou improcedente o pedido em arguição de descumprimento de preceito fundamental é impugnável por embargos de declaração, aplicando-se por analogia o art. 26 da Lei n.º 9868/1999.

562. (art. 1022, parágrafo único, inc. II; art. 489, § 2º) Considera-se omissa a decisão que não justifica o objeto e os critérios de ponderação do conflito entre normas.

563. (art. 1.026; art. 339 do RISTF). Os embargos de declaração no âmbito do Supremo Tribunal Federal interrompem o prazo para a interposição de outros recursos.

564. (arts. 1032-1033). Os arts. 1.032 e 1.033 devem ser aplicados aos recursos interpostos antes da entrada em vigor do CPC de 2015 e ainda pendentes de julgamento.

565. (art. 1.032; art. 1.033) Na hipótese de conversão de recurso extraordinário em recurso especial ou vice-versa, após a manifestação do recorrente, o recorrido será intimado para, no prazo do *caput* do art. 1.032, complementar suas contrarrazões.

566. (art. 1.033; art. 1.032, parágrafo único) Na hipótese de conversão do recurso extraordinário em recurso especial, nos termos do art. 1.033, cabe ao relator conceder o prazo do *caput* do art. 1.032 para que o recorrente adapte seu recurso e se manifeste sobre a questão infraconstitucional.

593. (arts. 932, parágrafo único; 1.030) Antes de inadmitir o recurso especial ou recurso extraordinário, cabe ao presidente ou vice-presidente do tribunal recorrido conceder o prazo de cinco dias ao recorrente para que seja sanado o vício ou complementada a documentação exigível, nos termos do parágrafo único do art. 932.

595. (art. 933, § 1º) No curso do julgamento, o advogado poderá pedir a palavra, pela ordem, para indicar que determinada questão suscitada na sessão não foi submetida ao prévio contraditório, requerendo a aplicação do §1º do art. 933.

596. (art. 937, VIII) Será assegurado às partes o direito de sustentar oralmente no julgamento de agravo de instrumento que verse sobre tutela provisória e que esteja pendente de julgamento por ocasião da entrada em vigor do CPC de 2015, ainda que o recurso tenha sido interposto na vigência do CPC de 1973.

597. (arts. 941, *caput*; 943) Ainda que o resultado do julgamento seja unânime, é obrigatória a inclusão no acórdão dos fundamentos empregados por todos os julgadores para dar base à decisão.

598. (arts. 941; 1.021) Cabem embargos de declaração para suprir a omissão do acórdão que, embora convergente na conclusão, deixe de declarar os fundamentos divergentes.

599. (art. 942) A revisão do voto, após a ampliação do colegiado, não afasta a aplicação da técnica de julgamento do art. 942.

604. (arts. 976, §1º; 987). É cabível recurso especial ou extraordinário ainda que tenha ocorrido a desistência ou abandono da causa que deu origem ao incidente.

607. (arts. 986; 926) A decisão em recursos especial ou extraordinário repetitivos e a edição de enunciado de súmula pelo STJ ou STF obrigam os tribunais de segunda instância a rever suas decisões em incidente de resolução de demandas repetitivas, incidente de assunção de competência e enunciados de súmula em sentido diverso, nos termos do art. 986.

608. (arts. 986; 927, §§3º e 4º) O acórdão que revisar ou superar a tese indicará os parâmetros temporais relativos à eficácia da decisão revisora.

609. (art. 995, parágrafo único) O pedido de antecipação da tutela recursal ou de concessão de efeito suspensivo a qualquer recurso poderá ser formulado por simples petição ou nas razões recursais.

610. (art. 1.007, §§ 4º e 6º) Quando reconhecido o justo impedimento de que trata o §6º do art. 1.007, a parte será intimada para realizar o recolhimento do preparo de forma simples, e não em dobro.

611. (arts. 1.015, II; 1.009, §§ 1º e 2º; 354, parágrafo único; 356, §5º; 485; 487). Na hipótese de decisão parcial com fundamento no art. 485 ou no art. 487, as questões exclusivamente a ela relacionadas e resolvidas anteriormente, quando não recorríveis de imediato, devem ser impugnadas em preliminar do agravo de instrumento ou nas contrarrazões. (Grupo: Recursos (menos os repetitivos) e reclamação).

612. (arts. 1.015, V; 98, §§5º e 6º) Cabe agravo de instrumento contra decisão interlocutória que, apreciando pedido de concessão integral da gratuidade da Justiça, defere a redução percentual ou o parcelamento de despesas processuais. (Grupo: Recursos (menos os repetitivos) e reclamação).

613. (arts. 1.021; 99, §7º) A interposição do agravo interno prolonga a dispensa provisória de adiantamento de despesa processual de que trata o §7º do art. 99, sendo desnecessário postular a tutela provisória recursal. (Grupo: Recursos (menos os repetitivos) e reclamação) .

614. (arts. 1.023, §2º; 933, §1º; 9º). Não tendo havido prévia intimação do embargado para apresentar contrarrazões aos embargos de declaração, se surgir divergência capaz de acarretar o acolhimento com atribuição de efeito modificativo do recurso durante a sessão de julgamento, esse será imediatamente suspenso para que seja o embargado intimado a manifestar-se no prazo do §2º do art. 1.023. (Grupo: Recursos (menos os repetitivos) e reclamação).

615. (arts. 1036; 1037) Na escolha dos casos paradigmas, devem ser preferidas, como representativas da controvérsia, demandas coletivas às individuais, observados os requisitos do art. 1.036, especialmente do respectivo § 6º. (Grupo: IRDR, Recursos Repetitivos e Assunção de competência).

616. (arts. 1046; 14) Independentemente da data de intimação ou disponibilização de seu inteiro teor, o direito ao recurso contra as decisões colegiadas nasce na data em que proclamado o resultado da sessão de julgamento. (Grupo: Direito intertemporal).

645. (arts. 932, 933, 938 e 139) Ao relator se conferem os poderes e os deveres do art. 139. (Grupo: Poderes do juiz e intervenção do Ministério Público).

646. (arts. 932, I e 938, §3º) Constatada a necessidade de produção de prova em grau de recurso, o relator tem o dever de conversão do julgamento em diligência. (Grupo: Ordem do processo nos tribunais e regimentos internos).

647. (arts. 932, II, 938 e art. 300, §2º) A tutela provisória pode ser concedida pelo relator liminarmente ou após justificação prévia. (Grupo: Poderes do juiz e intervenção do Ministério Público).

648. (art. 932, IV, V e VIII) Viola o disposto no art. 932 a previsão em regimento interno de tribunal que estabeleça a possibilidade de julgamento monocrático de recurso ou ação de competência originária com base em "jurisprudência dominante" ou "entendimento dominante". (Grupo: Ordem do processo nos tribunais e regimentos internos).

649. (arts. 934, 935 e 940, caput e §1º) A retomada do julgamento após devolução de pedido de vista depende de inclusão em nova pauta, a ser publicada com antecedência mínima de cinco dias, ressalvada a hipótese de o magistrado que requereu a vista declarar que levará o processo na sessão seguinte. (Grupo: Ordem do processo nos tribunais e regimentos internos).

650. (arts. 935 e 1.024, *caput* e §1º) Os embargos de declaração, se não submetidos a julgamento na primeira sessão subsequente à sua oposição, deverão ser incluídos em pauta. (Grupo: Ordem do processo nos tribunais e regimentos internos).

651. (arts. 937, 947, 976 e 984). É admissível sustentação oral na sessão de julgamento designada para o juízo de admissibilidade do incidente de resolução de demandas repetitivas ou do incidente de assunção de competência, sendo legitimados os mesmos sujeitos indicados nos arts. 984 e 947, §1º. (Grupo: IRDR, Recursos Repetitivos e Assunção de competência).

652. (arts. 938, *caput* e 939) Cada questão preliminar suscitada será objeto de votação específica no julgamento. (Grupo: Ordem do processo nos tribunais e regimentos internos).

653. (art. 941) Divergindo os julgadores quanto às razões de decidir, mas convergindo na conclusão, caberá ao magistrado que primeiro deduziu o fundamento determinante vencedor redigir o acórdão. (Grupo: Ordem do processo nos tribunais e regimentos internos).

654. (arts. 943, § 1º e 494, I) Erro material identificado na ementa, inclusive decorrente de divergência com o acórdão, é corrigível a qualquer tempo, de ofício ou mediante requerimento. (Grupo: Ordem do processo nos tribunais e regimentos internos).

660. (arts. 987 e 1.036) O recurso especial ou extraordinário interposto contra o julgamento do mérito do incidente de resolução de demandas repetitivas, ainda que único, submete-se ao regime dos recursos repetitivos. (Grupo: IRDR, Recursos Repetitivos e Assunção de competência).

662. (art. 1.009, § 1º) É admissível impugnar, na apelação, exclusivamente a decisão interlocutória não agravável. (Grupo: Recursos (menos os repetitivos)).

663. (art. 1.018, *caput* e § 2º) A providência prevista no *caput* do art. 1.018 somente pode prejudicar o conhecimento do agravo de instrumento quando os autos do recurso não forem eletrônicos. (Grupo: Recursos (menos os repetitivos)).

664. (arts. 1.029, caput e § 5º, 1030 e 932, I) O Presidente ou Vice-Presidente do Tribunal de origem tem competência para homologar acordo celebrado antes da publicação da decisão de admissão do recurso especial ou extraordinário. (Grupo: Ordem do processo nos tribunais e regimentos internos).

665. (arts. 1.030, §1º, 205 e 489, § 1º) A negativa de seguimento ou sobrestamento de recurso especial ou extraordinário, ao fundamento de que a questão de direito já foi ou está selecionada para julgamento de recursos sob o rito dos repetitivos, não pode ser feita via carimbo ou outra forma automatizada nem por pessoa não investida no cargo de magistrado. (Grupo: IRDR, Recursos Repetitivos e Assunção de competência).

Anexo II
ENUNCIADOS DO FONAJE SOBRE OS RECURSOS

ENUNCIADO 15 – Nos Juizados Especiais não é cabível o recurso de agravo, exceto nas hipóteses dos artigos 544 e 557 do CPC. (nova redação – XXI Encontro – Vitória/ ES).

ENUNCIADO 63 – Contra decisões das Turmas Recursais são cabíveis somente os embargos declaratórios e o Recurso Extraordinário.

ENUNCIADO 80 – O recurso Inominado será julgado deserto quando não houver o recolhimento integral do preparo e sua respectiva comprovação pela parte, no prazo de 48 horas, não admitida a complementação intempestiva (art. 42, § 1º, da Lei 9.099/1995) (nova redação – XII Encontro Maceió-AL).

ENUNCIADO 84 – Compete ao Presidente da Turma Recursal o juízo de admissibilidade do Recurso Extraordinário, salvo disposição em contrário (nova redação – XXII Encontro – Manaus/AM).

ENUNCIADO 85 – O Prazo para recorrer da decisão de Turma Recursal fluirá da data do julgamento (XIV Encontro – São Luis/MA).

ENUNCIADO 88 – Não cabe recurso adesivo em sede de Juizado Especial, por falta de expressa previsão legal (XV Encontro – Florianópolis/SC).

ENUNCIADO 92 – Nos termos do art. 46 da Lei nº 9099/1995, é dispensável o relatório nos julgamentos proferidos pelas Turmas Recursais (XVI Encontro – Rio de Janeiro/RJ).

ENUNCIADO 96 – A condenação do recorrente vencido, em honorários advocatícios, independe da apresentação de contrarrazões (XVIII Encontro – Goiânia/GO).

ENUNCIADO 102 – O relator, nas Turmas Recursais Cíveis, em decisão monocrática, poderá negar seguimento a recurso manifestamente inadmissível, improcedente, prejudicado ou em desacordo com Súmula ou jurisprudência dominante das Turmas Recursais ou da Turma de Uniformização ou ainda de Tribunal Superior, cabendo recurso interno para a Turma Recursal, no prazo de cinco dias (Alterado no XXXVI Encontro – Belém/PA).

ENUNCIADO 103 – O relator, nas Turmas Recursais Cíveis, em decisão monocrática, poderá dar provimento a recurso se a decisão estiver em manifesto confronto com Súmula do Tribunal Superior ou Jurisprudência dominante do próprio juizado, cabendo recurso interno para a Turma Recursal, no prazo de 5 dias (alterado no XXXVI Encontro – Belém/PA).

ENUNCIADO 118 – Quando manifestamente inadmissível ou infundado o recurso interposto, a turma recursal ou o relator em decisão monocrática condenará o recorrente a pagar multa de 1% e indenizar o recorrido no percentual de até 20% do valor da causa, ficando a interposição de qualquer outro recurso condicionada ao depósito do respectivo valor (XXI Encontro – Vitória/ES).

ENUNCIADO 122 – É cabível a condenação em custas e honorários advocatícios na hipótese de não conhecimento do recurso inominado (XXI Encontro – Vitória/ES).

ENUNCIADO 123 – O art. 191 do CPC não se aplica aos processos cíveis que tramitam perante o Juizado Especial (XXI Encontro – Vitória/ES).

ENUNCIADO 124 – Das decisões proferidas pelas Turmas Recursais em mandado de segurança não cabe recurso ordinário (XXI Encontro – Vitória/ES).

ENUNCIADO 125 – Nos juizados especiais, não são cabíveis embargos declaratórios contra acórdão ou súmula na hipótese do art. 46 da Lei nº 9.099/1995, com finalidade exclusiva de prequestionamento, para fins de interposição de recurso extraordinário (XXI Encontro – Vitória/ES).

ENUNCIADO 143 – A decisão que põe fim aos embargos à execução de título judicial ou extrajudicial é sentença, contra a qual cabe apenas recurso inominado (XXVIII Encontro – Salvador/BA).

ENUNCIADO 159 – Não existe omissão a sanar por meio de embargos de declaração quando o acórdão não enfrenta todas as questões arguidas pelas partes, desde que uma delas tenha sido suficiente para o julgamento do recurso (XXX Encontro – São Paulo/SP).

ENUNCIADO 160 – Nas hipóteses do artigo 515, § 3º, do CPC, e quando reconhecida a prescrição na sentença, a turma recursal, dando provimento ao recurso, poderá julgar de imediato o mérito, independentemente de requerimento expresso do recorrente.

ENUNCIADO 162 – Não se aplica ao Sistema dos Juizados Especiais a regra do art. 489 do CPC/2015 diante da expressa previsão contida no art. 38, *caput*, da Lei 9.099/95 (XXXVIII Encontro – Belo Horizonte-MG).

ENUNCIADO 168 – Não se aplica aos recursos dos Juizados Especiais o disposto no artigo 1.007 do CPC 2015.

BIBLIOGRAFIA

ASSIS, Araken de. *Manual dos Recursos*. São Paulo: RT. 10 ed., 2021.

BADARÓ. Gustavo Henrique.

DIDIER Jr. Fredie. *Curso de direito processual civil*. Salvador: JusPODIVM. 19 ed., 2022.

DOURADO, Sabrina. *Manual de prática em recursos cíveis*. São Paulo: Mizuno, 2021.

GUIMARÃES, Rafael. *Recursos especial e extraordinário*. São Paulo: RT, 2019.

MONTENEGRO FILHO, Misael. *Curso de direito processual civil*. São Paulo: GEN, 2018.

_____ *Código de processo civil comentado*. São Paulo: GEN, 2018.

NERY JÚNIOR, Nelson. *Aspectos polêmicos dos recursos cíveis*. São Paulo: RT. Vol. 15, 2020.

ANOTAÇÕES